元杂剧宗教人物形象研究

Yuanzaju Zongjiao Renwu Xingxiang Yanjiu

唐　昱／著

武汉出版社
WUHAN PUBLISHING HOUSE

(鄂)新登字 08 号
图书在版编目(CIP)数据
元杂剧中的宗教人物/唐昱著 . —武汉:武汉出版社,2011.7
ISBN 978—7—5430—5687—9
Ⅰ.①元…　Ⅱ.①唐…　Ⅲ.①杂剧—宗教—人物形象—文学研究—中国—元代Ⅳ.①I207.37
中国版本图书馆 CIP 数据核字(2011)第 025611 号

著　　者:唐　昱
责任编辑:何小敏
封面设计:刘福珊
出　版:武汉出版社
社　址:武汉市江汉区新华下路 103 号　　邮　编:430015
电　话:(027)85606403　85600625
http://www.whcbs.com　　E-mail:zbs@whcbs.com
印　刷:武汉市江城印务有限公司　　经　销:新华书店
开　本:880mm×1230mm　1/32
印　张:10.625　　字　数:280 千字　　插　页:2
版　次:2011 年 7 月第 1 版　　2011 年 7 月第 1 次印刷
定　价:26.00 元

目　录

绪 论

一 宗教人物与戏曲的因缘

宗教人物属于宗教范畴，是宗教的一个基本构成，因此，我们对于宗教人物与戏曲关系的探讨，就应该首先对宗教与戏曲的关系有一种基本的理解。

戏曲作为一种文学艺术，和宗教有着不同的出发点与归宿。戏曲具有鲜明的“人间性”，始终关注并指向现实，并以愉悦大众为目的，它高扬着人性；宗教具有虚无性和不可知性，始终关注并指向彼岸世界，表现出背弃现实感性的特性。另一方面，戏曲根植于情感的土壤，注重情感的宣泄和激荡，交织了情感的悲欢离合，而宗教往往以情感为罪恶，要求人们摈弃喜怒哀乐，摆脱情感的负担。

然而，尽管如此，戏曲与宗教并不完全是截然对立的，相反，它们之间存在广泛而深刻的联系。这种联系，首先表现在戏曲的起源上。宗教对戏曲的发生和发展所起的作用是有目共睹的。古希腊戏剧、古印度梵剧和中国古典戏曲是世界三大古老戏剧样式，尽管对这三大古老戏剧源头的追溯上中外学者众说纷纭，莫衷一是，但是有一点却达成了共识：在源头上，它们与古代宗教祭祀仪式有着不解之缘。祭中有戏，戏中有祭，在与宗教祭祀仪式的纠缠中，戏曲走向了成熟和独立。此外，宗教对戏曲的影响也是全面而深刻的，其中就包括对宗教意象的摄取。宗教人物形象作为一种宗教意象也被广泛地摄入到戏曲中来，传达和张扬着宗教精神。具体来说，宗教人物与戏曲的密切关系体现在以下三个方面：

(一)充当戏曲的保护神

宋元以来，戏曲逐渐成为一种行业，开始形成本行业的保护神。戏神在明中叶以前不见记载。明万历以后，陆续有戏神庙兴建，尤其是到了清代，全国各地艺人普遍祭祀戏神，不但建有各种神庙，而且每个戏班都供奉一个戏神，流动作场时带着戏神神像走，演出时就把神像供在后台的神龛里。因为时代、地区、剧种及业类行当的不同，戏曲行业所崇奉的神祇名目颇多，据统计有：清源师(二郎神)、老郎神、翼宿星君、唐明皇、后唐庄宗、喜神、田公元帅、李龟年、清音童子、开音童子、青衣童子、鼓板郎君、敲板郎君、观音、音神、三百公公、八百婆婆、九皇神、五大仙、张天师等等。值得注意的是，戏曲的保护神多是由宗教人物充当的。

在众多戏曲保护神中，当属二郎神最有名气，影响也最大。明汤显祖《宜黄县戏神清源师庙记》曰："奇哉清源师，演古先神圣八能千唱之节，而为此道。……予闻清源，西川灌口神也。为人美好，以游戏而得道，流此教于人间。"[①] 清李渔《比目鱼》传奇也写道："凡有一教，就有一教宗主。二郎神是做戏的祖宗，就像儒家的孔夫子，释家的如来佛，道家的李老君。我们这位先师极是显灵，又极是操切，不像儒释道的教主，都有涵养，不记人的小过。凡是同班里面有些暗昧不明之事，他就会察觉出来，大则降灾降祸，小则生病生疮。你们都要谨记在心，切不可犯他的忌讳。"[②] 这两位大戏剧家说法都是一致的。但是，这位"戏神"却并不像孔夫子、如来佛、李老君那样容易被确认。可以称得上"灌口二郎神"的至少

① 《汤显祖集》，北京：中华书局，1962年版，第1127－1128页。

② 《李渔全集》(第五卷)，《笠翁传奇十种》(下册)，杭州：浙江古籍出版社1991年版，第126页。

有李冰父子、赵昱、邓遐、独健二郎、杨戬、孟昶等好几位。究竟谁是“正宗”？颇令人费解。比较流行的说法是此二郎神乃是隋青城人赵昱。宋《龙城录》云：“赵昱字仲明，与兄冕俱隐青城山，后事道士李钰。隋末炀帝知其贤，征召不起，督让益州太守臧胜强起昱至京师。炀帝縻以上爵不就，独乞为蜀太守，帝从之，拜嘉州太守。时犍为潭中有老蛟，为害日久，截没舟船，蜀江人患之。……昱乃持刀没水。顷江水尽赤，石岩半崩，吼声如雷，昱左手执蛟首，右手持刀，奋波而出。州人顶戴，事为神明。……眉山太守荐章，太宗文皇帝赐封神勇大将军，庙食灌江口。”[①]赵昱排行老二，死后成神，又称灌口二郎。赵昱生前原为道士，宋真宗朝追尊圣号清源妙道真君，正式成为道教之神。元《新编连相搜神广记》和明《三教源流搜神大全》记述赵昱事迹与《龙城录》大体相同。一个治水的英雄，与戏曲从来无涉，怎么会成为戏神呢？这可能与清源真君广为祭祀有关。以前戏班穿州过府，经常借宿祠庙，演出也多与祠庙庆祝活动有关，他们拜祠庙神为保护神也就不足为奇了。总之，旧时戏房神龛里供奉的二郎神不管究竟是谁，有一点是比较明确的，这位“戏神”都被纳入了宗教神话系统，和宗教有亲缘关系。

旧时戏班还流行供奉翼宿星君和九皇神，他们也都是道教神仙。翼宿星君是道教二十八宿星君之一，翼宿为天之乐府，主俳倡戏乐。汉纬书《春秋元命苞》曰：“翼宿，主南宫之羽仪文物，声名之所丰茂，为乐库，为天倡先王，以宾于四门，而列天庭之卫，主俳倡，近太微而为尊。”[②]《晋书·天文志》云：“翼二十二星，天之乐府，主

① 《龙城录》，见影印文渊阁《四库全书》(第 1077 册)，第 289－290 页。按：世传柳宗元《龙城录》二卷，宋、元人以为伪托，此书的编撰大约是在北宋前期，即宋太祖至仁宗前期这大约六七十年中。

② 《春秋元命苞》，见《丛书集成初编》(第 690 册)，北京：中华书局 1985 年版，第 143－144 页。

俳倡戏乐，又主夷狄远客、负海之滨。星明大，礼乐兴，四夷宾。”[①]北宋《洞渊集》卷八曰：“翼宿天都星君，上应显定极风天，照临楚国分野，掌海外棱伽国、婆踵国、没罗国并九小国。下管人间乐府，调五音六律、水府鱼龙、飞走群毛万类之司。”[②]可见，翼宿星君主倡优戏乐，其义久已。正因为他是音乐之神，所以被戏班奉为保护神也就顺理成章了。九皇神亦是道教神祇。一说指天、地、人各三皇，合称九皇。《太平经》卷六十六曰：“天有三皇，地有三皇，人有三皇”，[③]谓之九皇。据道教典籍《九皇图》所描述，其状貌或人首蛇身，或人面龙身，颇为怪异；一说指北斗七宫和左辅右弼九星君。传说如能见此九星可以延年益寿。隋唐的《北帝七元紫庭延生秘诀》曰：“第八帝星高上玉皇景光君，得见增三百岁。第九尊星太微玉帝神君，又名太帝七辰元君，得见增六百岁。”[④]《云笈七签》卷二十四曰：“北斗星者，太极之紫盖，玄真之灵床，九皇之神席，天尊之偃房。”又曰：“九皇君、九夫人内姓隐讳，知之延寿千年。”[⑤]九皇神司察人间善恶罪福，拜祷可荐福消灾、保命延寿，因此在民间香火很旺，戏班亦祀之甚虔。每年农历九月初一至初九是九皇神会期，戏班一律茹素斋戒，举行拜祭仪式。

宗教给戏曲送去了一位保护神，把戏曲置于自己的卵翼之下。有了这位保护神，“卑微”的戏曲名正言顺地和“崇高”的宗教攀上了关系，成了神灵创造的东西，得到了神灵的庇护，大大提高了戏曲的品格和地位。这也从一个侧面说明了宗教人物对戏曲影响是巨大的。

---

① (唐)房玄龄等著：《晋书》，北京：中华书局1974年版，第303页。

② 《道藏》(第23册)，北京文物出版社、上海书店、天津古籍出版社1988年影印，第852页。

③ 王明校：《太平经合校》，北京：中华书局1960年版，第234页。

④ 《道藏》(第32册)，第549页。

⑤ (宋)张君房：《云笈七签》，北京：华夏出版社1996年版，第136页、第139页。

(二)参与戏曲创作

任何一种成熟的戏剧都必须有文学剧本或演出脚本,他们自然是由剧作家创作完成的。剧作家们来自于社会各个阶层,其中大部分是文人,但也不乏笃信宗教的宗教人士。

元代虽没有剧作家真正遁入空门修行,但是从他们的人生经历、作品创作以及名号可以看出很多剧作家深受宗教思想影响。"神仙道化"剧是元杂剧一个大类,现存元杂剧剧本一百七十多部,"神仙道化"剧约有二十多部,占有十分之一强,虽然由作品推及作者的思想未必完全可靠,但是作品毕竟能够部分地反映作者的思想,所以由此可知元代剧作家们对宗教是心存向往的。元剧作家中和宗教亲缘最近的当属"万花丛中马神仙"马致远,他一生共写了十三部杂剧,现仅存七部,其中就有四部为"神仙道化"剧。这些作品集中体现了全真教的内容。虽然并没有可靠的资料证明马致远和全真教有密切的联系,但从这些作品中至少可以反映出他受到了全真教的不少影响。有些作家身体力行和宗教结缘,根据《录鬼簿》记载:郑光祖"为人方直,不妄与人交,故诸公多鄙之,久则见其情厚,而他人莫之及也。病卒,火葬于西湖之灵芝寺,诸吊送各有诗文"。[①] 郑光祖生前并没有涉佛的事迹,死后却选择佛教徒的安葬仪式,也可说是选择佛门作为最后的精神归宿。还有一些作家虽没有确凿资料反映出他们与宗教确有瓜葛,但是他们却有道号:乔吉号"惺惺道人";贯云石号"芦花道人";郏仲谊号"观梦道士",又号"西清居士";李唐宾号"玉壶道人";唐以初号"冰壶道人";杨彦华号"春风道人"。尽管自号"道人"或"居士"者不一定加入宗教组织成为宗教人士,但至少表明他们在情感上与宗教的亲近和共鸣。

明清时期参与戏曲创作的也不乏宗教的信仰者,有些本身就

① 《中国古典戏曲论著集成》(二),北京:中国戏剧出版社 1982 年版,第 119 页。

是佛门子弟、道门中人，像僧人湛然、智达和道人朱权便是如此。

湛然号散木，自号寓山居士，浙江绍兴人，约明万历年间在世，著有杂剧《鱼儿佛》。此剧以渔夫金婴夫妇经观音菩萨点化终于皈依佛门、同登极乐世界的故事为主要剧情，不仅宣扬“慈悲为怀”、“勿杀生”、“出家修行”的教义，还刻画了观音菩萨、地藏王、速报司功曹、韦驮、钟氏（前生是灵山上比丘尼）等宗教人物形象。

智达号心融，别署懒融道人，时称心师，是明代杭州报恩寺僧人，著有传奇《归元镜》。此剧以东晋庐山东林寺慧远大师、五代永明寺延寿大师、明代云栖寺莲池大师的生平事迹为题材，塑造了汉地佛教的高僧群像，其题旨“专在劝人念佛，戒杀茹斋，求生西方”，有很强的宗教功能。

朱权自称大明奇士，别号涵虚子、丹丘先生、臞仙。他是朱元璋第十七子，洪武二十四(1391)年封于大宁，称为“宁王”。建文元年(1399)，燕王朱棣以“靖难”为名进攻朝廷，诈使朱权合作，并以“事成之后平分天下”相许诺。但朱棣即位以后，并没有兑现诺言，连朱权请封苏州、杭州的要求也没有应允。永乐元年(1403)，朱权改封南昌，“已而人告权巫蛊诽谤事”，后虽得以澄清，但政途一再失意让他逐渐产生超尘脱世的思想。正当他韬光养晦、寄情书琴之际，道教正一派第四十三代天师张宇初从龙虎山来到南昌，对朱权进行“度化”，使朱权正式加入了道教组织。为了进一步修习道法，朱权选择南昌附近的西山缑岭，拟建道观，上奏朝廷，得到朱棣的批准。永乐三年(1405)，由朱棣赐匾的“南极长生宫”落成，内供南极仙翁及老子、庄子塑像。此后，朱权大部分时间都在此观中修道。朱权博学多才，一生著述宏富，其中最有价值的当然是他的杂剧创作和戏曲理论。由于时代久远，它们大多数已经失传了，杂剧作品仅存《卓文君私奔相如》和《冲漠子独步大罗天》二种。《冲漠子独步大罗天》一剧讲述了原天界玉府上卿冲漠子因“凡缘”未断，被贬下凡间，但不忘夙本，常有厌世之念。东华帝君派吕洞宾、张紫阳下界点化，锁其心猿意马，去其酒色才气，逐其三尸之虫，并给予丹药使其服之，终得复归仙班。剧中的冲漠子其实就是作者的自况，表达了作者在政途失意以后一心皈依道门的信念。

虽然真正遁入空门的剧作家很少，但是信教的剧作家在元明清时期绝非少数。值得指出的是，许多剧作家尽管没有出家修行，但他们往往在家研习宗教典籍，有较深的宗教理论造诣，因此他们的作品里往往闪烁着宗教的光辉。

（三）进入戏曲作品

宗教人物与戏曲的密切关系更显著地体现在众多宗教人物作为艺术形象进入了戏曲文本之中，活跃在戏曲舞台之上。

戏曲从宗教中摄取瑰玮神奇的意象是一个显而易见的事实。明朱权《太和正音谱》将元杂剧分为"十二科"，即"神仙道化"、"隐居乐道"、"披袍秉笏"、"忠臣烈士"、"孝义廉节"、"叱奸骂谗"、"逐臣孤子"、"钹刀赶棒"、"风花雪月"、"悲欢离合"、"烟花粉黛"和"神头鬼面"。[①] 其中至少有三"科"，即"神仙道化"、"隐居乐道"和"神头鬼面"大体上可以算是宗教剧，其中应该活跃着大量的宗教人物。其他剧中，也不乏宗教人物形象出入其中。比如"风花雪月"这类爱情剧中，就有道姑和公子相恋的情节。具体而言，主要有三类宗教人物被搬上戏剧的舞台。

第一类是宗教神祇。大凡宗教信仰，总要有信仰的方式，偶像崇拜就是很主要的一种。因此，无论是佛教还是道教，为了吸引和约束教徒，都制造了大量的偶像，从而形成了一个庞大的神灵系统。从天上的神佛，到海里的龙王，从阳世的仙真，到冥府的鬼蜮，无不被摄入戏曲艺术，在戏曲舞台上粉墨登场。仅以元杂剧为例，粉墨登场的道教神祇有东华帝君、太白金星、南极仙翁、王母娘娘、紫霄玉女、毛仙姑、梨山老母、火帝真君、增福神、注禄神、绫锦神、

① 《中国古典戏曲论著集成》（三），第 24 页。

三曹官、北斗七星、福星、蓬壶仙长、八仙、马赵温关四天将、风雨雷电四神将、风花雪月四仙女、春夏秋冬四仙女、菊竹梅兰四仙女、家宅六神等等，再加上那些逢山就有的山神、遇水就有的河神、到一处土地就有的土地神，那就更难以计数了。佛教神祇虽不像道教神祇那样庞大，但也不容小觑，在元杂剧中现身的有释迦牟尼、弥勒佛、观音菩萨、地藏菩萨、文殊菩萨、普贤菩萨、阿难、迦叶、寒山、拾得以及众多佛教护法神。这些神祇的来源十分复杂，有源于对自然界各种事物和现象的崇拜，比如星神、风雨雷电神、山神、河神、土地神、植物神等等；有源于对现实人物的神化和圣化，比如八仙、释迦牟尼、寒山、拾得等等。这些神祇在戏曲中的地位不一，有的是当仁不让的主角，有的只是匆匆过客，其中塑造得最为丰满的神祇当属八仙形象。元代描写八仙的剧作就有马致远的《岳阳楼》和《黄粱梦》、岳伯川的《铁拐李》、范子安的《竹叶舟》、谷子敬的《城南柳》、贾仲明的《升仙梦》和《金寿安》以及无名氏的《玩江亭》、《蓝采和》和《邯郸店》等。一部戏中动辄出现十几位神仙的剧作也不少，比如吴昌龄《张天师》中有封十八姨、桃花仙子、桂花仙子、荷花仙子、菊花仙子、梅花仙子、雪天王等神仙一齐出场，好不热闹；史九敬先《庄周梦》中也有太白金星、蓬壶仙长、风花雪月四仙女和春夏秋冬四仙女等十位神仙，排场也很热闹；无名氏《鱼篮记》中也活跃着释迦牟尼、弥勒佛、观音菩萨、文殊菩萨、普贤菩萨、阿难、迦叶、寒山、拾得等多为佛教神祇；有关八仙的戏在末尾也往往由王母娘娘或者东岳大帝领着八仙，有时还加上金童玉女同时登场，那场面更是盛大。

第二类是宗教信徒。宗教的繁荣和发展离不开信仰它们的信徒，这些信徒无论是选择出家奉教，还是选择在家修行，只要他们态度虔诚，专心奉教，都称得上是宗教的忠实信徒。宗教信徒，尤其是出家修行的僧人和道徒，应该做到六根清净、心无旁骛，远离世俗性、娱乐性很强的戏曲，但是戏曲却偏偏很喜欢亲近这些宗教信徒，把他们摄入其中，或崇敬、或称赞、或调侃、或鄙视。戏曲中塑造的宗教信徒有的是历史上实有之人，如王重阳、马丹阳、萨真人、陈抟、布袋和尚、丹霞禅师、庞居士等等；更多的则是剧作家自己的杜撰。这些剧作家杜撰的宗教信徒出现在各种题材的戏中，宗教题材的戏自不必说，他们理所当然是主要角色，其他看似与宗教无涉的戏中也频繁见到他们的身影。他们喜欢接济和结交文人，于是文人戏中少不了他们的身影，比如关汉卿《裴度还带》中的白马寺长老，马致远《荐福碑》中的荐福寺长老，无名氏《破风诗》中的秀云长老和庆云长老等等；世俗人求前程、做法事也少不了请他们帮忙，于是他们又出现在世情戏中，比如关汉卿《鲁斋郎》中的云台观观主，郑廷玉《看钱奴》中的庙祝，张国宾《合汗衫》中的岳林寺长老等等；他们中还有难耐寂寞而思凡的小道姑和热衷于做媒的老道姑，于是婚恋戏中也有他们的闪亮登场，比如关汉卿《望江亭》中的白道姑，石子章《竹坞听琴》中的郑彩鸾，无名氏《鸳鸯被》中的刘道姑，无名氏《女贞观》中的陈妙常等等。凡有一长老身边就少不了一个插科打诨的行者或行童，老道士身边也有小道童，老道姑身边也跟着小道姑，这样一来出家人的数目可就甚为可观了。

第三类是善男信女。宗教在民间拥有很多普通信众。这些人未必有很深的宗教感情，但他们大多也相信神佛的功能，希望通过拜神礼佛来获得平安和福力，消除罪孽和灾难。当他们期待福报的时候，会向神佛请愿，比如郑廷玉《看钱奴》中的贾仁，穷困潦倒的他一心做着发财的美梦，每天到东岳神庙里“埋天怨地，告诉神明”，祈求神明的怜悯，赐予他一些“小富贵”；当他们罪孽深重的时候，会借助吃斋念佛这些宗教仪式来消灾免罪，比如关汉卿《金线池》中的鸨母，自知罪孽深重，平时没事的时候就喜欢看经念佛，以此来消除自身的罪孽；当他们走投无路的时候，也会把宗教当作救命的稻草，元杂剧中有很多人选择出家只是为了生存而已。虽然从严格意义上来说他们算不上真正的宗教信徒，但并不能否认他们和宗教有千丝万缕的联系。在他们身上,反映了民众最普遍也最真实的宗教心理。

二　本论题研究的历史与现状

描述前人研究的概况使笔者处于两难的境地,造成两难境地的原因在于:一方面,元杂剧宗教人物研究的直接相关成果较少;另一方面,旁涉戏曲和宗教研究的论著却难以胜数。因此,以下只能就所涉猎的与元杂剧宗教人物研究相关的主要论著作一番简略的回顾,以免牵扯太远。

元人论杂剧者始于胡祗遹,其《赠宋氏序》云:"近代教坊院本之外,再变而为杂剧。既谓之杂,上则朝廷朝臣政治之得失,下则闾里市井、父子兄弟、夫妇朋友之厚薄,以至医药、卜筮、释道、商贾之人情物理,殊方异域风俗言语不同,无一物不得其情,不穷其态。"[①]在这里胡祗遹谈到了元杂剧题材之杂,几乎无一事无一物不可入戏,当然包括"释道"等宗教题材。惜之后来的曲论者还是沿袭周德清《中原音韵》的批评模式,不是偏论音律一隅,就是谈论戏曲的语言、韵律和风格。可以这么说,那时研究元杂剧的曲论者大都还没有"剧学"的观念,还只是把元杂剧作为曲子来研究。明代曲论集大成之作是王骥德的《曲律》,他主要是从表演的角度来谈人物形象的塑造,强调了演员通过戏曲之服饰、脸谱等特殊艺术形式的夸张表演来显示人物"贤"与"愿"的特点,这实际上是指出戏曲创作可以采用多种艺术手段来促成戏曲人物的性格化。晚明的孟称舜在他的《古今名剧合选》中比较集中地讨论戏曲人物形象塑造的问题。作为晚明曲坛一位重要的戏曲作家,他深知戏曲人物形象塑造之艰难以及戏曲人物形象之于戏曲艺术的重要性。他

① 胡祗遹:《紫山先生大全集》(卷八),见影印文渊阁《四库全书》(第1196册),第171页。

在《古今名剧合选序》中指出："诗变为词，词变为曲。其变愈下，其工益难。吴兴臧晋叔之论备矣：一曰情辞稳称之难，一曰关目紧凑之难，又一曰音律谐叶之难。然未若所称当行家之尤难也。盖诗词之妙，归之乎传情写景。顾其所谓情与景者，不过烟云花鸟之变态，悲喜愤乐之异致而已。境尽于目前，而感触于偶尔，工辞者皆能道也。迨夫曲之为妙，极古今好丑贵贱，离合死生，因事以造形，随物而赋象；时而庄言，时而谐诨，孤末靓狙，合傀儡于一场，而征事类于千载，笑则有声，啼则有泪，喜则有神，叹则有气。非作者身处于百物云为之际，而心通乎七情生动之窍，曲则恶能工哉。"①孟称舜将"因事以造形，随物而赋象"即塑造人物形象作为创作戏曲最难之事，也是最妙之事，这表明对戏曲人物形象的品评也应该是戏曲批评应有之责。清初的金圣叹通过对《西厢记》的评点把品曲理论推向了一个新高峰，他第一次把人物性格分析作为戏曲批评的标尺。他认为《西厢记》的美就是性格美，《西厢记》的魅力就在于写出了惟妙惟肖的人物个性。诸上所言，可知古人对戏曲人物形象的品评不多，偶有涉及，也多是从作剧法言及，或者集中于对个别人物的品评，空白尚多。

近人受西方剧学的影响，开始更多关注于戏曲的主题、人物、情节、时空等方面的研究。20世纪30年代，随着八仙研究热的兴起，戏曲界也有人开始关注戏曲中的八仙形象，石兆原于1935年发表在《燕京学报》的《元杂剧里的八仙故事与元杂剧体例》一文勾勒了元杂剧中的八仙形象，算是较早对元杂剧道教人物形象的一种研究。建国以后，特别是50年代兴起了关汉卿戏剧研究热潮，对关汉卿的研究广泛而全面，其中有涉及戏剧人物形象研究的，但主要是集中在女性人物形象和英雄人物形象研究。"神仙道化"剧一直以来也是戏剧研究界的热点，但是较多集中在主题和宗教意

① 孟称舜：《孟称舜集》（卷三），北京：中华书局2005年版，第556页。

蕴研究，对于其中的人物形象较少关注。80年代以后，从宗教角度研究戏曲的逐渐增多，但大多集中在戏曲发生学和田野调查以及戏曲文物研究方面，研究戏曲宗教人物形象的文章很少。纵观近现代戏曲研究的状况，元杂剧研究成果虽颇为丰富，但从宗教角度来研究元杂剧的文章和专著相对较少，研究元杂剧宗教人物的文章则更少。然而，研究宗教与戏曲关系的文章和专著还是比较丰富的，此外，其他文体研究宗教人物形象的文章和专著也不少，这些都对笔者将要进行的研究有一定的参考价值。

1. 宗教与戏曲研究

20世纪80年代中后期，宗教与戏曲关系研究成为一个热点，国内陆续出版和翻译了几部探讨中国宗教与戏曲关系的专著和论文，如牛津大学教授龙彼得《中国戏剧源于宗教仪式典考》（台湾《中外文学》84期）、郭英德《世俗的祭礼——中国戏曲的宗教精神》（国际文化出版公司1988年版）、周育德《中国戏曲与中国宗教》（中国戏剧出版社1990年版）、日本学者田中一成《中国的宗教与戏剧》（上海古籍出版社1992年版）等等。上述论著皆从宏观上把握戏剧艺术的宗教渊源、中国宗教与戏剧艺术在各自发展流变过程中的互动关系及其呈现的基本面貌、中国戏剧宗教精神的实质等问题。此外，吾师郑传寅先生《传统文化与古典戏曲》（湖北教育出版社1990年版）一书第三编“宗教文化与古典戏曲”也对宗教与戏曲的关系进行了有益的探讨。

目前国内系统研究“道教与戏剧”的专著是詹石窗《道教与戏剧》（厦门大学出版社2004年版）。该书第四章“元代神仙道化剧的主要题材”、第六章“元代神仙道化剧的艺术特征”与第七章“道教对元代非神仙题材杂剧及散曲的思想渗透”，重点探讨了道教与元杂剧以及散曲的关系。康保成《中国古代戏剧形态与佛教》（东方出版中心2004年版）一书是目前国内比较系统的研究“佛教与戏剧”的专著。该书最大的特色就是采取文献考证的方法来讨论中国戏剧形态与佛教的关系，但是回避了以佛教内容为题材的“佛教戏剧”，也大致回避了前人研究很多的目连戏。此书第五章“戏剧形态与禅宗仪式”研究了元明禅宗戏对禅的利用与改造，对于研究元杂剧中佛教人物形象具有一定的启发意义。此外，研究元杂剧与佛教关系最全面的论文是陈洪《元杂剧与佛教》(《文学评论》2005 年第 6 期)，此文对元杂剧中所有的涉佛剧目进行了全面而系统的分析。

“元杂剧与宗教”研究的相关博士论文主要有两篇，一篇是毛小雨《虚幻与现实之间——元杂剧“神佛道化剧”论稿》(中国艺术研究院 2001 届博士论文)，一篇是杨毅《宗教与戏剧的文化交融——元杂剧宗教精神的全面解读》(福建师范大学 2005 届博士论文)。这两篇博士论文都认为元杂剧中存在“宗教戏剧”，并且都对“宗教戏剧”剧目进行了梳理和分析，只是侧重点各有不同。毛小雨侧重于具体个案研究，对“八仙戏”和《西游记》杂剧进行了具体研究。杨毅则从主题、形象和关目对元杂剧进行全面研究，并且探讨了宗教戏剧在元代兴起的原因。

2. 宗教人物形象研究

把宗教人物作为一类群体形象进行研究的专著和论文总体来说比较少，特别是在戏曲研究中更不多见，并且对各类宗教人物形象的研究也不平衡，其中僧道人物研究论著比较丰富，神佛精怪等非现实人物研究论著比较少见，至于一般宗教信徒研究论著则更是罕见。

(1)僧道人物研究

在中国古典小说里，“僧道”是出现相当频繁的一个族群，早在魏晋南北朝时代，僧道形象已初见端倪，然尚未普遍。随着时代的演进，僧道形象逐渐成为小说的主要角色，尤其在明清时代的小说里，处处可见其踪影，从而形成庞大的人物群像。以“僧道”作为专门的研究对象的论文有朱佩莹《明清话本僧道人物形象研究》(淡江大学 2003 届硕士论文)、徐蓓蓓《明清戏曲中出家人形象的世俗化趋向及其历史文化意义》(苏州大学 2005 届硕士论文)等等。此外,还有从历史学角度研究“僧道”人物的,如金彩虹《唐代道士类型研究》(陕西师范大学 2004 届硕士研究论文)、马彩霞《元代僧人世俗化探析》(河北师范大学 2005 届硕士论文)等等。还有一些论文虽不是专门研究“僧道”人物,但是相关章节分析了“僧道”人物,如孙逊《中国古代小说与宗教》(复旦大学出版社 2000 年版)一书对古代小说中的“情僧”和“胡僧”形象进行了研究。黄景春《中国古代小说:仙道人物研究》(广西师范大学出版社 2006 年版)一书对小说中仙道人物的类型和生活方式进行了探讨。宋珂君《明代宗教小说中的佛教“修行”观念》(中国社会科学出版社 2005 年版)一书对佛教修行者(僧人)进行了研究。

(2)神祇人物研究

对宗教神祇的研究存在用力不均的状况,一些宗教神祇备受关注,研究成果堆积如山,另一些宗教神祇却备受冷落,研究成果寥寥无几。佛教神祇研究着力最勤的是观音形象。观音是民间最受爱戴的神祇,据统计我国观音庙众多,仅次于关帝庙排行第二。研究观音形象比较有代表性的著作有孙昌武《中国文学中的维摩与观音》(天津教育出版社 2005 年版),书中第三章“观音信仰的弘扬”、第十章“观音的俗神化与艺术化”和第十二章“宋代以后文学创作中的观世音”可以说是对观音形象比较全面和深入的研究。道教神祇中当以“八仙形象”最受欢迎。早在 20 世纪 30 年代就有很多学者关注八仙形象,赵景深《八仙传说》(《东方杂志》第 30 卷 21 号,1933 年 11 月)、石兆原《元杂剧里的八仙故事与元杂剧体例》(《燕京学报》第 18 期,1935 年 12 月)、浦江清《八仙考》(《清华学报》11 卷 1 期,1936 年 1 月)都是当时具有代表性的文章。近人研究“八仙形象”着力最勤的是王汉民和吴光正。王汉民《八仙与中国文化》(中国社会科学出版 2000 年版)和吴光正《八仙故事系统考论:内丹道宗教神话的建构及其流变》(中华书局 2006 年版)对八仙形象的来源和特点进行了较为系统和深入的研究。

回顾古典戏曲的研究历史,我们发现戏曲与宗教文化关系在过去相当长的一段时间内都没有受到应有的重视,从宗教文化的角度展开对戏曲的研究虽不能说完全一片空白,那也属凤毛麟角。个中原因自然是比较复杂的,最明显的原因在于极富"人间性"的戏曲和"虚无缥缈"的宗教至少在表面上显得是那么的格格不入,而最关键的原因在于以脱离现实为价值取向的宗教文化长期被排斥在主流意识形态之外,直接导致了宗教文化没有资格进入传统的学术领域。这种状况直到 20 世纪 80 年代才有所改观。

80 年代中后期开始,随着"目连戏热"、"傩戏热"等从"戏剧发生学"的角度对我国古典戏曲起源研究以及田野调查和文物研究的兴起,在我国古典戏曲研究领域掀起了一波从宗教文化角度研究戏曲的热潮,取得了一批可观的学术成果。这一时期,关于元杂剧与宗教文化的研究也取得了相当突出的成就。这种成就主要体现在两个方面:第一,对元杂剧宗教精神的整体把握和全面阐释;第二,在文本细读的基础上从宗教文化视角对具体作品进行解读,或从主题学的观点出发,对"神仙道化剧"、"神佛剧"、"度脱剧"等剧类进行研究,或从阐释学的观点出发,阐释剧作内容与某些宗教教派、教义的联系。

虽说近二十年来关于元杂剧和宗教文化的研究硕果累累,但这并不意味着完全没有开拓的余地。在笔者看来,元杂剧与宗教文化的研究虽然成果不少,但是却有相当多的研究出现了"偏差",这种"偏差"就是把文学研究变成了民俗学、人类学或者宗教学研究。当然,这种"偏差"并不是谬误,但是放在文学研究领域就不是那么合适了,这也给致力于文学研究的笔者相当大的研究空间。宗教文化对元杂剧的影响是全面的,其中包括对元杂剧人物形象的塑造。迄今为止,笔者还没有看到对元杂剧宗教人物形象进行全面研究的专著出现,甚至单篇的论文也不常见,基于这样的研究现状,笔者觉得相当有必要对元杂剧宗教人物形象进行梳理和探讨,希望通过这样的努力,能够对元杂剧所蕴涵的宗教精神和艺术价值进行一次全面的揭示,并在此基础上,进一步拓宽元杂剧的研究范围,为元杂剧的研究提供一个新的途径,注入一种新的活力。

三 本论题研究的对象与方法

本文的研究重点在于对元杂剧宗教人物形象进行整体检视和全面研究。在元杂剧中,宗教人物形象作为一个事实上的客观存在,这是毫无异议的,但是这类人物形象范围到底有多大却是一个值得探讨的问题。

论及宗教人物,我们首先必须对宗教的范畴进行必要的说明。在中国宗教文化形态里,关于儒教是否属于宗教的争论,一直是中国学界持续时间最久的公案之一,至今聚讼纷纭,言人人殊。我们认为儒教并不能被视为一种宗教。无论我们对宗教作如何宽泛的理解,都应当承认宗教应该关涉到某种超越性的精神或某种超越性的实在,而儒教则在这一根本的问题上并不能给予我们满意的答案。如果说早期儒家思想尚存在着一种超越精神的话,那么随着中国文化的发展,儒教早已淡化了其早期的宗教超越意识,疏远了其原初的宗教精神,成为一种具有宗教性的政治理论思想。儒以教称,首见于《史记·游侠列传》,其言:"鲁朱家者,与高祖同时。鲁人皆以儒教,而朱家用侠闻。"[①]但这里的"儒教"显然是由"儒"、"教"两个词组成,是"以儒为教"的意思,而不是我们现在通常意义上所指的像"佛教"、"道教"之类宗教意义上的"儒教"。郑玄在注《周礼·天官·太宰》时认为,从巫、史、祝、卜中分化出来的儒擅长"教民",将儒与"教"联系在了一起,但这里的"教"显然也是教化的

① (汉)司马迁:《史记》,北京:中华书局1959年版,第3184页。

意思。余英时先生在澄清汉代"条教"一词的含义，分析"条教"之"教"(教令)是渊源于儒教之"教"(教化)时，也间接地指明了儒教之教所具有的教化本义。[①] 柳存仁先生在《中国思想天上和人间理想的构思》一文则明确地表明："唐代以来的所谓三教，这个教指的是教化的意思，不一定要把儒家看做是宗教。"[②]鉴于"儒教"一词在历史上沿用已久，为顾及到思考和表述习惯，本文也将仍然沿用"儒教"一词。

既然儒教不是一种严格意义上的宗教，那么儒士也就不在本文研究对象的范畴之内。不过，尽管本文并不把儒教视为宗教，但并不是说儒家思想对于元杂剧宗教人物形象不发生任何影响。事实上，元杂剧中许多宗教人物身上都或多或少地体现了儒家思想。尤其是元代大为兴盛的佛教和全真教都不同程度地吸纳了儒家思想，因此元杂剧中佛道人物都不免沾染了儒教的气息。

元代宗教呈现出多元并存的局面，不仅有中原传统的汉地佛教、道教和伊斯兰教，还有藏传佛教、也里可温教、摩尼教、犹太教、头陀教、萨满教、白莲教等，但真正进入元杂剧的宗教人物主要是佛、道二教人物，因此本论题研究的对象主要是元杂剧中佛、道二教人物。具体而言，此类人物可分为非现实人物和现实人物。所谓非现实人物，主要是指由宗教信仰和观念而产生的人物。这些非现实人物是为了满足人们的偶像崇拜创造出来的，一般属于一个比较严谨的神谱系统，具有一定的品级和权力，受到人们的敬畏和膜拜。鬼魂形象虽源自于宗教观念，但是他们并不隶属于任何神祇谱系，也没有任何地位和权力，只会引起人们的恐惧和怜悯，不能激发人们的崇拜情绪。鉴于这个原因，本文不拟把鬼魂形象纳入研究范畴。所谓现实人物，主要是指出家的僧侣道士和在家

① 余英时：《士与中国文化》，上海：上海人民出版社2003年版，第174－177页。
② [澳]柳存仁：《道教史探源》，北京：北京大学出版社2000年版，第137页。

修行的信士。此外，为了更加全面了解元代宗教状况和民众对于宗教的态度，本文还把宗教的普通信众纳入研究的范畴。虽然他们未必有很强烈的宗教感情，但是他们都相信超自然的力量，并且通过一些日常的宗教仪式和宗教建立了一定的关系。

此论题还涉及元杂剧的版本和范畴问题。戏曲文本的流传演变具有自身的特点，与诗文颇不相同。诗文创作完成以后一般不容许他人任意加工改动，文本相对比较稳定。戏曲文本一般要用以演出，所以难以像诗文那样不容他人加工改动，相反，加工改动往往成为戏曲文本在流传过程中常见的现象。以现存《元刊杂剧三十种》而言，它是元代的刊本。三十种中，除一种外，均以“新编”或“新刊”相标榜。可见即使是元代的刊本也存在加工改动的可能性，所以在版本问题上我们不能太过苛求。况且，后人对于戏曲文本的加工毕竟是有限的，只能在不违背原作基本面貌的前提下进行，他们的改动也只是使文句更为流畅，音律更为和谐，台词更为通俗，情节更为合理。有鉴于此，虽然我们研究的底本大多是明人的加工本，但是有理由相信基本保持了元剧的风味。对于元、明之际作品的归属问题也是一个不能回避的问题，但却不是本文研究的重点，也非本文所能够解答的问题。本文同意王季思先生的观点，除了明确属于明代的作品不予考虑以外，对于元、明之际的作品都归入本文的研究范畴，意在避免不应有的遗漏。因此，本文以王季思先生主编的《全元戏曲》为标准，凡收入其中的杂剧作品都属于本文的研究范畴。

由于我国的文学和艺术深受宗教文化的熏陶，所以“宗教人物”频繁地出现在小说戏曲文本之中。本文之所以着眼于元杂剧，主要是出于如下考虑：

首先，元代是宗教比较繁荣的时期。元代宗教呈现出多元并存的局面，这与元代宽容和开放的宗教政策是密不可分的。蒙古族统治者自成吉思汗伊始，就对宗教实行兼容不拒、免去差税的优待和宽容政策。成吉思汗以后,历代蒙古族统治者虽因其本人对某些宗教的好恶而略微有些差别外,基本上承袭了成吉思汗的优待和宽容的宗教政策。正是由于蒙古族统治者对宗教的优待和宽容,使得各种宗教在元代都有众多信徒,进而影响到社会生活和文学艺术方方面面。元杂剧是元代一代之文学,宗教对于元代文学艺术的影响必然会最鲜明最浓烈地体现在元杂剧上。因此,选择元杂剧作为研究"宗教人物形象"的载体,无论从宗教意义上来说还是从文学意义上来说都是十分恰当的。

其次,元代是中国宗教发展史上的一个重要转折时期,尤以佛道二教为代表。宋元以降,佛道二教均趋于世俗化和平民化。佛教的变化主要表现在佛教义理的衰微和佛教信仰的普及。宋人形容当时佛教信仰之普及程度,有"家家观世音,处处弥陀佛"的说法。在宋元时期社会生活的各个方面,几乎都能看到佛教的影子。此外,宋元时期佛教僧侣和佛教信徒的非信仰倾向也很值得注意。宋元时期僧侣的社会成分非常复杂,遁入佛门者往往不是因为受到佛的感召,而是别有所图。道教的变化主要表现为神仙信仰的动摇、内丹术取代外丹术,以及南宋金元时期新道教的兴盛,道教从上层社会走向民间社会,民众道教成为主流。全真道的教旨最能体现道教的平民化特征。自王重阳创教之始,即把立足点放在民间社会,广泛吸纳社会各阶层的信徒。为了争取社会大众,全真道人援取禅宗"众生皆有佛性"说,声称人人均可修道成仙,丘处机谓"凡有七窍者,皆可成真",甚至"畜生饿鬼,皆堪成佛"。修炼成仙之容易,是缘于全真道所主张的内丹练养法,元人谓内丹术"至简至易,一得永得,得其口诀,虽至愚小人,直跻圣位",因此谁都可以毫不费力地修炼成仙。全真道一反自南北朝隋唐以来正统道教的义理化倾向,标榜全真之教"以识心见性为宗,损己利物为行,不资参学,不立文字"。这分明是在效仿禅宗的立教主张,其目的当然也是为了面向普通民众。全真道还刻意效仿禅宗的明心见性、见性成佛说，声称一念之间即可超越生死，得到解脱。元代宗教的世俗化倾向使它与俗文学代表元杂剧有一种天然的亲缘关系，所以在元杂剧中宗教人物形象特别鲜明，除却了宗教的神性，多了几分世间的人性，因此更富有文学研究价值。

第三，元杂剧与宗教研究还留有大量值得填补的空白。对于元杂剧与宗教关系的研究，大多仍是停留在宗教精神的阐释以及宗教对元杂剧表现形式的影响上这一层面上。对于元杂剧中涉及的宗教人物形象则很少有人研究，即使有少数文章有所涉及，研究的着重点也只是个别剧本中的个别人物形象，应该说研究得很不全面也很不充分。对此，笔者认为，元代是戏曲发展的一个重要的时代，元杂剧中体现的宗教内容和以往的文学作品中的宗教内容不尽相同，宗教人物形象也发生了“变质”，呈现出完全不同以往的面貌。因此，对元杂剧宗教人物形象研究亟待加强。

本文尝试在元代的社会背景下，以这一时期元杂剧中登场的宗教人物为切入点，研究受宗教文化影响的元杂剧的文学特征和宗教功能。通过戏曲去透视中国古代宗教，通过宗教去解读戏曲剧目，这些是前贤时俊所未曾涉足或探求尚欠深入的领域。这一课题对于拓展戏曲研究空间，深化中国宗教艺术研究均具有积极意义。本文从元杂剧宗教人物形象入手，是基于元杂剧宗教人物形象研究缺失这一现状，因此有填补学术空白之义。现有元杂剧宗教人物形象研究，基本上停留在表层描述的层面、集中在个别宗教人物形象分析之上。本课题在研究过程中，将努力搜求第一手的原始资料，重视文献的整理和发掘，力求对元杂剧宗教人物形象群体面貌有一个具体、完整的呈现。为此，将在附录中设《元杂剧神祇人物一览表》、《元杂剧僧道人物一览表》等，希望在资料上尽量做到翔实可信，无重大遗漏。对于现代人的专著，借鉴而不盲从。在重视还原和呈现元杂剧塑造的宗教人物形象的基础上，结合自己的思考，对元杂剧宗教人物形象艺术特点、成因尽量提出一些自己的分析和见解，最后将落脚点放在元杂剧宗教人物形象的宗教功能、社会功能和艺术功能的把握上，希望能够对今后的进一步研究有所启发和裨益。把元杂剧中的宗教人物形象作为一个独立的群体进行全面系统的研究，具有开拓性。元杂剧宗教人物形象是人类思想观念的产物，也是人类理想的形象化展现。厘清元杂剧宗教人物与其他人物的界限，对元杂剧宗教人物形象进行梳理和辨析，描述元杂剧宗教人物形象的基本面貌，发掘其丰富蕴涵，概括其艺术特色，探寻宗教的传播对于戏曲文化建构的意义，这对元杂剧研究乃至戏曲整体研究都是极其有意义的。

本文的研究思路是：拟对元杂剧中出现的宗教人物进行全面的统计和分析。论文共五章，前有绪论，后有结论，并有附录。前三章述议结合，把宗教人物分为神祇、僧道和普通信众三个章节进行分别描述和分析，并在描述和分析的基础上得出相应的结论，主要考察神祇人物形象的来源及其流变，僧道形象的具体呈现及其之于宗教传播的意义，普通信众的成分及其宗教心理；后两章以论为主，对元杂剧宗教人物形象进行整体研究，着重论述元杂剧宗教人物形象的表现特性及其成因以及宗教、社会、艺术功能；最后在结论部分对元杂剧宗教人物形象文化价值与文学影响进行探讨。具体研究方法兹分述如下：

1. 韦勒克、沃伦《文学理论》一书曾将文学研究方法分为外缘研究与内部研究。前者包括文学的背景、文学的环境、文学的外因等研究；后者则集中于文学作品本身的分析和解释。尽管这两类研究方法的取向和重点不同，但并不意味着二者互不相容。许多时候，二者可以同时包容在一个研究系统之内，从而便于以宏观的角度进行分析。本文对元杂剧宗教人物形象的研究，就拟采用这种统一内外、互为发明的方法综合论述。抓住文本提供的"证据"立论，不以笼统的一般观念来图解独具个性的人物形象，对人物形象的分析和评价不脱离文学史、文化史、戏曲史的框架，将内外研究统一起来，增强文章的历史感和学术的厚重性。

2.本文主要采用的是系统分析与具体个案相结合的模式，为了避免不少同类著作蹈空游谈的流弊，必须立足于文本。本文采取文本细读的方法，特别强调对作品细节的品读。

3.鉴于元杂剧宗教人物不少是“世代积累型”人物，而且同一人物在不同文本之中有不同的呈现，所以本文将采取互文性分析方法，纵横对照，互为印证，综合分析。

4.“宗教视野与文学本位”是本文的研究特色，但是除了从宗教学角度对文献文本进行解读之外，还将借鉴人类学、民俗学的研究方法以及运用相关文物进行研究，比如山西省芮城的永乐宫壁画，永乐宫是元代兴建的规模宏伟的道观，并有精美壮丽的壁画，这和金、元时期新道派的兴盛有着密切关系。其中永乐宫壁画《朝元图》，共画天神 286 位，是大型道教仪仗朝拜阵容，这对研究道教人物形象提供了宝贵的图像资料。此外，还有历史保存下来的佛寺道观以及佛道人物塑像等等都为宗教人物形象研究提供了宝贵的文物资料。

第一章　元杂剧中的神祇形象

纵观中国历史，古代中国人似乎从来没有停止过造神运动。魏晋时期，是中国造神运动的第一个高潮。宋元时期，是中国造神运动的又一个高潮，并且大量加封民间诸神，提高了民间信仰的地位，使宗教信仰趋于民间化、世俗化。宗教的神祇不再是凌驾于人们头上的至高无上的权力象征，也不再对人世间的事物漠不关心，而是深入到人们的社会生活中，与人的衣食住行、生老病死、福祸休咎都息息相关。这些神祇在关心人类的同时，也具有人类的情感。因此元杂剧中的神祇形象也一改以往苍白单一的面貌，变得鲜活灵动起来。

第一节　仙踪道影——元杂剧中的道教神祇

道教的神祇，亦如它的信仰，是杂而多端的。很少有一种宗教像道教这般具有如此开放之胸怀，对于各种神灵偶像，不问门派和来历，统统都拉到自己的门下。这或许与道教根基比较浅，想借众神之力壮大门户有关，却也是道教一种高明的传播策略，如此不避尊卑贵贱，甚至把污秽的厕神也拉拢到自己的神祇队伍就良好地体现了一种与民为乐的亲民性。多一个神灵就多一些信徒，所以道教的信徒也许整体水平不高，但却是人数最多的。道教的神祇亦是如此，虽然水平参差不齐，甚至不乏一些鱼目混珠之徒，但却是数目最庞大的。如此众多的神仙，虽然不见得个个都独具个性，但其中总有个性鲜明、富有传奇色彩的神仙，他们成了文学艺术作品绝好的题材。元代的剧作家就充分开发了这群宝藏，把道教神仙引进了他们的作品，成为一道独特的风景。

一 道教的造神运动

大凡宗教信仰，总要有信仰的方式，偶像崇拜就是很主要的一种。中国古代或许缺乏深厚的宗教传统，但是对于神灵的崇拜却毫不吝啬。在古代中国，人与自然的关系不像西方那样疏离，而是亲密无间的。那时的人们虽然感觉到了与自然界之间的对立，但却以万物有灵的观念来解释这种关系，以求得与自然界的同一。这种万物有灵的观念衍生出对自然界各种事物和现象的崇拜，即对日月星辰、山川河流、风雨雷电等等的崇拜。这种对自然界的信仰逐步演化出对主宰自然界神灵的崇拜。《礼记·祭法》曰："山林、川谷、丘陵能出云，为风雨，见怪物，皆曰神。"[①]古人以为日月星辰、山川河流、风雨雷电之属都有神主之，上帝、天帝、太一、泰一就是天神的名称；祇、媪、后土就是地神的名称，古代帝王称帝后最重要的一件事就是祭拜这些天地之神。与帝王热衷于登山封禅不同，民间百姓更关心的是风调雨顺，他们热衷于祭拜主管风雨雷电等自然之神。

对大自然之神的崇拜只是中国古代造神运动的开端，古人还造出了种类繁多的小神杂处在人们周围。《礼记·祭法》曰："王为群姓立七祀，曰司命，曰中霤，曰国行，曰泰厉，曰户，曰灶；王自为立七祀。"[②]这些小神虽没有主宰天地、呼风唤雨的本事，却和人们的衣食住行密切相关，遍布在人们周围，监察人们的言行。取媚于

① 王文锦译解：《礼记译解》，北京：中华书局2007年版，第670页。
② 《礼记译解》，第673页。

这些小神，即可宽宥自己的罪过。除了这些主宰福祸吉凶、监察人们言行小神之外，还有众多行业神，如蚕神、马神等等，这些行业神可以维护本行业的从业者的利益。这些信仰大部分都延续下来，成为后代宗教生活的主要内容。它们之所以有着如此长久的生命力，正因为它们贯穿了中国人生产和生活的各个方面，而成为人们从事生产活动和社会活动不可缺少的部分。这些大大小小的神祇，大到日月星宿，小到潭溪浅流，还有“最为小鬼之神”的所谓户、灶之类，大多都被道教摄取成为道教的神祇，从而形成了庞大的道教神祇系统。

道教在历史上有两次大规模的造神运动。第一次造神运动是在魏晋南北朝时期。魏晋时期的道教还没有统一的组织，也没有统一的信仰，不同派别信奉不同的主神，各自有自己的神祇系统。这些既多且杂的神祇信仰到南北朝时期被划分为两个体系，对北方各派道教造神的概括可见于《魏书·释老传》，南方则被归纳于梁代陶弘景的《真灵位业图》。北方素有道教传统，道教之初始太平道即活跃于北方。三国时期便有许多方士广泛活动于北方，东晋之后也有不少道士在民间传教。北魏太武帝宠幸的道士寇谦之自称太上老君授予他“天师之位”及道书《云中音诵新科之诫》二十卷，命他“清整道教”，故创立了一个新的道教信仰神祇体系。他的道教神祇体系把天分为三十六个层次，中有三十宫，每个宫有一主，也就是说至少有三十位主神。南方的神祇系统更加复杂，梁代陶弘景的《真灵位业图》把当时的道教之神划分为七部分，每部分中位有一主神，左右各列数神或数十神不等，有些部分分左位、右位之后，又有女真、地仙、散位诸神。这样算起来，《真灵位业图》里的神祇大大小小有数百位。神祇的队伍扩大了，神祇的成分也非常广泛。有源自于传统的天地信仰的诸神，如五方天神、星神、五岳、河水之神等等。有来自于黄老道家之徒，如黄帝、老聃，太玄丈人等等。还有诸子百家书中的怪异之人，如接舆、许由等等。又有古代帝王和古代神仙,又有历代大臣名将,甚至还有魏晋时期的士大夫和道教各派传人。从道教这种规模的造神运动,可以看出道教来源的复杂性和广泛性,后代道教信奉的诸神也是在这样杂而多端中取舍、归纳、再创造出来的。

宋元时期是道教又一个大规模造神运动时期,道教造神出现了新的局面,确立了以玉皇大帝为首的神仙系统,而且大规模地塑造民间俗神,并且通过话本和戏曲将这些神仙形象化和定型化,后代道教的神祇基本上是以宋元时期的信仰为基础而沿革变化的。宋代帝王崇奉道教除了尊玉帝、造新神,为道教诸神加封号赐真君之外,就是礼遇道士。这些道士隐逸山林,既受帝王礼遇,民间又传说他们的圣迹,他们中间的钟离权、吕洞宾和陈抟等等都被传为神仙,成为道教之神。元代统治者礼遇全真教,全真教信仰的就是宋代传为神仙的钟离权和吕洞宾,又有五祖七真的说法,这些人物以后也成了道教之神。

宋元以后,随着道教的世俗化,神仙形象也有了明显的变化。这一时期在社会上产生影响的神仙,大部分在形象上非常接近普通人,并且在人神关系中人不再处于完全被动的状态。也就是说,这一时期神仙形象真正具有"人性化",甚至"平民化"的因素。随着神仙形象"神性"的降低,"人性"的增加,使得神仙形象更加饱满和生动,更容易写进文学作品。在宋元时期逐步形成、到明清时期影响颇大的"八仙"形象就具有很好的代表性。与前代的神仙相比,"八仙"是真正具有"人性化"特征的神仙形象。这八位仙人来自于社会各个阶层,代表了城市中不同层次、不同职业、不同性别、年龄的人群。在他们身上,不同的人群都可以找到自己的影子,所以他们也成为最受民间欢迎的神仙。

总而言之,道教从来没有停止过造神运动,它的神谱一直在不断扩展和更替。山西芮城永乐宫三清殿的元代壁画共有 286 个神仙,而这还远没有穷尽道教的诸神,由此可见道教神仙队伍是多么庞大。如此众多的神仙自然也拥有众多的神仙传说，这就成为戏曲进行再创作的广泛题材。纵观元杂剧，道教各路神仙纷纷粉墨登场，形成了一道独特的风景。一个剧本里十几个神仙齐齐登场亮相并不罕见，比如，吴昌龄《张天师》中有封十八姨、桃花仙子、桂花仙子、荷花仙子、菊花仙子、梅花仙子、雪天王等神仙一齐出场，好不热闹；史九敬先《庄周梦》中也有太白金星、蓬壶仙长、风花雪月四仙女和春夏秋冬四仙女等十位神仙，排场也很热闹；有关八仙的戏在末尾也往往由王母娘娘或者东华帝君领着八仙，有时还加上金童玉女同时登场，那场面更是热闹非凡。

二　出场频繁的道教神灵们

元杂剧中登场的道教神仙众多，显得杂乱无章，茫然无绪，但细究起来呈现出这样两个特点：一是与全真教信仰有关的神仙登场频繁，其中尤以八仙为代表；二是具有亲民性的天神和民间小神登场频繁，虽然他们大都在舞台上是跑龙套的角色，但是往往具有扭转乾坤的作用。

除了八仙之外，登场最多的道教神仙依次是东华帝君、增福神和太白金星（见表1－1），这三位神仙品级不同，东华帝君身份高贵，掌管男性仙班；太白金星身份较低，虽是玉帝身边的近臣，但大多充当玉帝的传声筒，帮助玉帝处理一些人间事物；增福神更是一个卑微的小神，只能听从别的神仙的差遣，但凡人对他却毕恭毕敬，因为他主宰着他们的幸福。他们之所以能在众神仙中拔得头筹，或是因为他们与全真教沾亲带故，如东华帝君他是全真教祖师，他之所以能够频繁亮相自然与全真教在元代的兴盛是息息相关的；或是因为他们与凡人生死福祸的利益休戚相关，比如太白金星和增福神，他们神仙品级不高，但主宰着凡人的命运。

表 1—1

人　物	角　色	出　处
东华帝君	冲末	《黄粱梦》
	外	《张生煮海》
	不详	《庄周梦》
	冲末	《伊尹耕莘》
	冲末	《竹叶舟》
	不详	《刘行首》
	冲末	《玩江亭》
增福神	不详	《蔡顺奉母》
	正末	《看钱奴》
	外	《来生债》
	不详	《刘弘嫁婢》
	外	《诸葛论功》
太白金星	外	《圯桥进履》
	末	《庄周梦》
	冲末	《误入桃源》
	不详	《刘弘嫁婢》

(一)东华帝君

东华帝君至少在七种元杂剧中出现,可以说是一个登场频率很高的道教神仙。他之所以能够拥有这么多出场的机会,完全是沾了全真教的光,他被奉为全真教资格最老的祖师爷,又掌管群仙籍录,经常带领八仙齐齐登场或者指派八仙等仙人下凡济世度人。根据《金莲正宗记》记载,东华帝君“姓王名贻字玄甫,道号东华

东华帝君

元杂剧宗教人物绣像　丁莉绘

子”，又说他：

生有奇表，幼慕真风。白云上真见而爱之，曰：“天上谪仙也。”乃引之入山，授以青符玉箓、金科灵文、大丹秘诀、周天火候、青龙剑法。先生得之，拳拳服膺，三年精心，尽得其妙。遂退居于昆嵛山烟霞洞，颐神养浩久之。结草庵以自居，篆其额曰“东华观”。……在人间数百岁，殊无衰老之容。开阐玄宗，发挥妙蕴，阴功济物，玄德动天。故天真赐号曰“东华帝君”，又曰“紫府少阳君”。授度门人正阳真人钟离云房，嗣弘法教，所有圣远不能其述。全真之道，由此滥觞，故立之以为全真第一祖也。①

从这段文字记载来看，东华帝君是由人成神的，他被奉为全真第一祖师，但并未有统率群仙的权利。

另一本道书《金莲正宗仙源像传》中的东华帝君少了几分人气，多了几分仙气：

帝君姓王，不知其名，世代地理皆莫详。得太上之道隐昆嵛山，号东华帝君；复居五台山紫府洞天，或称紫府少阳君；后示现于终南山凝阳洞，以道授锺离子。又按《仙传拾遗》载：“帝君盖青阳之气，万神之先也。居太晨之宫。紫云为盖，青云为城，仙僚万亿，校录仙籍，以禀于老君，所谓王姓者，乃尊高贵上之称，非其氏族也，斯言盖得之欤。元世祖皇帝封号东华紫府少阳帝君。”②

---

① 《道藏要集选刊》(六)，上海古籍出版社 1989 年版，第 637 页。

② 《道藏》(第 3 册)，第 370 页。

这里的东华帝君的身世扑朔迷离，虚无缥缈，不像由人成神，倒像生来就是神仙，而且说他是“万神之先”，俨然是一个身份尊贵的神仙。

元代秦子晋编的《新编连相搜神广记》中的东华帝君更加神化奇诞：

> 东华帝君，纪羽在道气凝寂，湛体无为，将欲启迪玄功，生化万物，先以东华至真之气，化而生木，公于碧海之上、苍灵之墟，以主阳和之气，理于东方，亦号王公焉。与金母皆挺质太元，毓神玄奥，于东方溟涬之中，分大道醇精之气而成形，与王母共理二气而育养天地，陶钧万物。凡天上天下三界十方，男子之登仙得道者，悉所掌焉。[①]

这里把东华帝君直接附会到东王公身上，上升到和王母平起平坐的地位，并且男性得道成仙者都要听从他的号令，是一位权利很大的神仙。

弄清了东华帝君的身份，下面我们来看看东华帝君在元杂剧中的形象。虽然东华帝君出现在七种元杂剧中，但是没有一次充当主角，大多只在剧情开始和结尾的时候出场，只需在天上发号施令，差遣其他仙人下界办事，戏份自然也就少得可怜。

由于他是仙班的头目，身份尊贵，经常第一个登场，所以在元杂剧中经常由“冲末”扮演。“冲末”通常出现在一剧之首，过去人们一般认为，“冲末”是一种角色，王国维先生《古剧脚色考》论及元剧各类角色时谓：

---

① (元)秦子晋：影印版《新编连相搜神广记》，北京：北京图书馆出版社中华再造善本。

> 正末、副末之外，又有冲末、小末，而小末又名二末，旦则正旦外，有老旦、大旦、小旦、色旦、搽旦、外旦、旦儿……然则曰冲、曰外、曰贴，均系一义，谓于正色之外，又加某色以充之也。[①]

这就是说，“冲末”是正末之外添充为末色的一类角色。后来元杂剧的研究者也一般沿承王国维的说法。周贻白先生《中国戏剧史长编》将末类角色分为：正末、副末、冲末、二末、小末、外，又解释“冲末”说：“冲末之为‘冲’，当为‘充’之伪写。”[②]青木正儿先生在《元人杂剧序说》中也说：“副末、冲末、外末、副旦、贴旦、外旦都是副演员。”[③]张庚、郭汉城两先生主编的《中国戏曲通史》以及一般辞书对“冲末”的解释也大多如是。但是也有学者有不同意见，杨鹤年先生曾经在《元杂剧人物的出场和“冲末”》一文明确指出，“‘冲末’不是行当，也不是角色，而是当时元杂剧演出时所习用的术语和行当的称谓。”[④]解玉峰先生在《北杂剧“冲末”辨释》也同意杨鹤年先生的意见，他还认为“冲末”可能是戏外之人。然而，不管怎么说，“冲末”并不是全然可有可无之人，他即使不能充当像“末”一样的角色，甚至戏份还比不上一些配角，但一部戏的开场毕竟是很重要的，而且“冲末”往往还承担着简要介绍剧情由来的功能，所以说他戏份虽不重却也比较关键。况且他的身份这么尊贵，唯有他可以指派其他仙人下凡度人，使主角出师有名，剧情也得以顺利展开。

冲末登场先要自报家门，东华帝君一般只出现在剧情的开头

---

① 《王国维戏曲论文集》，北京：中国戏剧出版社 1984 年版，第 191—192 页。

② 周贻白：《中国戏剧史长编》，北京：人民文学出版社 1960 年版，第 232 页。

③ [日]青木正儿：《元人杂剧序说》，上海：开明书店印行 1941 年版，第 31 页。

④ 《中华文史论丛》第二辑（总第十八辑），上海：上海古籍出版社 1981 年版，第 298 页。

和结尾，很少参与剧情的展开，所以他的表演就是开场的一大段自白，剧作家只能通过“自介”来塑造他，我们也只能通过“自介”来了解他。

《黄粱梦》第一折他登场是这样介绍自己：

> 贫道东华帝君是也。掌管群仙籍录。因赴天斋回来，见下方一道青气上彻九霄，原来河南府有一人，乃是吕岩，有神仙之分。可差正阳子并骊山老母点化此人，早归正道。①

《张生煮海》中东华帝君是由“外”扮演，算是一个比较正式的角色，其中也有一番“自介”：

> 贫道乃东华上仙是也。自从无始以来，一心好道。修炼三田，种出黄芽至宝；七返九还，以成大罗神仙，掌判东华妙严之天。为因瑶池会上，金童玉女有思凡之心，罚往下方投胎脱化。金童者在下方潮州张家托生男子身，深通儒教，作一秀士；玉女于东海龙神处生为女子。待他两个偿了宿债，贫道然后点化他还归正道。②

《伊尹耕莘》中他的“自介”颇长：

> 贫道乃东华帝君是也。贫道秉青华至真之气化生，号曰木公，于瀛海之东，苍灵之墟，主阳和发生之气，陶钧万物，养育群生。大凡天上天下，三界十方男子，得道登

① 王季思主编：《全元戏曲》(二)，北京：人民文学出版社 1999 年版，第 187 页。
② 《全元戏曲》(三)，第 262 页。

仙,悉皆掌管。盖凡升天之时,先参贫道,授与仙诀。大彻大悟后,方得升九天朝真而观元始。贫道职居紫府,统三十五司命,迁去灵官校品真仙。今朝上帝,因见下方自大禹之后,孔甲无仁不道,帝癸之后,诸侯多叛,暴戾顽狠,残忍伤生,至于禽鸟走兽不安。奉上帝着贫道遣文曲星下降,投胎于义水有莘赵家庄上。[1]

《竹叶舟》中虽也是由冲末扮演,但在最末登场,没有“自介”,只是率领众仙登场,引领主角陈季卿共赴蟠桃宴会;《刘行首》中的情况也十分类似,东华帝君也只是在最后带领众仙登场,为刘行首指点迷津,正应了“盖凡升天之时,先参贫道,授与仙诀。大彻大悟后,方得升九天朝真而观元”的职责;《庄周梦》中更是一个可有可无的角色,只是在最后一折带着金童玉女出场说了几句套话。

在《玩江亭》中东华帝君在第一折就出场,而且和前几部戏一个人登场不同,他是“领八仙同仙童”一起出场,真可谓气派非凡,他也有一番“自介”:

贫道乃东华紫府少阳帝君是也。吾传太清之道,隐于崑崙山中。以东华至真之气,碧海之上,苍灵之墟,修真养性,累积善功,以成正道。掌管玉霄紫府洞天福地三岛十洲蓬莱之境。贫道德传于世。天上天下,三界十方,登仙得道,名记丹台,方得成道。我闲骑白鹿游三岛,笑跨黄鹤玩九州。贫道因赴天斋以回,为西池王母殿下,金童玉女,有一念思凡,本当罚往酆都受罪。上帝好生之德,着此二人,往下方酆州托化为人。金童乃是牛璘,玉女是赵江梅。恐防此二人到于人世之间,恋着那酒色财

① 《全元戏曲》(四),第464页。

气，人我是非，迷却仙道，您八仙之中，可差那一位下方度脱此二人去？[①]

上述杂剧所写的“自介”和有关东华帝君的文献记载差别不大，说明当时关于东华帝君的生平事迹或传说普遍地流行于民间，剧作家对它们耳熟能详，当他们编写杂剧时会按照他们的需要进行必要的裁剪，但不会有太大改动。观戏的百姓也知道只要有八仙的戏就往往少不了这位大罗神仙，对他的身世也了如指掌，也不用仔细听他说什么，只是图个热闹罢了。

东华帝君这一神仙形象从人物形象塑造上来说是十分单薄的，但是他也具有自己的特色。他之所以比其他仙人有更多的出场机会，除了他是全真道的祖师爷，又掌管着群仙籍录，有差遣其他神人的权利，还在于这个老头挺关心人间世事的。他经常在赴蟠桃宴会的途中偷眼望人间，看见人间青气冲天，就派正阳子和骊山老母下界点化有仙根的吕岩；看见民间帝王无道，就派文曲星下凡整顿朝纲，救百姓于水深火热之中。他还热心促成了金童玉女在凡间的姻缘。

《张生煮海》是最值得关注的一部戏。在这部戏中，东华帝君不再是游离故事中心的边缘人物，而是主动参与了剧情的发展，和男女主角的关系是密切的。他这回没有指派其他神仙去点化张生和琼莲，而是亲自出马指引两人“返本朝元”，这样，他在剧中的戏份就增加了，角色也由“冲末”变成了“外”。“外”在杂剧里应该是末外又一末，是一个次要角色，但是显然比“冲末”的戏份多，他不限于出现在剧首，可以徜徉在剧情之中。东华帝君在第四折有三段宾白，虽非长篇，但明确地指出他在度化张生和琼莲事情上是曾经积极参与过的，且看他的三段宾白：

① 《全元戏曲》(七)，第2页。

(东华仙上云)龙神,那张生非是你女婿,那琼女也非是你女儿;他二人前世乃瑶池上金童玉女。则为他一念思凡,谪罚下界。如今偿还夙契,便着他早离水府,重返瑶池,共证前因,同归仙位去也。①

(东华云)你二人若非吾来指引,岂得到瑶池仙境也?②

(东华云)你本是玉女金童,投凡世淹留数载。石佛寺夜月弹琴,凤求凰留情殢色。许佳期无处追寻,走海上失精落彩。遇仙姑法宝通灵,端的有神机妙策。配金丹铅汞相投,运水火张生煮海。则今朝返本朝元,散一天异香杳霭。③

既然东华帝君(即东华仙)在《张生煮海》一剧中介入了故事的中心,帮助故事的主角张生和琼莲还归正道,重返瑶池,那么我们要追本溯源考察一下张生煮海这一故事的本源是否有东华帝君这一角色,如果有那么他在故事里充当什么角色,他被写入《张生煮海》杂剧是否人物形象发生了变形。

《张生煮海》的故事本于唐人李朝威的《柳毅传》,中间根据民间传说改动的细节自然不少,而且可以说变动是相当大的,例如"煮海"这一情节在《柳毅传》中是没有的。不过,这不是我们所关心的问题,我们感兴趣的是李氏的《柳毅传》里是否有东华帝君这一人物。令人遗憾的是,《柳毅传》这个传奇里并没有这一人物,甚至连相似的人物也没有。也有学者指出《张生煮海》这个故事源于

① 《全元戏曲》(三),第280页。
② 《全元戏曲》(三),第280页。
③ 《全元戏曲》(三),第281页。

佛教的《生经》。《生经》的《佛说堕珠着海中经》写佛持器竭海，逼迫龙王献出宝珠。《张生煮海》的基本故事框架因袭于此。如果《张生煮海》的故事确实源于佛经，那么属于道教人物的东华帝君显然不可能出现在这个佛教的故事中。所以，东华帝仙点化张生、琼莲的故事情节是杂剧《张生煮海》的作者创造出来的，即使并不是完全的原创，也是作者根据当时民间传说和杂剧创作流行的仙人度脱模式创作出来的。

相比其他的道教神仙，东华帝君的确出场几率比较高，但是并没有因此在民间享有更高的声望，他在民间的知名度远不如另一位道教神仙太白金星。这一方面因为他身份尊贵，一般不需要亲自出马到人间去处理事物，自然在民间的知名度就降低了；再则他在元杂剧中虽然出场较多，但大多是个闲角，人物形象并没有真正立起来，缺乏流传下去的生命力。

（二）太白金星

太白金星这一人物形象虽然只在四部元杂剧中出现过，但是他的戏份却比东华帝君多，尤其是在《庄周梦》一剧中由“末”扮演，有大段的唱词，可以说是一位真正的主角。

太白金星本是星神。太白和金星是同一星体的不同名称。太白即金星，又叫太白星，是太阳系中最接近太阳的第二颗行星，也是各大行星中最接近地球的行星，从地球上看，它是天空中最明亮的一颗星，所以人们对它最容易发生兴趣。我国古代把金星叫做太白星，又称亮星、启明星、长庚星。《诗经·小雅·大东》云：“东有启明，西有长庚。”就是说金星早晨出现在东方时叫“启明”，晚上出现在西方时叫“长庚”。金星后来被人神化后，乃有白帝子、太白金星之称。但是，太白金星神格化后无论从形象还是功能上都发生了很大的变异，这充分说明了人们塑造神明和改造神明的力量是巨大的。

金星被神格化后最初是以女性神的形象出现的。按照早期道

太白金星

元杂剧宗教人物绣像 郭嵘绘

教经典描述:金星女神身穿黄色天衣,戴一顶时髦的鸡冠帽,怀里抱着个琵琶。山西芮城永乐宫元代壁画中,金星也为女像,手抱琵琶,但在元杂剧中却成了一位男性神,由男性演员扮演,这说明元代太白金星已经逐渐由女性神向男性神过渡,但还没有完全定型。直到明代,由于《西游记》等小说的广泛影响,太白金星被彻底改造为身背一角天书、手持一柄拂尘的白须老者。

随着形貌的变化,太白金星的神格也发生了质的变化。在上古时期,金星代表干戈兵事。《汉书·天文志》称:"太白,兵象也。出而高,用兵深吉浅凶。埤,浅吉深凶。行疾,用兵疾吉迟凶。行迟,用兵迟吉疾凶。角,敢战吉,不敢战凶。击角所指吉,逆之凶。进退左右,用兵进退左右吉,静凶。圜以静,用兵静吉趮凶。出则兵出,入则兵入。象太白吉,反之凶。赤角,战。"[①]因此,古代星相家、军事家常常观察金星的变化来占卜国家的兵事活动。到元杂剧中,太白金星已经位列仙班,成为一位慈眉善目的老者,主要职责是纠察人间善恶。在明代的小说《西游记》中,太白金星是玉皇大帝的"钦差大使",是一位善于化干戈为玉帛的"和事佬"。

考察太白金星神格化的过程,不难看出太白金星的形貌和神格确实发生了很大的变化,我们现在所接受的太白金星形象是明代小说《西游记》所塑造的那个仁厚善良的老神仙形象。应该说太白金星形象的变化是有一个过程的,元代是这个过程中关键一环,它直接影响到明代小说《西游记》中的太白金星形象的塑造,所以我们十分有必要分析一下太白金星在元杂剧中的形象。

太白金星至少出现在四部元杂剧中,其中一次是充当主角,其他都是充当配角。我们先来看看他充当配角的戏。《圯桥进履》中太白金星由"外"扮演,是一个配角,主要在第一折活动。他登场有一番"自介":

① (汉)班固:《汉书》,北京:中华书局1962年版,第1283页。

贫道乃上界太白金星是也。专管人间善恶贵贱忠孝之事。[1]

从他的“自介”可以知道他已经不管兵事了，而去管“人间善恶贵贱忠孝之事”，为善良忠孝之人提供帮助。在此戏中，他为在风雪中迷路的张良指点迷津。

《误入桃源》中太白金星是由“冲末”扮演，是第一个登场的人物，他一出场也首先来了一个自我介绍：

吾乃上界太白金星是也。奉上帝敕命，纠察人间善恶。[2]

从这番自介看来，他的确是协助玉皇大帝处理人间事物的“特使”，帮助人间善良忠孝之辈，点化诚心向道之人。在此戏中，他为迷其归路的刘晨、阮肇指路，指引他们到桃源洞和二仙子相遇。刘、阮在仙幻境界中度过了一段美妙的时光，后因思家，一念之差走出仙境，回到家乡才发现已经是物是人非，方悟世事沧桑和生命短促，在强烈的心理反差中痛悔失去乐园，最后二人在自杀的绝望中，被太白金星重新引入仙境。

《刘弘嫁婢》中太白金星不知由什么角色扮演，他上场也有“自介”：

贫道乃上界太白金星是也，职掌人间赏善罚恶录料

---

① 《全元戏曲》(三)，第73页。

② 《全元戏曲》(五)，第531页。

长短之事,行善者增添福禄,作恶者减算除年。[①]

在此剧中,他的身份和职责都没有什么变化,只是不再是为失途的人指点迷津,而是借算卦为洛阳财主刘弘指明延年寿和得子嗣的方法。

为了弄清在元杂剧中太白金星的身份和职责是不是已经趋向定型了,我们也来看看《庄周梦》中他的"自介":

小神乃太白金星是也。奉玉帝敕旨,下方点化大罗神仙。[②]

在此剧中,他还是玉皇大帝身边的一个神仙,他奉玉帝之命下界点化大罗神仙。在元杂剧中,亲自下界去度人的神仙一般都是八仙或者全真派师祖,很少见其他神仙去做这件事。而在这部戏中,点化大罗神仙的任务不但交给了太白金星,而且太白金星在这部戏中是由"末"扮演,从头到尾都有唱词,戏份很足。我们完全可以通过这部戏来仔细分析太白金星这一人物形象。

首先我们要了解这部戏的主要情节。《庄周梦》演的是太白金星下界度脱庄周成仙的故事。剧演大罗神仙在玉帝面前失仪,被贬下凡,投身在庄氏门中为男,名为庄周。玉帝恐他迷失正道,派太白金星下凡点化他。太白金星先后派出蓬壶仙长、风花雪月四仙女和春夏秋冬四仙女,协助自己三度庄周,才使他省悟,重归仙班。度脱的过程比较复杂,看似荒诞无稽,但却是因袭了度脱剧惯用的"三度"套数,剧中四仙女的描写也近似于吴昌龄所著《张天师》、《东坡梦》杂剧。不过这些都不是我们所要关心的,我们感兴

① 《全元戏曲》(六),第799页。
② 《全元戏曲》(三),第653页。

趣的是太白金星到底在这部戏中扮演的是一个什么样的角色，他和其它度脱剧中执行度脱任务的仙人有什么不一样的地方。

元杂剧中反映道教度人成仙的作品很多，剧作家对"度脱"情节的设置有模式化的倾向。一般说来，被度者对世俗生活都十分留恋，主观上并不愿意出家，而度脱出世的神仙往往具有百折不回的精神，一味纠缠不休或者采用非常手段来恐吓被度者出世，所以度脱的过程有时候十分不近人情，甚至颇为血腥。比如《任风子》中度脱过程就十分惨绝人寰。任风子在幻境中被神子所杀，悟道后亲手摔死自己的儿子，十年后儿子的鬼魂又来索命，任风子又一次被杀。相较而言，《庄周梦》的度脱过程就显得温情脉脉了。第一次度脱，太白金星先派了蓬壶仙长着风花雪月四位仙女去杭州城南聚仙庄迷住庄周，自己化作杭州城里破落户，用自己由富变穷的经历来说明富贵如浮云，劝庄周去修行，但庄周不为所动，然后又变出一花盆，下种后顷刻开花结果，六种六熟，显示岁月如梭，时光易逝，但庄周依旧执迷不悟，第一次度脱以失败告终；第二次度脱，太白金星化为李府尹，以富贵买不得生死说神仙好处，又唤出莺燕蜂蝶四女子，拿琴棋书画劝庄周戒酒色财气，庄周还是不肯，太白金星只好又差春夏秋冬四仙女化为桃柳竹石四女子来点化庄周，让他酒中得道，花里遇仙。庄周识破了四仙女的身份，便与她们一同在后宅炼丹。虽然炼成了大罗仙丹，但是庄周并没有完成省悟，所以这次度脱还是不成功，太白金星又不厌其烦地进行第三次度脱。太白金星先差三曹官捉拿泄露天机的四仙女，然后再度化庄周，庄周终于省悟重归仙班。回顾太白金星度脱庄周的过程，虽然也费尽周折，但整体而言还是比较温和的，没有血腥的场面，也没有把庄周逼上绝路。这使得太白金星这一神仙形象不像其他度脱仙人那样咄咄逼人，也不像某些仙人喜欢耍无赖，他态度温和，采用的度脱方式都是启发式的或劝导式的，既不强逼更不胁迫他人修行。

综上所述可以得出以下结论，太白金星这一神仙形象在元代已经趋于定型，直接影响了明代小说《西游记》等文学作品中对太白金星形象的塑造，并且影响到民间对太白金星形象的接受。在元杂剧中，太白金星首先是玉帝身边的近臣，直接听命于玉帝；其次，太白金星“职掌人间赏善罚恶录料长短之事”，为人间善良忠孝之人指点迷津，也点化人间一些有仙根的人，这说明他关心人间事物，是玉帝派往人间的“特使”；再次，从他度脱庄周、点化刘、阮的过程中可以看出，他始终是以一个宽厚仁爱的长者的面目出现的，在度化的过程中从不以威严刻板的面目示人，也不把人逼上绝境，更不采取血腥的方式度人。庄周得道是得益于自己的省悟，刘、阮二人成仙更是源于太白金星的援救。元杂剧中太白金星形象的种种特征得以被后世的文学作品所接受和发挥，如今在人们的印象中太白金星就是一位慈眉善目，善良仁厚，甚至显得有些唯唯诺诺的“和事佬”，很少人还会记得他曾经是一位代表干戈兵事的女性战神，这也从一个侧面反映出元杂剧等文学艺术作品塑造和改造神明的作用是相当大的。

（三）增福神

在元杂剧中，有一位出场频率很高的小神，他级别虽不高，但与人们利害密切相关，因而在民间知名度颇高，他就是增福神。据统计，他至少在五部元杂剧中登场亮相，其中在《看钱奴》中由正末扮演，既有宾白也有唱词。

所谓“增福神”，从字面意义上来讲就是“增福之神”，他和道教中的福神是不是一回事呢，这是我们首先要解决的问题。我们先来看看福神的来历。福神与许多神灵一样，也经历了由自然神灵到人物神灵的演化历程。最初的福神为星辰，称“福星”。福星即木星，也叫岁星，古时人们把木星当作赐福的福神，传说木星照耀的地方，百姓能够得到好运和幸福。岁星还有一个名字叫“太岁”，太岁有其凶险的一面，虔诚供奉可以得福，轻慢冒犯必遭灾祸。随着太岁神凶险一面被民间故事越传越离奇，人们反而忘记岁星原来的赐福星官身份，对他敬而远之，转而去寻找其他能够寄托福气和好运的偶像。福神后来到底被附会为何许人，却有种种不同说法，其中流传最广的当属“天官赐福”。

天官源于道教的三官，即天官、地官、水官。道教创立时期的五斗米道中设有鬼吏，主管为人治病。鬼吏为人治病时要向三官请祷以除病，请祷的具体方法是将病人的姓名和服罪的意思写成文书，一式三份，“其一上之天，著山上，其一埋之地；其一沉之水，谓三官手书。”①这种请祷治病的方法，源于原始自然崇拜，即天、地、水崇拜。到了南北朝，“三官”又与“三元”相结合而成三元大帝。三元大帝分别诞生于正月十五日、七月十五日、十月十五日；并形成了专祀三元的三个节日，即上元节、中元节、下元节。三位大帝还有明确的职掌：“上元一品赐福天官，紫微大帝；中元二品赦罪地官，清虚大帝；下元三品解厄水官，洞阴大帝。”三官兴盛于南北朝时期，唐宋犹有影响，晚近仍存余绪。旧时各地有三官殿、三官庙、三官宫。每逢三元日，进庙烧香者络绎不绝。三官之中，天官最为尊贵，其赐福职掌也最受民间欢迎。天官遂成为广为流传的吉祥神，称为“福星”。逢年过节或喜庆的日子，都要祭祀天官以求赐福。旧时年画以及衙署壁画常绘有天官神像：图中天官皆作为吏部一品大员模样，身穿大红官袍，手执大如意，足蹬朝鞋，慈眉善目，五绺长髯，显示出吉祥喜庆、雍容华贵气象。旧时新年多贴天官年画，以祈一年福运。戏班开场也必演“天官赐福”戏，祈天官带给艺人和观众好运。

福神也有被附会为历史人物的，阳城福神即典型的一例。阳城为唐朝道州（今湖南道县）刺史，因反对当时进贡道州矮民的行为，给人民带来福音，所以被奉为福神。据《新唐书·阳城传》载：

① （晋）陈寿：《三国志·魏书》，北京：中华书局1959年版，第263页。

天官赐福

元杂剧宗教人物绣像　周琪绘

> 阳城字亢宗,定州北平人,徙陕州夏县,世为官族。……州产侏儒,岁贡诸朝,城哀其生离,无所进。帝使求之,城奏曰:“州民尽短,若以贡,不知何者可供。”自是罢。州人感之,以“阳”名子。[①]

《三教源流搜神大全》也记有阳城事迹,而且记载了其由历史人物成为福神的经过:

> 福神者,本道州刺史杨公讳成字。昔汉武帝爱道州矮民,以为宫奴玩戏。其道州民生男,选拣侏儒好者,每岁不下数百人,使公孙父母与子生别。自刺史杨公守郡,以表奏闻天子云:“臣按《部典》,本土只有矮民,无矮奴也。”武帝感悟省之,自后更不复取。郡人德之,立祠绘像供养,以为本州福神。后天下士庶,皆绘像敬之,以为福禄之神。[②]

该书将阳城讹记为杨成,显然是音同之故,只是不知何故又把唐朝阳城的事迹搬到了汉朝。虽然《三教源流搜神大全》的记载尽管有误,但也清楚地表明,能为人民谋求幸福的人,也就是人民心目中的福神。

比起福神来说,增福神的资料少得可怜,虽然有人认为增福神和福神就是同一个神,但是缺乏可靠的资料。常见的一种说法说他是太岁星君的部下。太岁星君,是诸神之中最有权力的年神,掌管人间一年的吉凶祸福,统摄众神,有“年中天子”之称。太岁部下

---

① (宋)欧阳修:《新唐书》,北京:中华书局1975年版,第5572页。

② 《道藏》(第36册),第292页。

众神有日游神温良、夜游神乔坤、增福神韩毒龙、损福神恶虎、显道神方弼、开路神方相、值年神李丙、值月神黄乙、值日神周登、值时神刘洪等等。这种说法不知本源于何处，明代神魔小说《封神演义》中就明确把韩毒龙封为增福神。在清代有名的戏曲《天官赐福》中，增福神变成了天官手下的一名小神。元杂剧中的增福神自然比明清时期的增福神资格更老，我们应该探究一下元杂剧中增福神的形象，看看元杂剧中的增福神和岁星、天官、阳城等等这些附会为福神的到底有没有关系。

增福神出现在五种元杂剧中，"自介"也屡见其中，但是它们都比较简短。且看《蔡顺奉母》中增福神的"自介"：

> 吾神乃上界增福神是也。我身居逍遥之境，自在之乡，掌管人间贵贱寿夭增福延寿之事。行善者增添福禄，作恶者减算除年。①

《看钱奴》中他的"自介"也只有简单几句，在这里他的权限还延伸到阴间：

> 小圣增福神是也，掌管人间生死贵贱高下六科长短之事，十八地狱，七十四司。我想尘世人心性迷痴，不知为善，只看那奈何潺潺，金桥之上并无一人也呵。②

《来生债》中他的"自介"只有短短一句话，就是自报家门说明自己是上界增福神，我们只能从他化作白衣秀士曾信实的说词来了解他的职责和权限：

---

① 《全元戏曲》(二)，第583页。

② 《全元戏曲》(四)，第133页。

小圣恰才见此人(庞居士)积功累行,施仁布德,俺神灵如何无一个报应?便好道"善有善报,恶有恶报,不是不报,时辰未到"。[1]

《刘弘嫁婢》中他的"自介"相对来说比较长,而且说明了自己的来历:

吾神乃上界增福神是也,生前乃是汴梁李逊字克让是也。……小圣在生之日,与人水米无交;死归冥路,今以正直为神,上帝点检人间善恶文簿。[2]

《诸葛论功》中他的"自介"也很短:

吾神乃上界增福神是也。……只今下方自定座位已完,着吾神亲临下方,与圣朝增延降福,走一遭去。[3]

这些"自介"的内容互相差别不大,我们可以推断它们都是有一定依据的。但是细究起来,还是不难发现增福神这一形象并没有完全定型,还存在剧作家发挥的空间,《刘弘嫁婢》中的增福神形象就很能说明这一问题。

《刘弘嫁婢》是无名氏的作品。剧演洛阳财主刘弘命中注定寿不过五旬,而且缺乏子嗣。太白金星化作一位云游货卜借算卦为他指点迷津,告诫他多做善事便能够得全寿数传承香火。刘弘收

① 《全元戏曲》(五),第405页。
② 《全元戏曲》(六),第823页。
③ 《全元戏曲》(七),第792页。

留了李逊死后留下的孤儿寡母和卖身葬父的裴兰孙。李逊死后被玉帝差为增福神，点检人间善恶文簿，在玉帝面前叩头出血，为刘弘“乞告一子”，裴兰孙的父亲死后被差为西川五十四州城隍都土地，他也在玉帝前叩头出血，为刘弘增“二纪之寿”。

这部戏出现的神仙还真不少，但我们所关注的还是增福神。增福神在这里有了来历，他是由人成神的神仙，他的前身是汴梁人李逊。汴梁人李逊是作者虚构的人物还是历史上真有其人，我们需要追寻这部戏的本事。《刘弘嫁婢》的故事本于《太平广记》卷一一七引《阴德传》。可是把故事从头看到尾，也没有增福神这个角色，就连李逊这个人物也没有出现，可见李逊和增福神都是后来剧作家杜撰的。《三教源流搜神大全》记有“增福相公”：“李相公讳诡祖，在魏文帝朝治相府事，白日管阳间，决断邦国冤滞不平之事，夜判阴府是非杜错文案，兼管隋朝三品以上官员衣饮禄料及在世居民每岁分定合有衣食之禄。至后唐明宗朝天成元年赠为增福相公。”[①]这个增福相公也姓李，但是和李逊似乎没有任何交集，可见此剧增福神的身世并不可靠，应该是剧作家自己杜撰的。

尽管增福神的形象还不太稳定，但是在《看钱奴》中塑造了一个性格比较丰满的神仙形象。增福神只在第一折出场，由正末扮演。众所周知，元杂剧一般实行的是“一人主唱”体制。所谓“一人主唱”并不是说一部戏中只能由一个角色从头唱到尾，而是可以允许两个或两个以上的角色分折演唱。如在一部戏中，后折与前者的主唱不同，那么前折的主唱就不会在这折出场，以免观众对舞台人物形象和剧情产生混淆。《看钱奴》中第一折由增福神主唱，后三折都由周荣祖主唱，所以增福神就不再登场了。虽然这样看来，增福神的戏份还是比较少的，不能算真正意义上的男主角，但是毕竟有大段的宾白和唱词，而且主要是和“看钱奴”贾仁的对手戏，所

① 《道藏》(第36册)，第292页。

以刻画得还是很生动的。

我们首先来看看《看钱奴》第一折的剧情。第一折的开头首先登场的是东岳殿前灵派侯,他是一个正直的神,同时又有一点神的虚荣。他嫌成天在他庙里埋天怨地的无赖贾仁扰了他的清静,而且有损他清明的形象,所以派增福神去处理这件事情。增福神指责贾仁完全是咎由自取,他生前“抛撒净水,作践五谷”,今世“当受冻饿而死”。贾仁竭力为自己辩解,想让灵派侯息怒。可是贾仁每一次花言巧语的谎言都被增福神毫不留情地揭穿,他只好允诺富贵之后一定改过自新。最后,兴许是厌倦了这场没完没了的辩论,抑或是被贾仁作出的承诺所打动,灵派侯终于作出了让步,他让增福神将本该赐予善人的福力赐予了纠缠不休的恶人。但神的慷慨并不能使坏人变好,贾仁发迹变泰以后,那些美好的誓言马上就被他遗弃了。

在这一折戏里刻画了两个神灵,应该说这两个角色刻画得都很有个性。灵派侯是身份尊贵的神仙,以正直清廉自许,当他听到有人在自己庙里“埋天怨地、怪恨神灵”,他就立刻派增福神去查明真相,很有一点“为民做主”的架势,然而最后他却以“吾等体上帝好生之德”,不但赦免了无赖贾仁的罪过,还赐予了福力,让他获得意外之财。可见灵派侯是一个矛盾的人物,他既有正直慈悲的一面,又糊涂轻信。增福神和灵派侯的形象完全不一样。如果把灵派侯比作人间身居高位、难体民情的官员,那么增福神就如官员手下的吏。元杂剧中不乏正直干练的吏的形象,增福神身上就有他们的影子。他头脑清醒,洞悉人性,深知像贾仁这样生性贪婪的人,即使富贵了也难移本性,所以一次又一次毫不留情地在灵派侯面前戳破贾仁那些瞒唬神鬼的谎言,竭力劝阻灵派侯“枉将他救拔”。然而灵派侯却听信了贾仁花言巧语的承诺,动了恻隐之心,命增福神“权且与他些福力”,增福神对此也无可奈何,只能从命。

增福神是东岳之神的手下,这倒是有迹可寻的。我国东岳崇拜源远流长，东岳之神也被赋予种种权力。早期源于对自然的崇拜，东岳之神被赋予兴云致雨的功能，据《春秋公羊传·僖公三十一年》载："曷为祭泰山河海？山川有能润于百里者，天子秩而祭之，触石而出，肤寸而合，不崇朝而遍雨乎天下者，唯泰山尔。"[1]东汉时期，迷信盛行，东岳之神也被赋予新的功能，除兴云致雨外，还掌管人间生死贵贱。此外，古时还有"魂归泰山"之说，泰山之神又被视为冥司之主。由于泰山之神又要管人间生死贵贱，又要管冥幽十八层地狱，职务繁重，所以人们不得不给他配备七十二司，每司各司其事，如"速报司"、"福寿司"、"阴德司"等等，增福神应该就是"福寿司"的主管。东岳本在山东，但东岳行祠却遍及天下。东岳行祠除了供奉东岳大帝以外，还有配享之神。山西泽州县周村镇东岳庙在明代祀五位神灵，其中东朵殿祀的就是增福神，可见在明代增福神确实是东岳之神的手下，而这一说法至少可以上溯到元代，《看钱奴》就是沿袭了这一说法。

总之，增福神就是这么一位神灵。他地位不高，但掌管着人间贵贱寿夭增福延寿之事，这和人们的利益休戚相关，所以人们敬畏他。他被塑造成一为公正严明的神灵，对于为善者他赐福，对于造恶者他降灾，报应丝毫不爽。他代表的也是元杂剧中一类神仙的形象。这些神仙与元杂剧中"吏"的形象相得益彰，他们一般都公正严明，明察秋毫，他们的职责便是纠察人间善恶，赏善罚恶，为善者增福添寿，让恶者损福折寿。然而这也使得神仙的职权不明，相互重叠，比如太白金星和增福神都有掌管"人间贵贱寿夭增福延寿"的职责。这一方面与道教神仙系统庞杂有关，另一方面也与剧作家随意差遣神灵有关。

---

① 《春秋三传》，上海：上海古籍出版社 1987 年版，第 206 页。

三　元杂剧中的八仙形象

元杂剧中登场最为频繁的还是八仙形象，直到现在他们还是人们最为熟知和喜爱的道教神仙形象，这除了得益于明代小说对他们的塑造以外，元杂剧对他们的刻画和定型也非常重要。

（一）最为丰满的八仙形象——吕洞宾和钟离权

元杂剧中八仙成员还不太稳定，但是几个主要的人物已经被确定下来，一再出现在元杂剧中，其中尤以吕洞宾形象最为丰满。

吕洞宾出现在不少剧作中（见表1－2），其中有四种还是主角，由正末扮演。

表1－2

人物	角色	出处
吕洞宾	正末	《岳阳楼》
	外	《黄粱梦》
	外	《铁拐李》
	正末	《竹叶舟》
	正末	《城南柳》
	末折“八仙”之一	《金安寿》
	不详	《升仙梦》
	首折“八仙”之一	《玩江亭》
	孤	《蓝采和》
	正末	《邯郸店》

吕洞宾历史上是否真有其人，一直存有争议，正史《宋史·陈抟传》中提到过吕洞宾，其说：“关西逸人吕洞宾有剑术，百余岁而

钟离权与吕洞宾

元杂剧宗教人物绣像　丁莉绘

童颜,步履轻疾,顷刻数百里,世以为神仙:皆数来抟斋中,人咸异之。”[①]陈抟是真有其人的,但《宋史》编撰的时期正是全真教兴盛的时期,关于陈抟的记载已经具有神话的色彩,关于吕洞宾的记载自然也不足以信史视之。宋人笔记中也多记有吕洞宾的事迹。宋初杨亿在《杨文公谈苑》中说:“吕洞宾者,多游于人间,颇有见之者。”[②]宋代郑景望《蒙斋笔谈》说:“世传神仙吕洞宾,名喦,洞宾其字也。唐吕渭之后,五代间从钟离权得道。”[③]宋代罗大经《鹤林玉露》:“世传吕洞宾,唐进士也。诣京师应举,遇钟离翁于岳阳,授以仙诀,遂不复之京师。今岳阳飞吟亭是其处也。”[④]只是这些记载都颇为简约,元代成书的《金莲正宗记》所载就颇为详细,与元杂剧中的吕洞宾形象相差不远:

> 讳吕,字洞宾,蒲州坂永乐人也。唐德宗兴元十四年丙子四月十四日生于林禽树下。至唐文宗开成元年丁酉岁擢进士第,年二十有二岁也。龙姿凤目,鬓眉竦秀,美须髯,金水之相。顶华阳巾、服逍遥衣状,貌类张子房,太史公之为人。后任五峰庐山县令,因暇日游庐山之胜迹,偶与正阳先生相遇,一话一言之间,心与心契密,受大道天遁剑法龙虎金丹秘文,赐号纯阳子。由是之后休官弃爵,专心向道。……吕公隐于市郡,或货丹而救疾苦,或买墨以惠贫穷,积功累行以至成真神化无方,或隐或显,多游苍梧南岳之间。[⑤]

---

① (元)脱脱等著:《宋史》,北京:中华书局1977年版,第13421页。

② 《宋元笔记小说大观》(一),上海:上海古籍出版社2001年版,第528页。

③ 《笔记小说大观》(第35册),扬州:江苏广陵古籍刻印社出版1982年版,第91页。按:有学者考证《蒙斋笔谈》实为宋人叶梦得所著。

④ 《宋元笔记小说大观》(五),第5234页。

⑤ 《道藏要集选刊》(六),第639页。

从这些记载看来，吕洞宾不管是真实人物还是虚构人物，他的身份和事迹在元代以前已经得到了确认。他大约是唐末一个文人，仕途不畅，寄情山林，遇正阳子修炼成道，终成正果。得道后他并未远离人间，而是经常出没于市井乡间，因而世间总流传着他的灵踪圣迹。

我们再来考察一下元杂剧中的吕洞宾形象，看他在元杂剧中的形象和宋人笔记以及金元道教典籍中的吕洞宾形象是否一致，以及他在不同的元杂剧剧本中所呈现的形象是否具有连贯性和统一性。

首先我们来考察一下元杂剧中吕洞宾的身份，这是通过他的自介来表明的。现存元杂剧中，吕洞宾至少出现在十种戏曲中。且看《岳阳楼》的“自介”：

> 贫道姓吕名岩，字洞宾，道号纯阳子。先为唐朝儒士，后遇钟离师父点化，得道成仙。[①]

《黄粱梦》中的“自介”也比较简短：

> 小生姓吕名岩字洞宾。本贯河南府人氏。自幼攻习儒业。今欲上朝进取功名，来到这邯郸道黄化店。[②]

《铁拐李》中吕洞宾中直称自己是“上八洞神仙吕洞宾也”，没有提供其他信息。《竹叶舟》中的“自介”略为详细：

---

① 《全元戏曲》(二)，第158页。
② 《全元戏曲》(二)，第187页。

这里可也无人，我姓吕名岩，字洞宾，道号纯阳子是也。因应举不第，道经邯郸，得遇正阳子师父，点化黄粱一梦，遂成仙道。①

《城南柳》中的“自介”与《竹叶舟》基本一致，《升仙梦》中的“自介”也不外如此，只是多说了一点仙道而已：

贫道姓吕，名岩，字洞宾，道号纯阳子，乃唐朝进士出身。上国观光，到於中条山王化店，遇着钟离师父，传金丹大道，遂得长生不死之方。想俺神仙，吞霞服日，投至到此，也非同容易。②

《蓝采和》的主角是钟离权，吕洞宾只是一个客串的角色，也直称自己是钟离权的徒弟。《邯郸店》中的吕洞宾也直称自己的名号，没有更多的信息。

这些自介都颇为简略，未有相互抵触的内容，所以我们大致可以为元杂剧中的吕洞宾确定身份。他是唐末一位落魄文人，在邯郸店遇到钟离师父传授金丹大道，得以成仙。也正因为这些“自介”的内容互相差别不大，说明在元代吕洞宾的身份已经定型，他得道前的经历、如何得道以及得道后的事迹都广为流传。

如果我们把这些杂剧按吕洞宾的成长过程排一个序列，是否可以得到一个完整的人物形象呢？或者是否能够建构一部完整的吕洞宾成长史呢？这是我们将要解决的第二个问题。现存十部杂剧中只有《黄粱梦》是讲述吕洞宾得道前的经历以及得道的过程，其他九部都是得道后度脱他人的戏曲，所以要了解吕洞宾未得道

① 《全元戏曲》(四)，第646页。

② 《全元戏曲》(五)，第296页。

以前的事迹以及得道的过程唯有通过《黄粱梦》这部作品了。

《黄粱梦》的剧情是写吕洞宾在邯郸道黄化店中遇到了钟离权，后者使之入睡。在睡梦中吕洞宾度过了十八年光景，阅历了酒、色、财、气；人、我、是、非；贪、嗔、痴、爱；风、霜、雨、雪。醒时黄粱尚未煮熟，于是深感世事无常，人世虚幻，遂看破红尘，决意跟随钟离权学道。“黄粱梦觉”的故事很早就出现了，本与吕洞宾无涉，它被附会在吕洞宾的身上却并非完全是元杂剧之独创。在金元之际全真教兴起以后，为了塑造钟离权济世度人的祖师形象，为了制造吕洞宾得道成仙的历史，道教徒套用唐传奇《枕中记》的框架，将度人的吕翁换作钟离权，将被度的卢生换作吕洞宾，衍生出吕洞宾黄粱梦觉的传说。

《黄粱梦》中的吕洞宾并不是主角，但他是一个重要角色，由外扮演。外登场的时候是作“骑驴背剑”的打扮。以小毛驴做代步工具，这表明吕洞宾是一个贫寒落魄的儒生。“背剑”是吕洞宾的标志，吕洞宾成仙后的形象一直是背负宝剑，民间还流传着吕洞宾“飞剑斩黄龙”的故事。至于这剑到底是惩恶除奸的剑侠之剑，还是断绝嗔念的道士之剑，这是“仁者见仁，智者见智”的事情，但毫无疑问，剑确实是吕洞宾的象征。从一些据说是吕洞宾写的诗歌中可以看出，吕洞宾在仙化之前已经和“剑”结下不解之缘。仙化之前的吕洞宾并不是普通的书生相貌，他很有些剑客的英姿，以至他得道以后也总是剑不离身。所以他是儒士和剑客的综合体，亦儒亦侠，既有儒士的风流倜傥，又有侠客的豪迈义气。然而，《黄粱梦》中的吕洞宾虽背负双剑，但却不具侠骨风流的飘逸之气，他还只是一个汲汲以求功名的禄蠹。他上场诗云：“策蹇上长安，日夕无休歇。但见槐花黄，如何不心急？”[①]求功名之心切可见一斑。为了快些求得功名，他日夜兼程，当路过邯郸道黄化店才得以休息

① 《全元戏曲》(二)，第 187 页。

片刻,即便如此,他还催促煮黄粱的婆婆行动快些,并说:“我巴不的选场中去哩”。当钟离权劝他跟随自己去出家,他说:“你这先生敢是风魔的?我学成满腹文章,上朝求官应举去,可怎生跟你出家!你出家人有什么好处?”①当钟离权说尽了出家的好处,他也不为所动,反认为“俺做了官也,有受用处”。钟离权见说服不了他,只好借助梦境去度脱他。

梦境中的吕洞宾那炽烈的功名心丝毫没有减退,不等黄粱饭熟,就急着策蹇到长安求功名去了。到了长安,他弃文就武,娶了太尉之女,倚丈人之势,从而平步青云,官拜兵马大元帅。从他仕途经历看来,他并非完全凭借自己实力求取功名,而是走了终南捷径,采用了弃文、入赘等等为当时士大夫所不齿的手段,足见其人品之高下。当了兵马大元帅后,吕洞宾率军西征,禁不住“三斗珍珠,一提黄金”的诱惑而自毁前程。梦是人的潜意识的延伸,人被压抑的感情和欲望往往在梦中能够表现得更为真实。所以梦境中的吕洞宾和现实中的吕洞宾并不是彼此割裂的,从某种程度上来说,梦境中的吕洞宾比现实中的吕洞宾更为真实。梦境中的吕洞宾是一个品德败坏的读书人形象。这与他的原型《枕中记》卢生的形象很不一样,也与道教典籍中吕洞宾的形象殊异。为什么会有如此之变化?这一方面与度脱剧需要放大被度者的缺点有关,另一方面也与元朝社会现实有关,当时朝廷重武轻文,正直的读书人是很难有出路的。

再看得道之后的吕洞宾。得道后的吕洞宾出现在至少九部杂剧中,其中有四部是主角,由正末扮演,它们是《岳阳楼》、《城南柳》、《竹叶舟》和《邯郸店》。

《岳阳楼》和《城南柳》是同一个故事在不同时期的演绎,写的都是吕洞宾度脱柳树精成仙的故事。虽然两剧采用的都是同一题

---

① 《全元戏曲》(二),第188页。

材，但是由于出自不同作者之手，写于不同的年代，所以其中吕洞宾的形象也不尽相同。《岳阳楼》是元初时期马致远的作品，剧中吕洞宾手提墨篮上场，扮作一个卖墨的先生。吕洞宾与“墨”结缘颇早。早期有关吕洞宾的传说就说吕洞宾常常化作卖纸墨的先生混迹于民间，而人们往往莫能识之。虽然在民间吕洞宾也曾卖过丹药，也曾化作乞丐，但唯有卖纸墨最为文人注意，因为纸墨就是文人的标志。在宋元特殊的背景下，文人因素在吕洞宾传说中获得了较大的发展。他得道之前就被塑造成一个儒士形象，世间也流传着他写的诗词。他得道之后也常以儒士的面貌示人，所以在《岳阳楼》一剧中以卖墨先生的形象登场不足为奇，可见他虽已为神仙却还难释文人情怀。

在第一折中，他有两段关于“墨”的唱词：

【仙吕·点绛唇】：这墨光照文房，取烟在太华顶上仙人掌。更压着五李三张，入砚松风响。[①]

【后庭花】：这墨瘦身躯无四两，你可便消磨他有几场。万事皆如此，（带云）酒保也，（唱）则你那浮生空自忙。他一片黑心肠，在这功名之上。（酒保云）我不要这墨，你则与我钱。（正末云）墨换酒，你也不要？（唱）敢糊涂了纸半张。[②]

第一段唱词是夸耀墨的质量，是商家之言。第二段唱词是贬斥墨一片黑心肠，误了人的功名，是不得志文人之言。从第二段唱词来看，得道的吕洞宾还是对得道前功名未就耿耿于怀。墨本是无感情的蠢物，文人自己功名未就，却怪墨是黑心肠，这反映了落

① 《全元戏曲》（二），第158页。
② 《全元戏曲》（二），第160－161页。

魄文人的心酸和无奈。即便如此,墨对于文人来说还是无价之宝,是他们安身立命的工具。但是对于酒保来说却只是抄写账本的工具,不值什么钱。吕洞宾要用一锭墨换二百文钱的酒,酒保还不乐意,可见当时墨贱文轻,这折射出文人自我价值的失落。

除了墨以外,剧中吕洞宾第二个特征便是好酒。他一上岳阳楼,就向酒保讨酒喝。酒保嘲笑他说连王弘、刘伶和李白都不像他这么贪杯,他却说这些人都是俗辈,自己才是酒中神仙,能够千杯不醉。他二上岳阳楼,东倒西歪,前合后偃,就好像喝醉酒的样子。他三上岳阳楼,又和郭马儿吃了三盅酒。吕洞宾成仙之时,是断了酒色财气的,为何成仙后却越发贪恋美酒了呢?这恰好反映出吕洞宾并不是呆板无味的苦行之士,而是散漫不羁的飘逸神仙。

由于吕洞宾已然是全真教的祖师,在剧中不免宣扬全真教的教义,又有一点道貌岸然的样子。度脱的过程沿袭了度脱剧惯用的手段,先是像疯魔了一般对被度者说一些疯疯癫癫的话激怒对方,再采取一些非常手段陷害对方,甚至要人性命,这些手段使他显得近乎残忍和不近人情。但这都不应该是吕洞宾的特征,只是他作为度脱者被贴上了标签,被概念化和模式化了。

《城南柳》是元末明初谷子敬的作品,剧中的吕洞宾的形象也有了一些变化。吕洞宾登场虽提着墨篮,但墨篮里放着的却是一颗仙桃。落魄的文人气不见踪影,取而代之的是富贵的神仙气。换酒的也不是墨,而是宝剑。前面已经说过,剑是吕洞宾的标志之一,吕洞宾在以剑换酒的时候把宝剑夸耀了一番:

【幺篇】:这剑六合砌为炉,二气铸成模。呼的风唤的雨,驱的云雾,屠的龙诛的虎,灭的魈,霜锋如巨阙,冰刃胜昆吾,光摇牛斗暗,气压鬼神伏。[1]

① 《全元戏曲》(五),第299页。

这剑虽好，但是在酒保眼里却没有什么用处，只能做切菜的工具，算是明珠暗投了。这看似荒诞，却把吕洞宾从神坛拉了下来，也拉近了和民间百姓的距离。

吕洞宾的另一个变化就是变得更富有人情味了。《岳阳楼》中吕洞宾为了度脱郭马儿，怂恿郭马儿杀妻，显然不近人情。《城南柳》中没有吕洞宾劝杀妻这一关目，并且他还化作渔翁劝企图杀妻的杨老柳"息得心上无名火"。他也不曾像《岳阳楼》中杀人嫁祸给被度者，逼得对方走投无路，这些杀人嫁祸的行为都移植到被度者杨老柳身上，这样使吕洞宾摈弃了癫狂无赖形象，变成一位和蔼可亲的谦谦君子。

《竹叶舟》所写的是吕洞宾点化陈季卿入道的故事。陈季卿的故事最早见于唐代的《异文实录》，宋初李昉的《太平广记》也有转载。其文颇长，文中所述的情节大都与《竹叶舟》一剧吻合，只是陈季卿所遇的是终南山翁而不是吕洞宾，因为在陈季卿生活的时代吕洞宾还未显名。《竹叶舟》把终南山翁改作吕洞宾，大概是因为在元代吕洞宾已是大家熟知的"八仙"之一，更是当时普遍流行的全真教祖师，换作他来度脱陈季卿是情理之中的事情，也是广大观众喜闻乐见的。

《竹叶舟》中的吕洞宾形象和《太平广记》中终南山翁的形象有很大的不同。《太平广记》中对终南山翁的刻画非常简约，他点化陈季卿的过程也很顺利，没有喋喋不休的说教和规劝，只是显一些幻术让陈季卿自己去慢慢体会。《竹叶舟》中对吕洞宾的刻画就十分详尽，因为他是主角，由正末扮演。他提着一个荆篮上场，开口第一句话便是："世俗人，跟贫道出家去来。我着你人人了道，个个成仙。"这表明了他具有强烈的度脱精神，以慈悲度世为人生的首要目的。但吕洞宾度脱陈季卿的过程却并不顺利，他不仅要苦口婆心地劝服陈季卿，还要忍受陈季卿的嘲笑，甚至还邀来三位道友一起作陈季卿的思想工作。如果把《黄粱梦》和《竹叶舟》对比来看，会发现一个很有意思的现象，作为被度者，《黄粱梦》中的吕洞宾和《竹叶舟》中的陈季卿有很多相似的地方。他们都有一颗炽烈的功名心，都自恃自己有满腹文章想投身科场显身扬名，而不屑于修道成仙。也许《竹叶舟》中的吕洞宾从陈季卿身上看到自己过去的影子，所以他特别卖力地想说服陈季卿出家，可是他过去落第的经历却被陈季卿嘲笑了一番，这让他颜面尽失。

剧中第二折吕洞宾为了劝服陈季卿出家，邀来列御寇、张子房和葛仙翁三位道友，他们都曾身居高位却弃官修道，遂得道成仙。吕洞宾试图用他们的经历来劝服陈季卿放弃功名思想，跟随他去学道。但陈季卿却反将一军，问他是否也做过官，吕洞宾有一段唱词：

> 【甜水令】俺也曾凤阙跻攀，龙门踊跃，马蹄驰骤，高折桂枝秋。偶然间经过邯郸，逢师点化。黄粱醒后，因此上把尘心一笔都勾。①

这段唱词说的是吕洞宾得道前的经历，正说明他也曾和陈季卿一样贪恋功名，但是并未如愿，遂跟随钟离权出家。在陈季卿看来，吕洞宾是功名未就迫不得已才出家的，所以对他不以为然，态度自然也不像对列御寇、张子房和葛仙翁三位道友那样恭敬。陈季卿嘲笑吕洞宾说他不曾得官，自然也不知道做官的快乐，这可说到了吕洞宾的痛处，不禁让他恼羞成怒，于是他呵斥陈季卿说道："呆汉，你的官在哪里？"按理说，吕洞宾已经成仙，已经断却了俗人的烦恼，也不会轻易动怒，但是在这部戏中吕洞宾却被陈季卿的嘲笑激怒了，这大大地降低了他神性的光辉，让他更接近于常人。显

---

① 《全元戏曲》(四)，第653－654页。

然，喜怒哀乐溢于言表的吕洞宾比道貌岸然一味说教的吕洞宾更加可爱。

《邯郸店》中的吕洞宾也是由正末扮演，剧演吕洞宾度脱山东邯郸县的卢生，敷衍的是唐传奇《枕中记》的故事。剧中的吕洞宾这次充当了《黄粱梦》中钟离权的角色，像当年钟离权度脱他一样，他也苦口婆心地劝服卢生放弃"力田读书"，跟随他出家去。后见再三劝化无效，也着卢生入梦。卢生在梦中经历功名生死才幡然省悟，遂跟随吕洞宾出家。此剧吕洞宾的形象没有什么发展，也没有体现出他的个性，像是完全复制了钟离权的形象。也许剧作家撰写此剧的目的就是为了把吕洞宾塑造成像钟离权那样的济世度人的祖师形象，也就不注重人物个性的塑造了。

除了以上几部戏之外，吕洞宾还出现在《铁拐李》、《升仙梦》、《玩江亭》、《金安寿》和《蓝采和》三部戏中，其中《铁拐李》中由外扮演，戏份也不少。他在此剧中又成了一个疯魔的道人，一登场就哭三声笑三声，无端咒李岳是无头鬼，咒李岳的儿子是无爷业种，咒李岳的妻子是寡妇，故意触怒李岳，从而使李岳惹祸上身，竟白白送了性命。此剧与《岳阳楼》中的吕洞宾形象有颇多相似之处，大约元前期的作品中的吕洞宾形象就是一个疯魔的道士，有些无赖的习气，性格中有残忍和不近人情的一面，但这些特质到了元中后期慢慢被淡化了。《升仙梦》虽说也是吕洞宾度脱柳树精的故事，但是故事的内容与《岳阳楼》和《城南柳》大不相同，吕洞宾点化柳树精的过程中加入了"入梦"这一情节，让柳树精在梦中省悟。世人多贪生畏死。当面临死亡的威胁之时，人们往往最容易皈依宗教，所以度脱人出家最有效的方式就是把人逼入绝境。《岳阳楼》中吕洞宾把柳树精逼入绝境显得过于残忍；《城南柳》中虽是柳树精自己把自己逼入绝境，但吕洞宾还是不能完全撇清干系；《升仙梦》中借助梦境巧妙地化解了这些矛盾，吕洞宾完全是一个正面形象，但也正因为挑不出什么毛病而变得索然无味。《蓝采和》中吕洞宾不是以自己本来的面目登场，而是扮作州官，帮助师父钟离权度脱蓝采和，由孤扮演，是一个跑龙套的角色。《金安寿》和《玩江亭》中只是作为八仙之一点缀在剧首或剧末，没有一句台词，只是为剧本增添一点喜庆的色彩罢了。

通过上述分析，可知吕洞宾在不同剧本中呈现的形象虽不完全相同，但并不是彼此割裂的，因此元杂剧中的吕洞宾形象已经具有一些稳定的特征。首先吕洞宾具有强烈的度脱精神。虽然在元杂剧中具有度脱精神的不止吕洞宾一个，但是在他身上表现的尤为热切和真挚。他不但度脱世人，还度脱精怪。无论度人还是度物，他都倾注同样的热情，只要对方是有生命的和有仙份的，就不惜时间和精力去度脱他们脱离俗世和苦境，即使被误解和被嘲笑也毫不在意。在《城南柳》中吕洞宾有句台词道："众神仙都也笑我忙些什么。"这正是他的写照。在《邯郸记》中也通过汉钟离之口说他"跋涉凡尘，用心不易"。吕洞宾就是这样一个放着轻闲的神仙不作，却甘愿常驻人间济世度人的最为热肠的神仙。其次吕洞宾是一个颇有个性的神仙形象。元杂剧中人物大半比较简单，神仙形象更有类型化的倾向，但吕洞宾形象却富有独特的个性。他得道之前是个不得志的儒士，得道后正是由于"惯曾为旅偏怜客"、"自己贪杯惜醉人"，因此尤其体恤那些和他当初一样沉迷于功名的儒士，有心为他们指点迷津，但是被人翻出未曾得官的旧账，他还是有些恼怒，这是他"迂"的一面；他贪杯好酒，钟离权当初度脱他时他曾喝酒喝到吐血，但得道之后仍然好吃酒，常面带醉容，走路前合后偃，这是他放诞不羁的一面；他剑不离身，无论是以此剑降妖除魔，还是用此剑来"消除浮世不平事"，都表明在他身上有一种侠义之气。吕洞宾就是这样一个集儒、侠、道为一体的神仙形象，他并非是一个圆满的神仙，在他身上有世俗人的弱点，嗜酒贪杯，好夸耀，易动怒，无事忙，但也正因为这些瑕疵，让这一人物真实可信，所以在民间广受欢迎，深受民间百姓的喜爱。

钟离权是仅次于吕洞宾在元杂剧出现第二多的八仙形象(见表1—3),其中一种由正末扮演,另三种有宾白,其余都是作为八仙之一出现在剧首或者剧尾:

表 1—3

人　物	角　色	出　处
钟离权	外	《岳阳楼》
	正末	《黄粱梦》
	末折“八仙”之一	《铁拐李》
	末折“八仙”之一	《竹叶舟》
	末折“八仙”之一	《城南柳》
	末折“八仙”之一	《金安寿》
	扮邦老	《升仙梦》
	首折“八仙”之一	《玩江亭》
	冲末	《蓝采和》
	末折“八仙”之一	《邯郸店》

先看《黄粱梦》,这是钟离权唯一一部充当主角的戏。他一上场就自报家门,这一段自介颇为详细,是我们在元杂剧范围内唯一可以了解他生平的文字:

贫道复姓钟离,名权字云房,道号正阳子,京兆咸阳人也。自幼学得文武双全,在汉朝曾拜征西大元帅。后弃家属,隐遁终南山,遇东华真人,授以正道,发为双髻,赐号太极真人。常遗颂于世。颂云:“生我之门死我户,几个惺惺几个悟?夜来铁汉自寻思,长生不死由人做。”①

由这段文字可知钟离权复姓钟离，名权，道号正阳子，京兆咸阳人，曾为汉朝大将，后弃家隐居终南山，遇东华帝君而得长生不死之术，身超紫府，名列仙阶。至于钟离权为何弃家隐居，戏曲中没有说明。在元明道教典籍中，钟离权之所以出家，是因为其行军失利，误入终南山，偶遇东华帝君而得道，此事可见于元代道教典籍《金莲正宗记》和《金莲正宗仙源像传》。这说明戏曲中的钟离权的身份不是剧作家自己杜撰的，它们都是有所本——本于当时流行的传说。这里有一个值得注意的问题就是他名字的变迁。钟离权自称复姓钟离名权，但是戏里别人都叫他汉钟离。这是什么缘故呢？钟离权的神仙传说起于北宋，宋人郑景望的《蒙斋笔谈》较早地提到钟离权：“（吕洞宾）五代间，从钟离权得道。权，汉人，不老。自本朝以来，与权更出没人间，权不甚多，而洞宾踪迹数见。”②从这则记载可以知道，钟离权是“汉人”，在五代时度脱吕洞宾，北宋初期仍出没人间。“权，汉人”是造成后人把钟离权时代附会成汉代的重要原因。其实此汉非彼汉，乃是五代时的汉国，所以钟离权应是唐末人。但是以讹传讹，钟离权变成了汉代人，汉钟离的名字也变得孺妇皆知，反倒把他的本名给忘了。

钟离权也是一个具有度脱精神的神仙，他亲自度脱了吕洞宾和蓝采和。对于吕洞宾，他是真心爱护、青睐有加的。他对吕洞宾怀才不遇是充满同情的，一上场便有这么一句：“我想世间人好不识贤愚也呵。”这是叹息凡人不识真仙，也是叹息吕洞宾空有满腹文章，却一再落第。他也对吕洞宾沉迷于经济仕途感到惋惜，劝他

① 《全元戏曲》（二），第188页。

② 《笔记小说大观》（第35册），第91页。按：有学者考证《蒙斋笔谈》实为宋人叶梦得所著。

“早抽身,出世尘”。但是吕洞宾却执迷不悟。他看力劝不成,于是使吕洞宾入梦,让他“去六道轮回中走一遭”,自己化作高太尉、院公、樵夫和邦老,使吕洞宾断了“酒色财气,人我是非”。在他的不懈努力下,吕洞宾终于省悟了,放下了功名富贵之心,跟随他出家学道去了。

蓝采和是一名戏子,戏子在当时身份是十分低贱的,但钟离权并不因此而轻视他,度脱他的热情也没有减退半分。为了度脱蓝采和,他不惜从仙界屈尊来到梁园棚内,故意拣妇女每做排场的坐处,引来蓝采和的斥责和嘲笑。蓝采和斥责他不该坐在这里扰了妇女做排场,嘲笑他“一生也不见勾栏”,像个乡巴佬一样不懂看戏的规矩。钟离权一点也不动怒,还是乐呵呵地劝说蓝采和跟他出家去。可惜蓝采和“愚眉肉眼”,不识钟离权,不肯随他出家,还把他锁在勾栏里。钟离权只好请来徒弟吕洞宾相助,使蓝采和“见了恶镜头”,迫使他出了家。钟离权还是一个很细心的人,他怕出了家的蓝采和凡心不退,三十年后还和吕洞宾幻化成蓝采和的亲人来考察他。也就是说,钟离权度脱蓝采和的整个过程延续了三十年,其度脱精神真是持久而绵长。

除了度脱吕洞宾和蓝采和,他在《升仙梦》中曾化作邦老协助吕洞宾度脱柳树精。总之,他在元杂剧中登场的频率很高,但是只当过一次主角,并且,由于他得道较早,所以他只是作为度脱者出现在剧中,而元杂剧中被度者往往比度脱者的形象更为生动,因此钟离权在元杂剧中的形象不如吕洞宾那样丰满。作为度脱者,他的度脱精神确实热忱而持久,但是元杂剧中的度脱者往往是个吃力而不讨好的角色,他们为了度脱迷恋俗世的执迷者,常常采取一些非常的手段,显得不够正派。钟离权在度脱蓝采和的时候就不是那么光明磊落,当然这不是钟离权个人的缺陷,而是度脱者普遍的痼疾。

吕洞宾和钟离权是八仙中登场频率最高的神仙,这与全真教在元代的兴盛不无关系。根据全真教的典籍记载,全真教的祖师爷是东华帝君,由他传道给钟离权,钟离权再传吕洞宾,吕洞宾再传王重阳,王重阳再传“全真七子”。王重阳传授“全真七子”的环节是文献可征的,但是王重阳以上都是渺茫无可征的。这是道教人士的惯用伎俩,找几个德高望重的人物来扩充门户,哪怕这些人物历史上未必真有其人。全真教是一个很有书卷气的宗教,元杂剧之作者不少是饱读诗书的士人,他们对全真教都抱有天然的好感,所以乐于把全真教的祖师爷们写进戏曲。吕洞宾和钟离权本来就是全真教的祖师爷,加上他们的生平和事迹又是那样多姿多彩,正是元杂剧不可多得的极好的素材,所以自然备受剧作家的青睐,被频繁地写进他们的剧本。

吕洞宾和钟离权之所以被频繁写入剧本还得益于民众对他们的喜爱。《金莲正宗记》曰:“自古得道神仙数甚多矣,然而钟、吕之名独显于世,虽樵童牧竖妇人女子皆知之者,何也?盖慈悲之心,接物利生无所不至,感人之最深耳。”①正因为吕洞宾和钟离权具有强烈的度脱精神,慈悲为怀,关心世事,所以深得民众的喜爱。民众自然也乐于传扬他们的事迹,乐于观看由他们事迹改变的戏剧,因此他们出现在戏剧中的机会就多了。

(二)最具创新的八仙形象——铁拐李和蓝采和

在八仙之中,铁拐李和蓝采和虽然出场的频率并不高,但是他们的形象也很丰满,因为他们都曾作为被度者出现在元杂剧中,并且都是主角,由正末扮演。

我们先看铁拐李,铁拐李除了作为八仙之一出现在剧首或剧末以外,他还出现在三部剧中,其中《铁拐李》中是作为被度者出现,由正末扮演,是主角;《金安寿》和《玩江亭》都是作为度脱者出现,是配角,只有宾白没有唱词。

---

① 《道藏要集选刊》(六),第640页。

铁拐李，关于这一人物原型的说法不一，或说道教传说中的仙人李八百就是他的原型。传说李八百寿计八百岁，行则八百里，还能借尸还魂，但他并不是一个跛子。宋代的笔记小说中有一个刘跛子，和元杂剧中的铁拐李的形象有些类似，他很可能就是铁拐李的原型。北宋僧人惠洪《冷斋夜话》卷八有刘跛子的记载：

> 刘跛子，青州人，拄一拐，每岁必一至洛中看花，馆范家园，春尽即还京师。为人谈噱有味，范家子弟多狎戏之。有范老见之，即与之二十四金，曰："跛子吃碗羹。"于是谢伯仲曰："大范见时二十四，小范见时吃碗羹。人生四海皆兄弟，酒肉林中过一生。"①

从这则记载可知，刘跛子生活于北宋中后期，他好饮酒，喜赏花，为人风趣。从刘跛子的行止来看，并没有什么神奇之处，只不过是一个江湖异人而已。但是接下来的一则记载则有神化他的倾向，说"计其寿百四十五年许"，曾在京师新门张婆店住了三十年，每天都坐在相国寺东廊，但"邸中人无有识之者"。

《冷斋夜话》卷八还有一则关于"刘野夫"的记载：

> 刘野夫留南京，久未入都，渊材以书督之。野夫答书曰：跛子一生别无路，展手教化，三饥两饱，回视云汉，聊以自诳元神。新来被刘法师、徐神翁形迹得不成模样，深欲上京相觑，又恐撞着文人泥沱佛，蓦地被干拳湿踢，着甚来由。其不羁如此。尝自作长短句曰：跛子年年，形容何似，俨然一部髭须。世人诗大拐上有功夫，达南州北县，逢着处酒满葫芦。醺醺醉，不知来日何处度朝晡。洛

① 《冷斋夜话·风月堂诗话·环溪诗话》，北京：中华书局1988年版，第60页。

阳花看了，归来帝里，一事全无，若还与瓠羹不托，依旧再作门徒。蓦地思量，下水轻船上，芦席横铺，呵呵笑，睢阳门外，有个好西湖。①

这则记载中，刘野夫也是一个跛子，性格不羁。他与当时有名的法师徐神翁有交往，也好饮酒，喜赏花，和前面所记的刘跛子喜好一样。很可能他们就是同一个人，刘野夫是刘跛子的本名。他对自己的形象有一番自我描述，他面上多须，拄一拐，有一葫芦，自由来往于“南州北县”，形象与元杂剧中的铁拐李已经十分相似了。但是这些记载都没有说明刘跛子的腿为何是跛的，元杂剧就回答了这个问题。

杂剧《铁拐李》讲的是吕洞宾度脱铁拐李的故事。剧中铁拐李原是郑州六案都孔目岳寿，因触犯上司，受惊吓一病而亡，魂入阴间，得吕洞宾相救还魂。因尸体已经被焚化，无奈只得借跛足的李屠夫的尸体还魂。此事引起两家人的纠纷，最后以折中的方式解决，岳寿改名为李岳，跟随吕洞宾出家去了。这部戏完满地回答了铁拐李为何是跛足的形象，也说明铁拐李的前身是一个孔目。明代小说《东游记》虽对铁拐李的身世有不同的说法，但是也基本借用了借尸还魂这一模式，可见杂剧《铁拐李》影响还是很大的。

在杂剧《铁拐李》中，铁拐李的前身郑州六案都孔目岳寿是一个被塑造得很丰满的人物，在他身上既可以看到元杂剧中特有的“吏”的形象的特征，也可以看到元代小市民的影子。岳寿是郑州六案都孔目，这是一个小小的吏官，协助官员办案和处理政务。元杂剧中有不少“吏”的形象，因为元代选拔官员的主要途径是怯薛出仕、吏员出职和荫叙承袭，而传统的科举取士和国学贡士却反而不受重视，这样特殊的历史条件也就使得元代官员的政治素养和

① 《冷斋夜话·风月堂诗话·环溪诗话》，第61页。

文化水平偏低，只能倚靠吏来处理政事和公务。吏是官府中掌管文书簿籍等事务的人员，他们介于官僚与平民百姓之间，虽没有品级，却能够代表各级政府执行管理的职能，与百姓直接打交道，掌管着征收钱粮、起草文书、缉捕奸盗、管理仓库等大量的具体事务，手中掌握着一定的实权。封建官府中的“官”和“吏”有许多不同之处。古代官员有任职回避制度，官员不得在原籍任职，而吏役绝大多数都是本地人，他们熟悉当地的民情风俗；官员调动频繁，而吏役往往长期固定在某一具体岗位上，有的甚至还会父子相传；许多官员入仕前为了参加科举考试而长期研读儒家经典，不知兵刑钱谷为何物，而不少吏役曾经专门学习过钱谷簿书等当世之务，熟悉政情法令和公文程式，熟悉官府的办事程序，官员们往往不得不依靠他们来处理政务。此外，官员们为了通过考核以求得升迁，行为不得不有所检点，而吏役因升迁无望往往无所顾忌地牟取私利。对于吏，人们一般都持否定态度，儒士也不屑为吏。但元代长时间都不兴科举，选拔官员先看民族出身，汉族儒士进仕无门，甚至连养家糊口也不能，所以有些有才之士只好充当吏役维持全家人的生计。这些吏役还是比较能干的，但是品性有好有坏，有些和贪官同流合污；有些却刚正不阿。这些吏的形象在元杂剧中都有反映，品德败坏者如《魔合罗》中的肖令史（吏）当堂向原告人索要五个银子，得了银子后把被告人屈打成招；品德高尚者如《魔合罗》和《勘头巾》中的六案都孔目张鼎，敢于承担重勘疑案的任务，推翻贪官污吏的定案。《铁拐李》中的六案都孔目岳寿是一个复杂的综合体，他身上有正直廉明的一面，也有弄权贪墨的一面。他一上场就说由于郑州滥官渎吏较多，朝廷派出廉访相公韩魏公来考察当地官吏，很多人都畏罪潜逃了，但是自己却不曾“扭曲作直”，所以“不走不逃”。他还举出最近一桩案子，由于中牟县官吏受了钱物，颠倒黑白，把主犯改成从犯，从犯改成主犯，他看不惯这种行为，所以迟迟没有判决。从这些言行看来他还算是一个比较正直的人，但是旋即他又暴露出他阴暗的一面，且看他第一段唱词：

【仙吕·点绛唇】名分轻薄，俸钱些小，家私暴，又不曾耕种锄刨，依仗着笞杖徒流绞。①

他说吏役虽然地位不高，俸禄很少，但是家私却丰厚，这是为何？他们既不会种地又不会买卖，这些财产的来源自然十分可疑，一定是倚仗自己的权力弄到了不义之财。所以为吏的若不贪赃，没有几人，包括岳寿这样的人平时也一定捞了不少好处费才使得“家富小儿娇”。吕洞宾化作一疯魔的道士骂他是无头鬼，岳寿立刻把他吊起来准备拷打他一番。乔装成村夫的韩魏公把吕洞宾放了，岳寿迁怒于他，也准备当街拷打他一番。从这可以看出他有滥用权力的一面。但是他也并非全然是一个坏人，他之所以吊打吕洞宾是因为吕洞宾冒犯他在先，他平息怒气以后便听从跟班的劝告准备放了他；他之所以迁怒韩魏公是因为韩魏公私自放了吕洞宾，这让他觉得很没面子，不过他还是听从了跟班的劝告，准备向韩魏公索要一点钱财便放了他。后来通过韩魏公之口也知道他平日的文案记录也没有什么差错，可见他是个能吏。所以，他既不是一个完全意义上的好人也不是一个完全意义上的坏人，而是一个有缺点的好人，是一个性格丰富的圆形人物，这样的人物形象在元杂剧中是不多见的，所以也是很值得注意的。

这一人物的丰富性还不仅仅体现在他为吏这一面，他身上还体现出小市民的特质。他由于不慎冲撞了钦差大臣韩魏公，吓的在家一病不起，临终前他絮絮叨叨交代后事颇有喜剧色彩，但也反映了一个小市民的悲哀。他生前兢兢业业工作为的是养得“家富小儿娇”，死后他怕的是妻儿无人照看，挨冻受穷。妻子想让他死

① 《全元戏曲》(三)，第137页

时穿得体面一点，他说不如留着等穷时典当几个钱救急或者寒时给你们母子穿着防冻。他最怕的是死后妻子改嫁儿子受苦，所以故意支开妻子嘱咐朋友孙福在他死后“打听着山妻照顾着豚犬”，提防那些无耻之徒来纠缠妻子，如若妻子要改嫁则要好好地劝服她。妻子偷听到这些话，既悲又愤，出来表白自己以后绝不再嫁。但是岳寿还不放心，反反复复又说了半天，无非就是担心妻子改嫁，直逼得妻子赌咒发誓绝不改嫁才罢。他还向朋友孙福说了一番如何应对官府的话，从中可以看出官场之险恶，嘱咐儿子长大以后“休做吏典，只务农业是本事”。岳寿死后魂归地狱，由于生前“吏权太重，造业极多”，又冲撞了大罗神仙吕洞宾，所以被判入九鼎油锅，后得吕洞宾相救还阳。他还魂后仍旧放不下妻儿，一心只想早些与幼子娇妻团聚，竟不觉自己已经瘸了。等岳寿发现自己瘸了，知道是妻子过早把自己的尸骸焚化了，更是担心妻子等不及要再嫁他人。在这里岳寿已经不是吏了，而是一个心急如焚的丈夫，一个时刻担心妻子不忠的丈夫。他这一形象更具有普遍性，中国人的家庭观念很重，旧时男人在外面辛辛苦苦工作，并不全然是为了自己，多半是为了养得“家富小儿娇”，他们时时担心的是妻子不忠，连累孩子无人抚养长大。“妻淫”和“无后”就像梦魇一样常常缠绕着他们，至死不休。

还有一个值得注意的细节，那就是岳寿还魂之后为什么会还魂到瘸腿的小李屠身上。剧作家这样安排自有缘故，岳寿生前虽是个能吏，但也曾扭曲作直，瞒心昧己，谋取过不义之财，心不直自然身不正，所以罚他还魂变个瘸子。身份换成了屠夫也是因为屠夫虽然用刀杀生害命，但是吏人却是用笔欺天害人，比屠夫的恶业更深重，所以岳寿还魂后变成“蓬松着头发胡着个嘴，划地拄着条粗拐瘸着条腿”的屠夫也算是罪有应得。因而此剧对于铁拐李缘何是瘸腿的解释是合情合理的，虽然后来在明代小说《东游记》中对于铁拐李瘸腿的原因另有说法，但是未必令人信服，也不如元剧这样令人印象深刻。

《金安寿》和《玩江亭》都是讲铁拐李度脱金童玉女的故事，作为度脱者，铁拐李的形象并不丰满。这两部戏都带有很明显的寿庆剧的色彩，全剧弥漫着一派欢乐祥和的气氛，所以铁拐李的形象都显得十分的友善。瘸腿的缺陷被人耻笑也毫不在意，度脱的方式也不过是教人领略似水流年的沧桑变化。寿庆剧喜用铁拐李可能正与他长得又丑又怪，为人诙谐幽默，是八仙中最具喜剧色彩的神仙之一有关，也可能是因为这一人物的原型本身就比较长寿，所以十分应景。

蓝采和作为八仙之一也经常随着众仙一起登场，但作为真正的男主角只出现在《蓝采和》一剧中。在唐宋笔记小说中，蓝采和是一个踏歌乞儿，他常身穿破褴衫，腰间系着宽三尺的黑腰带，一只脚穿着靴子，一只脚裸着，夏天衫内加棉絮，冬天卧在雪中，行为怪诞。元杂剧中部分地继承了唐宋笔记小说中对蓝采和的塑造，并且对蓝采和的形象进行了一定的改造。在元杂剧中，蓝采和不再是一个乞儿，而是一个优伶，这或许缘于元代盛行戏曲，而传说中蓝采和会踏歌唱曲，所以把他改成优伶的身份是理所当然的事情。蓝采和在剧中自称姓许名坚，乐名蓝采和，在洛阳梁园棚勾栏里做场。在第三折他又补充说明了他的身世，他原籍金陵，曾直谏李王，李王不听，恐惹祸招殃，遂逃到汴梁做了优伶。许坚是南唐的隐士，“拟作帝王师”又是《南唐书》中陈陶的事迹，所以蓝采和的身份虚虚实实，杂糅了众多人物的传说。他被钟离权度脱以后的形象是“腰间将百钱拖，头上把唐巾裹，舞绿衫拍板高歌”，这与唐宋笔记小说中蓝采和形象基本一致。他走在街上，身边围着一群小孩抢夺他的手里拍板，讨要他腰间的铜钱，他非但不恼，还笑呵呵的，脾气甚好，完全不像他为优伶时那样容易动怒。

在八仙之中，元杂剧对铁拐李和蓝采和这两个人物形象的塑造是最具有创新性的，或者可以这么说，元杂剧对于铁拐李和蓝采和这两个人物形象的形成与发展具有重要的作用。唐宋时期关于这两位神仙的身份和事迹语焉不详，元杂剧把他们具体化和生动化了。

（三）八仙群体形象的流变

八仙作为一个群体形象也经常出现在一剧第四折的末尾，偶尔也会在第一折出现，如《升仙梦》、《玩江亭》。这些作品对于单个仙人着墨不多，基本上都是以近乎于白描的手法去描摹个体的外貌或者性格特征，使得人物形象并不丰满，因而从个体形象研究的角度来说研究价值是有限的，但是作为一个群体形象来说却是很有研究价值的。八仙群体的成员在元杂剧中是有变化的，这对我们考察八仙成员的演变和定型很有帮助。

八仙作为一个群体出现在多部元杂剧中，但是有些杂剧只以“八仙”、“众仙”或“群仙”统称，并没有一一点明八仙成员的身份，只有八部杂剧指出了八仙成员的身份，详细情况参看下表(1—4)：

表 1—4

人物 / 剧目	汉钟离	吕洞宾	铁拐李	张果老	蓝采和	韩湘子	何仙姑	曹国舅	徐神翁	张四郎
《岳阳楼》	√	√	√	√	√	√		√	√	
《铁拐李》	√	√	√	√	√	√		√		√
《竹叶舟》	√	√	√	√	√	√	√		√	
《城南柳》	√	√	√	√	√	√		√	√	
《金安寿》	√	√	√	√	√	√				
《升仙梦》	√	√							√	
《玩江亭》	√		√							
《邯郸店》	√	√	√	√	√	√		√	√	

注：《金安寿》只明确指出六位神仙的身份，其余两位没有指出；《升仙梦》

八仙群像

元杂剧宗教人物绣像 丁莉绘

八仙出现在剧首，没有指明其成员，但剧中出现了汉钟离、铁拐李和张四郎，可知他们是其中之一；《玩江亭》八仙也是出现在剧首，没有指明其成员，但剧中出现了汉钟离、铁拐李，可知他们是其中之一。

汉钟离、吕洞宾、铁拐李、张果老、蓝采和、韩湘子六人基本上都出现在八仙群体之中，可见他们入选八仙应无异议，值得关注的是徐神翁、曹国舅、何仙姑、张四郎四人必去其二。现在统一的说法是曹国舅和何仙姑进入了八仙系统，但在当时情况却未必如此，直至明代戏曲中徐神翁和张四郎也经常入选八仙名单。我们有必要来看看落选的徐神翁和张四郎的来历以及他们在元杂剧中的形象。

与很多神仙一样，徐神翁也经历了由凡入圣的过程。根据《道藏》中《虚靖冲和先生徐神翁语录》记载："徐神翁名守信，泰州海陵人，年十九入天庆观，隐迹于洒扫之役，尝遇至人受道，日诵《度人经》，有问休咎者，假《经》中语以告，常携一帚，人呼曰徐二翁。发运使蒋颖叔以《经》中有神公受命，普扫不祥之语，呼曰神翁。自是皆以神翁目之"。[①] 由此可知，徐神翁曾在天庆观服洒扫之役，后遇至人得道，成道后有神知，能决人福祸。《古今说海》卷八十四《海陵三仙传》对徐神翁有更为详细的记录，可以与《语录》相互证发。除了《语录》和《海陵三仙传》，在宋代笔记中也有不少关于徐神翁的记载。苏辙《龙川略志》卷九"徐三翁善言人灾福"记载徐神翁关于苏氏兄弟的预言甚为灵验。蔡京之子蔡絛所著《铁围山丛谈》卷一云："哲庙元符时，邓王薨，祈嗣于泰州徐守真世号'徐神翁'者。天意切至，徐曰：'上天已降嗣矣。'再三遣使迫询其故，即大书'吉人'二字上之，一时莫晓。后端王继立，始悟吉人者，太上皇御名也。"[②]"徐守真"乃"徐守信"之讹，这条记载说明徐神翁的

① 《虚靖冲和先生徐神翁语录》卷上，《道藏》(第32册)，第396页。

② (宋)蔡絛：《铁围山丛谈》，北京：中华书局1983年版，第1页。

影响力已经上达朝廷，他的预言加强了宋徽宗即位的正统性。总而言之，徐神翁的信仰在宋代颇为峥嵘，上至皇帝大臣下到商贩走卒、普通百姓，都对他非常推崇，而且这种影响力一直持续到元代，所以他能够作为八仙之一出现在元杂剧中，但是他在元杂剧中的形象已经发生了变异。在宋代徐神翁是手拿扫帚、衣衫不整的扫地人形象，而且得以被人称为神翁其中一个标志性装饰就是他手中的扫帚。在元杂剧中他的标志性装饰扫帚已经不见踪影，取而代之的是葫芦或铁笛。《岳阳楼》中徐神翁"背着葫芦"，《城南柳》中徐神翁"背葫芦的神通大"，《邯郸店》中徐神翁"背葫芦神游三界"，《竹叶舟》中徐神翁"吹铁笛韵美声和"。这种变异其实是世俗社会对神仙的辨认、需求发生了重要变化。明代徐神翁的八仙地位不保，他的葫芦也被铁拐李拿去了，他的铁笛变为玉笛，成了韩湘子的象征，这也是因为世俗社会对他的接受发生了变化，可见神仙传与不传亦有其幸与不幸也。

张四郎在元杂剧中出现的几率很低，而且形象也特别模糊，《铁拐李》中只说他"神通大"，并没有明显的特征，所以也影响到对他身份的确认。张四郎的名字最早出现在洪迈《夷坚志》中。根据《夷坚志·丙志》卷三记载，这位名叫张四郎的神仙在四川邛州南十里白鹤山有祠，能"御魑魅，救疾疫"，山下有其字画，年代久远不可辨识，传说"后人能辨其字者，则可学仙"，[①]不知是否就是元明八仙中的张四郎。明代内府本"八仙戏"中也有张四郎，这里把张四郎附会成送子的张仙，估计与宋以来盛传宫中的"张仙送子"信仰有关，这反映出的是内廷的喜好。比起徐神翁，张四郎落选八仙也不算可惜，因为他身份不明，形象模糊，而且在元杂剧中出现几率很低，在明代也只在内府本中出现，反映的是内廷的审美趣味，民间并不认同。

① (宋)洪迈：《夷坚志》，北京：中华书局1981年版，第385页。

曹国舅是八仙中年代最晚的神仙。但是来得早不如来得巧，八仙中正缺这么一位富贵神仙，所以他加入八仙队伍之后地位倒是比较稳固，除了在《竹叶舟》被何仙姑代替以外，基本上都出现在八仙群体之中。关于曹国舅的身世及得道成仙的经历有好几种说法，元代苗善时的《纯阳帝君神化妙通记》卷三有“度曹国舅第十化”，当是曹国舅成仙的最早记载。这则记载说曹国舅是丞相曹彬之子、曹皇后之弟，其“美貌绀鬓，秀丽敏捷，本性安恬，天资纯善，不喜富贵，酷慕清虚”，经常出入于宫廷，深得帝后垂爱，后出宫不知所往，惟持笊篱化钱度日。一日在黄河渡口遇见吕洞宾，即拜之为师，遂得归仙班。在这则记载中，曹国舅形象与元杂剧中的形象基本相同，他在元杂剧中就是宋朝的皇亲国戚，手持笊篱，且看有关他的唱词：《岳阳楼》[水仙子]云“这一个曹国舅是宋朝的眷属”；《城南柳》[水仙子]云“这个是提笊篱不认椒房”；《铁拐李》[二煞]云“张四郎曹国舅神通大”；《邯郸店》[水仙子]则谓他“弃皇亲隐迹埋名”。不过，自元代杂剧《竹叶舟》中以何仙姑代替曹国舅，并“拿走”了曹国舅的“笊篱”始，明清的作品中便出现了新的曹国舅扮相。《东游记》中的曹国舅手持玉板，《邯郸记》中的曹国舅则手握象简朝绅，《芥子园画传》中的曹国舅手执拂尘，已经跟当年的形象迥然有别了。他成仙的故事也有了新的说法。在这个新故事中，他有了一个作恶多端的弟弟，他深以为耻，遂散尽家财，隐迹山岩，精思玄理，后经汉钟离和吕洞宾点化成仙。由于这个故事中还夹杂着包公断案的情节，因此在民间传播很广，以至于使《纯阳帝君神化妙通纪》中曹国舅得道成仙的故事在民间销声匿迹。由此可见，民间改造神仙的力量是十分强大的。

何仙姑她加入八仙仙班的时间与其他人比起来要晚得多，但是她却得到百姓的认可并且流传至今。宋元时期关于她的传说很多，但她都游离于八仙之外，直到元杂剧《竹叶舟》才把她收入到八仙仙班，在此剧中她不但取代了曹国舅，还夺了他的笊篱，《竹叶舟》[十二月]云“这一个貌娉婷笊篱把手”,说的就是何仙姑。但《竹叶舟》中“七男一女”组成的八仙仙班在元代显然缺乏认同,元曲中现存的关于八仙的杂剧除《竹叶舟》外,其中的八仙均是八位男仙。《竹叶舟》中七男一女的组成形式直到明代才有遥远的回响,汤显祖的传奇《邯郸店》中的最后一出“仙圆”中有曲云:何仙姑拈针补笊篱。此外,明代教坊编演的剧本八仙过海中的八仙也是同样的七男一女的群体。吴元泰的小说《东游记》也沿用了七男一女的八仙群体形式,并且把这种形式固定下来。在元朝至明初的这段时期内,许多关于八仙的作品中都是没有何仙姑的,只凭有限的三部作品就确定了何仙姑的八仙成员的位置,七男一女的八仙群体最终代替了多位男仙组合,这不能不说是一个有趣的现象。很多人认为何仙姑最终能够取代其他男性仙人进入八仙仙班在于她的性别优势,这种说法虽近于揣测,但确有一定道理。中华传统文化是一种和合文化,这种文化对人们的审美习惯的形成起着潜移默化的作用。从各种文献中可以看到,八仙信仰虽然得到了统治阶层的扶持,但是八仙成员却在元至明的这段时期内处于变动之中。有的是八个男仙,有的是十位仙人,有的是七位男仙和一位女仙。传统文化影响着文化接受者的接受态度和选择趋向,人们在这些选择中更倾向于男女仙的混合体,因为有男有女的群体才是和谐完满的。此外,八仙最基本的特点就是他们是一群代表着社会各阶层的世俗化的仙人,有了一位女仙的加入更使得这一特点表现得淋漓尽致。从戏曲演出的角度来考虑,在舞台上,一群奇形怪状的人里面点缀一位娉婷的女仙子,无疑可以增加不少调剂的美感,比着只有一群单调的男性仙人引人入胜多了。

汉钟离、吕洞宾、铁拐李、张果老、蓝采和、韩湘子六人在元杂剧中已然是固定的八仙成员,他们作为群体出场之时都有一句唱词对他们的形象进行描述,现在我们列表(1—5)出来以见其概貌:

表 1—5

	《岳阳楼》	《铁拐李》	《竹叶舟》	《城南柳》	《金安寿》	《邯郸记》
汉钟离	(这位做官的胡子是谁)这一个是汉钟离现掌着群仙籍录	汉钟离有正一心	这一个双丫髻常吃的醉颜酡	这个是袖三卷金书出建章	汉钟离绿蚁醺酣	天书到手离神京
吕洞宾	(敢问师父你可是谁)则我是吕纯阳爱打的简子愚鼓	吕洞宾有贯世才	则俺曾梦黄粱一晌滚汤锅,觉来时早五十载暗消磨	(背剑打渔鼓简子)贫道因度柳呵道号纯阳	唐吕公红颜不改	我是串无心吕字分明
铁拐李	(这位拿着拐儿的不是皂隶)这一个是铁拐李发乱梳	我访七真游海岛,随八仙赴蓬莱	这一个鬓蓬松铁拐横拖	这个是携一条铁拐入仙乡	李先生四海云游,全恁着这条拐	这铁拐随身显圣灵
张果老	(这老儿是谁)这一个是张果老赵州桥倒骑驴	张果老驴儿快	这一个倒骑驴疾如下坡	这个是倒骑驴登上苍	张果老倒骑的驴儿快	驾烟霞驴背轻
蓝采和	(兀那位着绿襤袍的不是令史)这一个是蓝采和板撒云阳木	蓝采和拍板云端里响	这一个绿罗衫拍板高歌	这个是敲数声檀板游方丈	蓝采和达道诙谐	清歌信口为新令
韩湘子	(这位携花篮的是谁)这一个是韩湘子韩愈的亲侄	韩湘子仙花腊月里开	这一个蓝关前将文公度脱	这个是种牡丹的名姓香	韩湘子顷刻花开	指牡丹花开四景

从上表中可以看出,汉钟离、吕洞宾、铁拐李、张果老、蓝采和、韩湘子六人在不同的剧本中的形象虽略有不同,但整体趋于一致。

我们知道，八仙故事的流传主要靠的是戏曲、小说、讲唱等俗文学形式，所以元杂剧对于八仙形象的塑造直接影响到民间对于八仙形象的接受。我们不妨比较一下元杂剧中的八仙形象和后世八仙形象的异同，从中可以窥见元杂剧对于八仙形象塑造的影响力度。

在元杂剧中，汉钟离俨然是八仙中的首领，《岳阳楼》中说他“掌着群仙籍录”，虽然这一职责往往是东华帝君的，但他师承东华帝君，所以偶尔代替师父管理一下也说得过去，这也表明他在八仙之中资历最老、身份最高；《铁拐李》中说他“有正一心”，这表明他和全真教的渊源，全真教认为“道源自有正脉，万法不出一心”，修道以修持心法为要；《竹叶舟》中说他“双丫鬟常吃的醉颜酡”，《金安寿》中说他“绿蚁醺酣”，这表明他贪杯好酒，而且扮相怪异，明明是留着大胡须的男人却偏偏梳着女人的头发，但这正显露出他放诞不羁的个性；《城南柳》中说他“袖三卷金书出建章”，《邯郸记》中说他“天书到手离神京”，这点明他弃官修道的经历。把这些片段综合起来我们就可以勾勒出汉钟离在元杂剧中的基本面貌，他是八仙中资格最老的神仙，曾做过汉朝的官吏，得到天书(金书)后离开京城弃官修道，得道后还是放诞不羁，常喝得醉醺醺的，还梳着双丫鬟。应该说元杂剧塑造的汉钟离的形象是深入民心的，后世汉钟离还是梳着双丫鬟，有如老顽童一样天真烂漫，这些都是不变的因素。然而我们也应该看到变的因素，后来汉钟离在八仙中的地位有一定的变化，他的首席身份被铁拐李夺去了，降格为铁拐李的徒弟，这源于明代小说对他的改造，也表明全真教在明代的衰落。

吕洞宾在元杂剧中的形象也很有特色，有两处提到他爱打渔鼓简板，渔鼓简板都是演唱道情的伴奏工具，这表明他乐于传道；《铁拐李》说他有“贯世才”，这表明他很有才能，特别是富有文才；《金安寿》说他“红颜不改”，这来自于他的七言律诗“一丸因与红颜驻，九转能消白发痕”，表明他诚心修道从而青春不老；《邯郸记》的唱词却是一个“字谜”，“串”无心则为“吕”，运用的是猜谜中的拆字法，这不是吕洞宾故弄玄虚，而是源于宋元以来关于吕洞宾显迹人间的传说，在这些传说中，吕洞宾往往化作道人、卖墨人或乞丐出入人间，显现圣迹之后大都留下一个猜字游戏式的结局，让人们从中悟出此人为吕洞宾，以此证明真仙下降的真实性。综合以上种种对吕洞宾的侧写，我们可以得出元杂剧中吕洞宾是这样一个形象：他富有文才，潜心修道，面色红润，青春不老，他乐于传道，在民间经常留下他的圣迹。元杂剧中吕洞宾的形象奠定了后世对于吕洞宾的接受，但也有一定变化，最明显的一处变化就是他不再打渔鼓简板了，因为让一位风度翩翩的玉面郎君去敲打渔鼓简板传唱道情实在是有点滑稽，还是“剑”更适合他。

在元杂剧中，铁拐李是铁拐不离身，头发乱梳，这些特征都被保留下来流传至今。《铁拐李》和《金安寿》中提到他“游海岛”、“云游四方”，这跟后来的“八仙过海”的传说应该有一定的渊源关系的，而且后世传说中铁拐李取代了汉钟离成为八仙之首，又跟他带领八仙过海有很大的关系。

张果老在元杂剧中的登场都骑着他的小毛驴，这也被后世继承下来，只是他手中多了一个唱道情的渔鼓简板，这是从吕洞宾手中继承过来的，比起吕洞宾来显然他更加适合敲打渔鼓简板传唱道情。蓝采和在元杂剧中是个拍板高歌、性格诙谐的艺人形象，这也被后世继承下来，但是手中的道具却变成了花篮，这是从韩湘子手中嫁接过来的。在元杂剧中，韩湘子是韩愈的侄子，酷爱牡丹花，能够使牡丹顷刻开花，并且四季常开，这些也被后世继承下来，但手中的花篮换成了玉笛。

通过元杂剧八仙形象和后世八仙形象的比较，可以得出以下结论：首先元杂剧对于八仙形象的定型和接受是有一定的影响的，元杂剧对于八仙形象的塑造全部或者部分地被后世所接受；其次元杂剧对于八仙形象的定型和接受并不总是起决定性的影响，后世对八仙形象可以进行再创造,这种创造不仅仅是对他们身世的改写和身份的重新界定,还在于对他们的特征进行重新组合。铁拐李背上了徐神翁的葫芦,张果老拿了吕洞宾的渔鼓简板,蓝采和提着韩湘子的花篮,韩湘子吹着徐神翁的笛子,曹国舅手持蓝采和的阴阳板,何仙姑手持曹国舅的笊篱,后来又变成荷花。这种组合并不是完全任意的,而是民间共同智慧的结晶;这种选择也不是完全主观的,而是民间主观选择和八仙客观形象互动的结果,从而使八仙形象更加协调和完整。

第二节 佛光普照——元杂剧中的佛教神祇

佛教本来是不立偶像的,释迦牟尼最初创立佛教的时候是反对祭祀的,他主张“自救”,通过自己对社会和人生苦难的认识和思考来获得精神解脱,而不是求助于“神”来获得幸福。然而,佛教唯心主义世界观决定了佛教徒不可能正确地对待宇宙、自然以及人的生死等问题,所以佛教不可能永远超然地和“神”保持距离,到了一定的时候,它们就会改变态度,从反对偶像到制造偶像,从不需要神到乞灵于神。佛教的神祇来源比较纯正,不像道教那样不管三教九流都拿来扩充门面。佛教的神祇在数目上也并不输于道教,大乘佛教就说佛陀有如恒河之沙。然而,在元杂剧中佛教神祇的数目显然比道教神祇要少,而且有些源于佛教的神祇改头换面也成了道教的神祇,比如玉皇大帝驾下的托塔李天王源于佛经中的毗沙门天王,哪吒是毗沙门天王之第三太子,龙王也源于佛经中的娑竭罗龙王,这里为了叙述方便,我们追本溯源,把他们归入佛教神祇中进行分析。

一　杂处人间,与人最近——走下莲台的观音菩萨

对观音的信仰源自于印度,但在中国这块异质文明的土壤上,观音信仰的弘扬与普及则远远超过了她的发祥地。魏晋时期,观音信仰已经开始在社会上下流传,特别是在困苦无告的广大民众之中更为普遍,那时流行的主要是以《法华经·普门品》为典据的救苦观音。到了南北朝,随着佛教在民众间的流传,观音以其普遍的、即时的救济功能进一步赢得大众的信仰,社会上还出现了一些专门宣扬观音灵验感应故事的书籍,如刘义庆的《宣验记》、王琰的《冥祥记》等等,这些书籍进一步扩大了观音信仰的影响。唐代的观音信仰已经深入到了人们的家庭生活中,与一般人的伦理与感情更密切地结合起来,那时流行的主要是净土观音和大悲观音。两宋之际虽然佛教逐渐衰微,但观音信仰却在社会上下更加流行,当时社会上有"家家阿弥陀,户户观世音"的说法,只是这种信仰已经越来越远离宗教的庄严。宋以后,观音信仰的宗教色彩逐渐淡化,观音形象也逐渐俗神化,她也就更容易走进文学艺术作品。

元杂剧中涉佛题材的作品并不多,有观音出现的剧本就更少,正因为如此,在谈到观音信仰和观音形象的演变时很多人都很自然地把元代忽略了。其实,任何一种信仰的传承和形象的演变大都是渐进式的,元杂剧对观音形象的塑造既反映出它对前代观音形象的继承,也必然影响到后代对于观音形象的接受,此外也反映出观音信仰在元代的流传状况,因此我们有必要对元杂剧中的观音形象进行研究。

观音出现在四部元杂剧中,每部杂剧中的故事虽然各不相同,但是观音形象却有一致的地方,且看下表(1—6):

鱼篮观音

元杂剧宗教人物绣像　郭嵘绘

表 1—6

	剧目	角色	自介(他介)
观音	《度柳翠》	老旦	吾乃南海洛伽山观世音菩萨。
	《西游记》	不详	老僧南海普陀洛伽山七珍八宝寺紫竹旃檀林居住。
	《庞居士》	不详	乃是南海普陀落伽山、七珍八宝寺、号元通、名自在观音菩萨。
	《鱼篮记》	正旦	妾身非是凡人,乃是南海普陀洛伽山七珍八宝寺观世音是也。

从观音的自介和他人的介绍可以看出,元杂剧中的观音都是住在南海普陀洛伽山上。根据佛典记载,观音道场在印度半岛南端或斯里兰卡沿海的某个叫补陀落迦的地方,但在大约唐末兴起的传说中却把中国舟山群岛中的一个小岛梅岑岛指为补陀落迦,即后来俗称的普陀山。这种张冠李戴的说法得到了中土人士普遍的认同,大约大家觉得去万里之外的印度朝拜观音太不方便了,不如把她请到中国来居住,况且梅岑岛风景秀丽,又是汉梅福、晋葛洪的隐居之地,颇有仙气。观音道场被转移到中国,就意味着她不是外国的菩萨,而是中国本土的神明。元杂剧中观音自称住在南海普陀洛伽山上,这说明在元代大家已经普遍认同观音的居住地在中国,表明她已经被彻底中国化了。

观音被中国化的一个后果就是她从正统的佛教中分离出来被赋予更多的民间俗神色彩。在观音俗神化逐渐深入的形势下,一批中国的变形观音被创造出来。中土人士受到《普门品》的三十三观音启发而创造出自己的变形观音,这些变形观音也被汇集成三十三个以与《普门品》的三十三观音相对应,她们的名称是:杨柳观音、龙头观音、持经观音、圆光观音、游戏观音、白衣观音、卧莲观音、泷见观音、施药观音、鱼篮观音、德王观音、水月观音、一叶观音、青颈观音、威德观音、延命观音、众宝观音、岩户观音、能净观音、阿耨观音、阿么提观音、叶衣观音、琉璃观音、多罗尊观音、蛤蜊观音、六时观音、普慈观音、马郎妇观音、合掌观音、一如观音、不二观音、持莲观音、洒水观音。元杂剧中可见杨柳观音和鱼篮观音。

杨柳观音出现在《度柳翠》一剧中。剧演观音菩萨净瓶内的杨柳枝叶偶染微尘，被罚往人间托生为风尘艺妓，后由佛门第十六尊罗汉月明尊者点化她返本归元。剧中的观音菩萨手持净瓶，净瓶中插着杨柳枝，这一形象当是源自杨柳观音。中国民间流传的杨柳观音是一手持杨柳，一手托净瓶。杨柳和净瓶本与观音无涉，最初只是作为洁净的工具。古代印度修行之人为了预防疾病，都必须要讲究卫生，口嚼齿木净口、用净瓶装水洗手是当时的时尚，僧人之间就有赠送杨柳祝福健康的习俗。杨柳和净瓶既然有防治疾病的效用，那么正好固化在观音身上，用来象征观音有解除世人疾患的本领。所以，杨柳观音又有"药王观音"的别称。杨柳应该是最圣洁的物品，但是在《度柳翠》中却染上了尘埃，并且被贬下凡成为妓女，这是不是在亵渎杨柳观音呢？其实，我们考察一下元杂剧，就不难发现妓女在元杂剧中并不完全是反面的形象。相反，元杂剧中塑造了许多光彩夺目的妓女形象。剧作家有意把观音净瓶中的杨柳写成妓女，应该是维护妓女尊严的一种大胆设想，从这个意义上来说剧作家并没有玷污观音形象。但是，元代的杨柳观音毕竟和以往的杨柳观音不一样了，她净瓶中的杨柳也会思凡，这正是观音形象进一步世俗化的标志。

鱼篮观音出现在《鱼篮记》一剧中。剧演观音化作渔妇去点化前身为十三尊罗汉的张无尽，张不悟，反将渔妇凌虐，后在文殊、普贤、布袋和尚和韦驮的帮助下终于使张皈依佛门。剧中的观音提着鱼篮，风流俊俏，这一形象当是源自鱼篮观音。鱼篮观音在民间很有影响，在民间的剪纸和泥塑上经常可以看到她的造像。鱼篮观音的形象与观音圣殿、石窟寺内的造型不同，她头不戴佛冠、颈不饰缨珞、脚不踏莲花，而是作民间妇人打扮。民间画像上的鱼篮观音通常是梳普通发髻，头上随意插着一根簪子，穿着民妇的服装，手上提着竹篮，篮子里盛着一尾鲤鱼。明代小说《西游记》的四十九回也出现了鱼篮观音的造型，作者通过孙悟空的观察写到这位观音："懒散怕梳妆，容颜多绰约。散挽一窝丝，未曾戴缨珞。不挂素蓝袍，贴身小袄缚。漫腰束锦裙，赤了一双脚。披肩绣带无，精光两臂膊。玉手执钢刀，正把竹皮削。"[①]此时的观音未梳妆，随便挽着发髻，胡乱束了衣裙，光着胳膊，赤着双脚，正在树林里削竹篾。梳妆意味着庄重，与人距离远；未梳妆意味着随意，与人距离近。鱼篮观音就是未梳妆的菩萨，正如"天然去雕饰"的清水芙蓉，既使人见之忘俗，又让人觉得亲近。

鱼篮观音，实即马郎妇观音，关于她有很多富有戏剧性的传说。中唐时期的李复言《续玄怪录》里记载了"延州妇人"事：唐大历年间，延州有一个纵淫的女子，人尽夫之，最终死去，人们把她葬在荒芜的道路边。后有一胡僧来到此女子的墓前，焚香敬礼赞叹，并告诉大家："斯乃大圣，慈悲喜舍，世俗之欲，无不徇焉。此即锁骨菩萨，顺缘已尽，圣者云耳。不信即启以验之。"[②]众人开墓一看，诚如胡僧所言。这个故事虽没有明说她是观音，但从情节上看，她应该就是马郎妇观音的雏形。北宋叶廷珪的《海录碎事》载："释氏书：昔有贤女马郎妇，于金沙滩上施一切人淫，凡与交者，永绝其淫。死，葬后，一梵僧来云，'求吾侣'。掘开，乃锁子骨。梵僧以杖挑起，升云而去。"[③]在这里，那个如娼妓般的延州女子已明确指出是"马郎妇"。叶廷圭是北宋政和五年的进士，由此可知，在北宋以前的佛教类书籍中，就有了马郎妇故事的记载。南宋志磐的《佛祖统记》卷四十一记载的马郎妇故事，改变了女主人公的淫荡行为，把她写成了一个坚守贞操的烈女，她以自己的婚姻为诱饵，

① (明)吴承恩：《西游记》，北京：人民文学出版社2004年版，第603页。

② (唐)牛僧孺、李复言：《玄怪录·续玄怪录》，北京：中华书局1982年版，第195页。

③ (宋)叶廷珪：《海录碎事》(下)，北京：中华书局2002年版，第688页。

叫人背诵佛经，她虽然嫁给了马郎，但刚入门就死了，保持了自己圣洁的形象，后来的鱼篮观音故事就基本以它为蓝本。从纵欲的妓女演变成守贞的渔妇显示出宗教对于文艺创作的限制，也显示出中土传统文化对于异质文明的规范。

不管鱼篮观音的故事经过怎样的改写，但是一些基本的要素还是被保留下来。鱼篮观音确是一位美貌的女子，她手提竹篮，当街卖鱼，她的美色引起了众多男子的倾慕。无论最终她是以什么方法使人遁入佛门，无可否认的是“色”是其中一个重要的因素，她是利用了人们的“情欲”使之皈依佛法。元杂剧《鱼篮记》也继承了这些基本要素，但是又赋予故事新的内容，表现的是元代的宗教观念和审美趣味。

《鱼篮记》杂剧中的观音是奉如来法旨去凡间度脱洛阳府尹张无尽。第一折她提着鱼篮上场，有一段台词形容出她的外貌：“缨珞严身挂彩衣，玉环穿耳鬓云垂。风流一种无人识，篮内金鳞卖与谁。”[①]从这段台词看，与未梳妆的鱼篮观音形象略有不同，这位鱼篮观音虽也生得风流妩媚，却穿戴整齐，打扮得体，显得十分端庄，的确，剧中的鱼篮观音是一个符合儒家礼仪的贞妇形象。张无尽被她美貌吸引，欲娶她为妻，她要张无尽答应他三件事，即“看经、持斋、修善”，张无尽满口答应。在以前的故事中，鱼篮观音是先让马家子诵三宝之后方才嫁与他。在此剧中，张无尽只是口头答应并未真正实践诺言，鱼篮观音就进了张无尽的家门，这表明鱼篮观音不够谨慎，也直接为张无尽凌虐她提供了条件，另一方面也不妨说是鱼篮观音主动上门就辱，有一种殉道者的气质。张无尽既然不肯兑现诺言，鱼篮观音也就不肯嫁与他，自然也保持了自己的贞洁。接下来的情节就是张无尽为了逼迫鱼篮观音就范，几次三番折磨她。第一次是罚她到磨房磨麦子，要她在很短的时间里磨完

① 《全元戏曲》(八)，第 613 页。

十石麦子,否则就打杀了她,中途还叫丫鬟梅香去劝她顺从自己。鱼篮观音不为所动,在土地鬼力的帮助下磨完了麦子。第二次是张无尽准备拿白练将她勒死,她主动就死,但白练却自行断了。第三次张无尽罚她去后花园扫地,准备寻她一些过错结果她的性命。布袋和尚引文殊、普贤过来帮忙,让张无尽见了"警头",张无尽在惊吓中皈依了佛门。

从这个新故事中,我们可以看到一个与以往不太一样的鱼篮观音的形象。她虽生得美艳动人,但是这种美色不足以让张无尽皈依佛门,也就是说"色"在这个故事退于次席。她具有一种殉道的精神,在点化张无尽的过程中可以说是受尽了磨难。但她的殉道精神也没有感化张无尽,最后是在布袋和尚遣韦天显神威的情况下,张无尽见了"警头"才乖乖就范。鱼篮观音在这个新故事中始终处于一种很被动的地位,她是受命来度脱张无尽的,在度脱的过程中,始终要借助他人的帮助,这无疑弱化了她的形象,从另一方面也表明张无尽之顽固,度脱他之艰难。之所以出现这些变化,要结合元代的社会背景来看。元代是一个很世俗化的朝代,民众虽然生活并不富裕,但却注重娱乐享受,喜欢看戏杂要,只注重现世的幸福,不去问来世的命运,要想规劝他们皈依宗教并不容易,只能连哄带吓逼他们就范。所以元杂剧中很多的度脱剧最后度脱者都是采用恐吓的方法才度脱成功,《鱼篮记》也不例外。再者,《鱼篮记》中也真实表现了当时妇女的境遇。鱼篮观音化作渔妇就已经不是菩萨了,张无尽可以对她为所欲为。张无尽虽是官员,但却不仁不义,可以任意折磨女子,甚至可以随意捏造罪名将女子处死。通过鱼篮妇的遭遇可以想见当时妇女悲惨的命运。最后,从剧中鱼篮观音的唱词中又蹦出"人我是非、酒色才气"等这些全真道士惯用的术语,可见观音的形象有"道教化"倾向。

总之,《鱼篮记》杂剧中的观音形象既保留了以前鱼篮观音的某些特质,又被时代赋予新的内容。她显得更端庄秀丽,更具有殉道者的气质。但她的美貌和殉道精神却不足以使被度者皈依佛门,反映出的是当时佛教的衰落。她是佛门子弟,行为操守却又符合儒家的道德规范,言谈之中又有道教的习气,体现了当时儒释道三教合流的趋势。

在元杂剧中,更引人注目的是杂剧《西游记》对于观音形象的塑造。《西游记》杂剧取材于玄奘西游的故事。玄奘本人是观音信仰的热心宣传者,在其《大唐西域记》里一再述说其西行所见观音形象及其灵迹。例如在毕试国,见到"石室西二三里大山岭上,有观自在菩萨像。有人至诚愿见者,菩萨从其像中出妙色身,安慰行者"。[①] 在慧立、彦琮所撰《大慈恩寺三藏法师传》里,也一再写到玄奘西行求法途中祷念观音,从而得到观音庇护的事迹。在宋人所撰《大唐三藏取经诗话》里,观音却几乎不见踪影,只在上卷《入香山寺第四》里提到取经师徒路过香山寺,这是千眼千手菩萨居住之地。在元杂剧《西游记》中,观音的作用被特别强调出来,整个剧本里布满了她的行迹。她首先是取经活动的组织者,第一本中她向唐僧说因缘,命他去西方取经;第二本中她救出行雨差迟当斩的火龙三太子,化为驮经的白马;第三本中她降服孙行者,让他沿途保唐僧取经,后孙行者又降服沙僧;第四本她遣二郎神收服猪八戒,让他加入取经队伍。其实在命唐僧西行取经之前,观音已经打点好行程,让他在路上收火龙、孙行者、沙僧、猪八戒为徒,为取经事业组织起了一条可堪重任的队伍。其次她是取经活动最有力的保护者,她是取经十方保官的首领,一路上帮助他们斩妖除魔,排除万难。这样,观音在这个剧本里不但是结构上的关键人物,也是情节有力的推动者。在剧本中,作者还对她进行了多方面的描绘:她大慈大悲,有好生之德,救下了论罪当诛的火龙三太子和多行不义当毁形灭性的孙行者,让他们护送唐僧西行取经,诚心改过;她

① 《大唐西域记》,北京:中华书局1991年版,第15页。

有求必应，每当唐僧师徒遇到困难去求助她时，她都全力以赴，帮助他们解除厄难。总之，在《西游记》杂剧中，观音对取经之事表露出主动而积极的关怀，展现出大慈大悲、有求必应的面貌，这些都被明代小说《西游记》继承下来，因而可以这么说，《西游记》杂剧是观音形象创作中的关键一环。

在现实题材的戏曲里，观音一般不会直接出现，而往往以间接的方式发挥其影响。在这类作品中，观音更能显示“俗神化”的特征与程度，曾瑞卿的《王月英元夜留鞋记》就是这样一类作品。在此剧中，观音没有正面出场，但她在情节上起着重要的作用。剧中男女主人公约会的地点就在相国寺观音殿，男主人公郭华进入殿门，就向观音圣像诚心祷告说：“观音菩萨，你是慈悲的，你是救苦难的，今日一天大事，都在这殿里，你岂可不帮衬着我。”[①]后来郭华贪杯自醉，错过了和佳人王月英的约会，王月英留下一个香罗帕和一只绣鞋失望而归。郭华酒醒之后悔恨不已，竟吞帕自尽，惹出一段官司。幸好观音暗中相助，让郭华七日后还魂，成就了两人的姻缘。在这里，观音成了玉成人间好事、帮助人们实现美好愿望的善神了。这一特征在明清世情小说里得到了响应，从此观音完全走下了莲花宝座，变成关心人间俗事、玉成人间好事的俗神了。

二　时时示时人，时人自不识——“风魔”的神僧们

所谓神僧，就是神化万变、行为举止异于常类的僧人。佛门子弟中，有三位神僧的大名可谓妇孺皆知，他们是济颠和尚、疯僧（呆行者）和布袋和尚。三位神僧之中，唯有济颠和尚不见于元杂剧，其余两位都在元杂剧中显露行迹。

疯僧见于《地藏王证东窗事犯》杂剧一种。剧演岳飞等三人被秦桧害死后，地藏王化身呆行者（即疯僧），在秦桧往西湖灵隐寺进

① 《全元戏曲》（四），第690页。

香时，揭露秦桧在东窗下密谋害岳飞的事。秦桧恼羞成怒，派虞侯何宗立去捉拿呆行者，追到东南第一山，地藏王现身让何宗立看到了秦桧在地狱受罪的情景。关于岳飞的故事，南宋末即在民间流传，其中以“秦桧冥报”和“疯僧戏秦”的故事最为有名，此剧当是在民间故事的基础上编撰而成的。

《东窗事犯》第二折呆行者以主唱身份登场，唱了十五支曲子，皆以隐言揭露秦桧的丑事，其中也夹杂着对秦桧的嘲讽。他登场时拿着一个吹火筒，口中念到：“吾乃地藏神，化为呆行者，在灵隐寺中，泄露秦太师东窗事犯。”[①]在这里，首先要介绍一下地藏神，有关疯僧是地藏神所化并不是剧作家的首创，在民间传说里有疯僧“家住东南第一山”的说法，东南第一山也就是安徽九华山，是地藏菩萨的道场。地藏菩萨是“幽明教主”，洞悉地狱、人间一切世事，因此，秦桧陷害岳飞的丑恶行径自然也瞒不过他，由他来揭露秦桧的阴谋显得合情合理。再者，秦桧最后被罚入地狱受苦，地藏菩萨就是最好的执行者和见证者。所以，把疯僧附会成地藏菩萨是最为合适的。

在“疯僧戏秦”的故事里，还有另外一个版本，在这个版本里疯僧手上的道具是扫帚，在当面讥讽秦桧后，他以敝帚扫秦桧之面，然后扬长而去，瞬息不见。在此剧中他的道具换作了吹火筒，“吹一吹登时教人烟灭灰飞”、“敢起烟尘倾了社稷”，暗讽秦桧私通金国，谋害忠臣，颠覆社稷。其实无论手持扫帚还是吹火筒，都表明疯僧在寺院里地位卑微，“又不会礼经忏法堂中，俺则是打勤劳山寺里”，他不是在高堂念经忏法的高僧，而是在厨房扫地煮饭的行者。至今苏州西园寺中疯僧的圣像还是左手拿着吹火筒，右手拿着扫帚，可见这两个道具都成了疯僧身份的象征。可是正所谓“最卑贱者最高贵”，疯僧虽然身份卑微，但却敢于面刺权贵，在他身上

① 《全元戏曲》(三)，第310页。

体现了最高贵的品质。剧中虽然把他神化为地藏王的化身，但是拨开神化的迷雾，其实他就是现实中那些敢于对秦桧当政表达不满的民众的代表。岳珂《桯史》卷七记载优伶以“二胜环”谐音“二圣还”讽喻秦桧事，讥讽尖刻、机警动人，常为论者所道。优伶身份卑微，却敢于借戏讽秦，正是“最卑贱者最高贵”最好的注脚。当时文人士大夫也多不满秦桧当政，常常借文词加以讥讽。如张元干作词《贺新郎》，将秦桧之流比为“狐兔”；吴元美作《夏二子传》，借责骂蚊、蝇以讨伐秦桧；胡铨作词《好事近》，将秦桧当国比为“豺狼当辙”。在这些读书人身上也体现了高贵的品质。

身份尊贵的地藏王化身为寺院中身份最低贱的行者，这是一个巨大的反差，其实，在呆行者身上，还有很多这样的反差。他在剧中唱道：“休笑我垢面疯痴，您参不透我本心主意，子为世人愚不解禅机。”[①]在别人眼中，呆行者是一个疯疯癫癫、痴痴呆呆之人，但实际上他却是最明白的人，他熟知秦桧一切恶行，并以种种言语或暗寓讥讽，或明言指斥，给奸相秦桧以猛烈抨击。在别人眼中，他蓬头垢面，污秽不堪，但实际上他比那些衣着光鲜的如秦桧之流要干净的多。他身上这些种种矛盾之处，恰恰是对秦桧最好的反讽。

布袋和尚见于《布袋和尚忍字记》和《观音菩萨鱼篮记》杂剧二种。与疯僧是佛教神祇下凡的变身一样，布袋和尚也是佛教神祇弥勒佛的变身。不同的是，疯僧并没有影响到地藏王的造像，如今寺院中地藏王的造像一般还是以新罗王子金乔觉或目犍连的形象造像。布袋和尚却影响了弥勒佛的造像，如今很多寺院中的弥勒佛造像都是袒胸露乳，箕踞而坐，喜眉乐目，笑口常开的大肚和尚，这也从一个侧面反映出布袋和尚的影响力是十分深远的。

布袋和尚历史上是真有其人的，他就是五代后梁时一个名叫

① 《全元戏曲》(三)，第310页。

元杂剧宗教人物绣像　丁莉绘

契此的和尚。据《宋高僧传》记载，契此“形裁腲脮，蹙頞皤腹，言语无恒，寝卧随处。常以杖荷布囊入廛肆，见物则乞，至于醯酱鱼菹，才接入口，分少许入囊，号为长汀子布袋师也”。[1] 从这段记载来看，他除了长相和行为举止有些怪异以外，并无过人之处。至于说他“曾于雪中卧，而身上无雪”、“示人吉凶，必现相表兆”、“亢阳，即曳高齿木屐，市桥上竖膝而眠。水潦，则系湿草屦。人以此验之”等等，会这些看相和预测天气的把戏也算不上神通。人们之所以后来把他看做是弥勒的化身，在于他的偈语：“弥勒真弥勒，时人皆不识。”后人据此认为他就是弥勒的化身，民间竟相描绘供奉按照他的模样塑成的弥勒佛像，以至于后来取代了佛经里弥勒佛像，被塑于佛教各寺庙天王殿正中，供人顶礼膜拜。

《忍字记》演的是弥勒佛化为布袋和尚下凡度脱汴梁第一富户刘均佐的故事。第一折外扮布袋和尚领婴儿、姹女登场，和尚身边跟着两个道童，这场面未免有些滑稽，但却是元代佛道合流的反映。再则，据说布袋和尚闹市而过时，常有一群小孩围绕在他身边和他嬉戏，这里给他配一对童男童女也是应景。他一上场就笑呵呵，还作了一首偈子：“行也布袋，坐也布袋，放下布袋，到大自在。”可见他布袋从不离身，这是他身份的象征。这部戏中最强调的就是他体形的肥硕，而这一点又是通过他人的眼光来描绘的。起先是刘均佐的义弟刘均佑一看见他就云：“好个胖和尚也。”然后是正末扮演的刘均佐一见他也笑着说：“哎呀，好个胖和尚，笑杀我也。”第一折有五支曲子都是刘均佐在嘲笑布袋和尚的肥胖。第一支曲子[油葫芦]嘲笑布袋和尚“腰围有篓来粗，肚皮有三尺高。便有那骆驼白象青狮豹，敢可也被你压折腰。”骆驼白象青狮豹都是佛陀菩萨的坐骑，布袋和尚如此肥胖显然是坐不上这些圣物的。第二支曲子[天下乐]把布袋和尚比喻成同样肥硕的乱臣贼子安禄山、

① （宋）赞宁：《宋高僧传》（下），中华书局 1993 年版，第 553 页。

董卓,更是对他的不尊重。第三支曲子[那吒令]嘲笑布袋和尚自不量力,自称是释迦牟尼,但“你偌来胖个身躯呵,你怎喂的饱那恶乌?你偌来粗的腿脡呵,你怎穿的过那芦草?你偌来个大个光脑呵,你怎垒的住那雀巢”,可见是扯谎。第四支曲子[鹊踏枝]嘲笑他胖到走不动路,弯不下腰,自然就不能礼佛参禅了,算不得是个禅和尚。第五支曲子[寄生草]嘲笑他如此之胖,就是去的了西方极乐世界也会坐坏了莲花台。布袋和尚听了这些尖酸刻薄的话非但不恼,还和刘均佐一问一答地唱和,显示出他宽大的肚量。刘均佐嘲笑布袋和尚那大肚没有哪家的斋饭喂得饱,布袋和尚却一再恬着脸皮向他讨斋饭。吝啬的刘均佐借口没有素斋,布袋和尚却说:“贫僧不问荤素,便酒肉贫僧也吃。”他这些举动在常人眼中自然就是“风僧狂道”了。

《鱼篮记》中布袋和尚协助观音菩萨点化张无尽,他出场不多,我们可以把他和《忍字记》中的布袋和尚作一个比较。在第三折中,布袋和尚引着寒山、拾得上场,这一折有一首关于他的曲子:

> 【石榴花】见和尚布袋手中提,因此上度群迷。长引定两个小徒弟,是寒山、拾得,每日相随,那凡人怎解其中意?岂风魔非是呆痴,错猜做每日长时醉。(布袋和尚)诸恶莫作,众善奉行也。(正旦唱)他可便讲佛法,说禅机。①

从这支曲子我们可以看出最大的变化就是布袋和尚身边的侍从由婴儿、姹女两个道童换成了寒山、拾得两个和尚,这更加合理一些。至于说他手提布袋,点化众生,宣扬佛法禅机都和《忍字记》中的布袋和尚是一样的,这说明布袋和尚的形象在元杂剧中基本

① 《全元戏曲》(八),第623页。

已经定型。

除了疯僧和布袋和尚，元杂剧中还有一个月明和尚也塑造得很生动。月明和尚出现在《度柳翠》一剧中，由正末扮演。与疯僧和布袋和尚一样，月明和尚也有一个真身，他是第十六尊罗汉月明尊者的化身，受观音的委托来人间点化柳翠。剧中的月明和尚是嵩亭山显孝寺一个香积厨下烧火的腌臜和尚，好吃酒肉，时常说一些不着边际的话，在别人眼中是一个不正经的疯魔和尚。他出场的时候拿柳枝挑月儿上，这月儿是一个圆形的布袋，象征着月明和尚的身份，但不料一出场就被行者打破了，这说明凡夫俗子是不识罗汉尊者真面目的。他的性格也颇为滑稽。柳翠母亲张氏因丈夫十年忌辰来临，请显孝寺众僧看经，住持因人手不够，命行者去叫月明和尚凑数。月明和尚却问有酒肉没有，有便去，没有便不去，行者只好哄他有酒肉，可见他是断不得荤腥的酒肉和尚。他又问是哪家做法事？是柳翠家的便去，是别家的就不去。行者问他为何是柳翠家的便去，他倒不害臊地说是去“成就俺那姻缘大事”。做法事时，他姗姗来迟，故意在门口摔一跤，引逗柳翠和他说话。在度脱的过程中，他也时常蹦出一些俏皮话，比如说“我是和尚中为头的一个子弟”、“我这个度人的好是缠头”，把自己比作戏子和嫖客，通过作践自己博得笑声。因此，月明和尚是一个很有喜剧色彩的人物，他的言行虽不合清规戒律，但却很世俗化，很有趣味。

元杂剧中的神僧和八仙一样，他们都很世俗化，与神的距离远，与人的距离近。他们具有凡人的喜怒哀乐，不太守佛门的清规戒律，性格诙谐，所以比那些规规矩矩的神祇更有趣味，也更受民众的喜爱。疯僧、布袋和尚和月明和尚他们身上都有一些共同的特点，他们身份卑微，相貌猥琐，言语怪诞，在别人眼中都是疯魔和尚。但正所谓“见我何曾识我”，他们都有悲天悯人的情怀和强烈的度脱精神，他们才是“真僧”。

三　有恩报恩，有仇报仇——至情至性的龙族形象①

在佛教想象中的世界里，除了有佛、菩萨与罗汉之外，还有一系列的护法神。这些护法神有不少来自古印度的神话，他们各有各的生活，甚至构成一个庞大的家族。他们注入中国人的意识当中，在中国文学也形成了一批新的“人物”。例如龙，本来在中国古代传说中就有，但中国原来的龙虽有灵性，但仍然是动物的形象，然而在佛典中，龙却有了人格。佛典中有不少关于龙王、龙女的故事，在这些故事里，龙的家族的居处言动、思想感情已经酷肖人类。佛典中的“龙”的形象，结合中国本土神话和传说中龙的意象，衍生出中国文学中庞大的龙族形象。中国古代典籍文献中关于龙的记载浩如烟海，而古代取材于龙的小说更是数不胜数。但是唐以前，小说中龙的异类和异域特征还比较明显，到了唐代，随着小说空前繁荣，特别是唐传奇的兴盛，小说中龙王以及龙的眷属都以人形出现，他们的形象丰满且具生活气息。宋以后，龙的形象更加世俗化、本土化。元杂剧中也有很多龙的形象，他们被刻画得十分丰满、鲜活，具有很高的艺术价值。

（一）恩怨分明的龙王们

有水的地方往往就有龙王，而且由于龙王能够布云行雨，与百姓的利益休戚相关，民间也多有他们的神庙，所以元杂剧中的龙王也较多，参见下表（1－6）：

---

① 按：龙王也是道教神祇之一。佛教传入中国之后，龙王信仰也随之传入。道教亦引进佛教龙王并加以改造，形成自己的龙王信仰，称诸天龙王、四海龙王、五方龙王等。中国民间崇信龙王，主要是向其祈雨。道教抓住了大众这一心理特点，大肆宣扬道教的祈雨仪式以及道教龙王在祈雨中的作用。所以在民间的观念中，龙王距佛教远，距道教近。由于本文侧重于形象分析，而元杂剧中龙族形象更多源自于佛经的记载，因此本文把龙族形象纳入佛教神祇系统进行论述。

龙王

元杂剧宗教人物绣像　彭熙军绘

表 1—7

名　称	角　色	剧　目
南海赤须龙	不详	《荐福碑》
水府龙王	不详	《贬夜郎》
东海龙王	外	《张生煮海》
	外	《庞居士》
南海龙王	不详	《西游记》
南海火龙三太子	不详	
泾河老龙	外	《柳毅传书》
洞庭湖老龙	外	
钱塘江火龙	外	
泾河小龙	不详	
汉江龙神	不详	《疏者下船》

从上表中可以看出，元杂剧中的龙王分布的领域比较广，江河湖海都有龙王；另一方面，龙王分布的剧目比较集中，其中《柳毅传书》中就有四个龙王。元杂剧中的龙王形象主要有两种类型：

一、报恩型。中国人讲究“滴水之恩，涌泉相报”，知恩图报是中华民族的传统美德，也是符合儒家道德规范的。历代文人将龙王与中国传统道德文化里的报恩思想结合，在文学作品里塑造了一系列的报恩型龙王形象，元杂剧中也不乏这样的龙王形象。《西游记》杂剧中就塑造了一位报恩型的龙王形象。杂剧第一本记叙了南海龙王为报恩人放生之德而助其生还一事。剧演唐僧之父陈光蕊为了给怀孕的妻子补养身体，夜来在江边店铺买得一尾金色鲤鱼准备给妻子做汤，欲结果它时，它忽然眨眼了。陈光蕊觉得它很有灵性，不忍杀之，就将它放生了。这只金色鲤鱼乃是南海龙王，因在宴会上喝醉了酒，化作一尾金色鲤鱼卧在沙上休息，不料被渔夫捕获卖与陈光蕊，幸得陈光蕊放生而免了刀斧之灾。后陈光蕊在赴任途中被贼人推入江中，南海龙王把他救入水晶宫殿，待十八年后让他夫妻父子团圆。剧中南海龙王虽是奉观音的法旨去保护陈光蕊，但主要还是他对陈光蕊的救命之恩念念不忘，一直想找机会报恩，报恩后他才释然说："我将金赠有恩人。"[①]据佛经里记载，海底龙宫里有无穷无尽的宝藏，《经律异相》中就记载了龙女赠八饼金给恩人以谢救命之恩的故事，此剧中虽把赠金换作活命，但其报恩的内涵是一样的。

《柳毅传书》中也刻画了两个报恩型的龙王形象：洞庭湖老龙和钱塘江火龙。虽然他们性格各异，但都报恩心切。剧演洞庭湖老龙之女龙三娘嫁与泾河老龙之子为妻，因其夫为婢仆所惑，导致夫妻俩琴瑟不合。泾河老龙袒护儿子，不问青红皂白，赶龙三娘去泾河岸边牧羊。受尽苦楚的龙三娘修书一封，托路过的柳毅传信给她的父亲。柳毅不负所托，把信送到了其父洞庭湖老龙手中。其叔钱塘江火龙得知侄女遭难后火冒三丈，吞杀了泾河小龙，救回了侄女。为感谢柳毅传书之恩，两位龙王不但赠其珠宝，还欲招其为婿。柳毅拒婚，钱塘江老龙性急逼婚，洞庭湖老龙软言劝婚，最后费尽心机总算成全了这桩美事，足反映出两位龙王报恩之意诚心切。

二、报复型。元杂剧中也有一些龙王是睚眦必报型的。《荐福碑》中的南海赤须龙在行雨途中感到身体困倦，便在龙神庙休息。书生张镐也在龙神庙里避雨，看见供桌上有副珓儿，就想问问神道，哪知连续掷了三个"下下"不合神道，他迁怒于龙神，于是破口大骂龙神是"披鳞的曲蟮，带甲的泥鳅"，还拿笔题破龙神庙宇。南海赤须龙自然不干了，他说："叵耐张镐无礼！你自命蹇福薄，时运未至，却怨恨俺这神祇，将吾毁骂，题破我这庙宇，更待干罢！你行

① 《全元戏曲》(三)，第411页。

一程，我赶一程；行两程，我赶两程。张镐，你听者。诗云：'你亏心折尽平生福，行短天教一世贫。'古庙题诗将俺这神灵骂，你本是儒人我着你今后不如人！"[①]他说到做到，跟着张镐来到荐福寺，半夜将寺内颜真卿亲书碑文的荐福碑以雷轰碎。张镐原本打算拓印碑文去卖，以此筹措进京的路费。龙神轰碎了碑文，也轰碎了张镐最后的希望，逼得张镐欲撞槐树自杀。可见龙神的报复是残酷而可怕的。

《柳毅传书》中也体现出龙王好报复的个性。钱塘江火龙听到自己的侄女在泾河岸牧羊受苦，就急不可待地带领虾兵蟹将去泾河岸寻仇，吞杀了泾河小龙。泾河老龙听闻自己的儿子被杀了，也有一段台词："谁想我水府事情，倒落凡人之手！坑杀俺小龙儿也！且索宁耐，慢慢寻个计策报仇便了。诗云：'何处一迂儒，公然敢寄书？灭我潜龙种，抢去牧羊奴。恨小非君子，无毒不丈夫。终当逞威力，填满洞庭湖。'"[②]虽然两位龙王寻仇的原因各不相同，但都充分体现了龙王脾气暴躁，易动怒，对冒犯自己的人毫不客气。

无论是报恩型龙王还是报复型龙王，他们都被刻画得很有个性，具有人类普遍的感情。洞庭湖老龙性格老成持重，听说自己的女儿在泾河岸边受苦，虽然心中悲愤不已，但却强忍住悲伤，嘱咐妻子不要声张，以免让脾气火爆的钱塘江火龙知道，又惹出祸端来。面对柳毅的拒婚，他也不勉强，还赠给柳毅很多金银珠宝，暗中却从长计议，成就柳毅和女儿的美满姻缘，以报柳毅的大恩。钱塘江火龙性情急躁，一听说自己的侄女受到欺负，就急煎煎赶去找泾河小龙算账；一听说柳毅拒绝娶自己的侄女，就威胁要给柳毅一点颜色看看。但同时他又知错能改，知道自己出言冒犯了恩人，又赶忙向他道歉。他们或悲或喜，或怨或怒，就像他们具有翻云覆雨

① 《全元戏曲》(二)，第90页。

② 《全元戏曲》(三)，第740页。

的功能一样，转换得很快，这说明他们本就是性情中人。在他们身上，可以看到神格特征在不断淡化，人格特征在不断加强。

还有一个值得注意的问题，就是在元杂剧中龙王虽然有吞云吐雾、呼风唤雨的神通，但神仙品级不高，要随时听候观音、玉帝等上神的差遣。南海赤须龙救落水的陈光蕊是奉从观音的法旨，汉江龙王救楚昭公的妻儿是奉玉帝的敕令。这些龙王布云行雨也不能随心所欲，要听从玉帝的旨意，《荐福碑》中南海龙王的上场诗就说明了这点："独魁南海作龙神，兴云降雨必躬亲。曾因误受天公罚，至今不敢借凡人。"①龙王行雨差迟是要受到严厉的惩罚的，《西游记》中南海火龙因行雨差迟被押往斩龙台，幸得观音的援救才避免斩首的厄运；《柳毅传书》中的钱塘江火龙因多下了一点雨，被罚往钱塘江水帘洞受罪。这反映出无论是在佛教还是道教，龙的地位都是非常卑微的，他们只不过是供神佛驱使，帮助其施行法术的工具。

(二)美丽多情的龙女们

龙女形象和龙女故事最早来源于佛经。《法华经·提婆达多品》记载了龙女成佛的故事，故事中的龙女是佛教护法天神二十诸天之一娑竭罗龙的女儿，年方八岁，偶听文殊菩萨在龙宫说法，顿然觉悟。智积菩萨不相信她能顷刻成佛，释迦牟尼的弟子舍利弗认为女子没有资格成佛。龙女面对种种质疑，从容不迫地从怀中掏出一颗价值三千大世界的宝珠，献给释迦牟尼，释迦牟尼马上伸手接过来。龙女回头对智积和舍利弗说："我献宝珠，世尊马上要下，这事快不快？"二位回答"快极了"。龙女说："你们看我成佛，也是这样快。"说罢，龙女当众变身成佛。从这个故事中，我们可以看出龙女是极其聪慧的。东晋时佛陀跋陀罗和法显集译而成的《摩诃僧祇律》卷三十二记载了一则龙女报恩的故事。梁代僧祇、宝唱

---

① 《全元戏曲》(二)，第89页。

等所编印《经律异相》卷四十三引录题此则故事为《商人驱牛以赎龙女得金奉亲》。全文大致情节为:一贩牛商人到异地经商,见人在泽中捕得一龙女,时龙女正受布萨法,不能变身,只能受制于人。商人顿起慈悲心肠,用八头牛赎出龙女放生。龙女变为人形后,邀请商人到海底龙宫做客,并赐予商人用之不尽的龙金以侍奉父母。从这个故事中,我们可以看出龙女重情重义,知恩必报,很富有人情味。《经律异相》卷三十二从《大智论》第十七卷中摘编的《沙弥于龙女生爱遂生龙中》叙述了一个小和尚和龙女的缠绵悱恻的爱情故事。《大唐西域记》中,也载有一则关于释迦族的落难公子和龙女相爱并结成夫妻的故事。这两则故事中,龙女形象并没有那么美好,她们在睡眠、交媾、生育、瞋怒和死亡时,会显现狰狞丑陋的兽形,而且还要受到三种苦事或五种苦事的折磨,因此她们自觉是低人一等的畜类,这种自卑的心态往往造成了爱情的悲剧。

龙女进入中国文学作品后,她们聪慧、重情的特质被保留下来并发扬光大,但她们的形象也有了很大的变化。首先是龙女的地位有了很大的提高,她们不再是卑贱的畜类,把男子的爱怜看作是巨大的恩惠,相反,她们身份尊贵有如公主,男子娶了她们就好比跳了龙门。其次是龙女的形象更加美好,她们容貌端庄秀丽,品性温柔贤淑。她们还被赋予更多的美德,特别是在爱情中表现得更为积极主动,更富有浪漫的情怀。元杂剧中塑造的两个龙女形象就反映出这些变化。

尚仲贤的杂剧《洞庭湖柳毅传书》的基本情节人物与唐传奇《柳毅传》无太大差别,所不同的是此剧是一本旦本戏,由龙女主唱,通过唱词将《柳毅传》中被弱化的龙女对柳毅的款款心曲细致道出,从而使龙女的形象更加突出。此剧中龙女的性格刚烈,她对爱情有执着的追求,不能容忍感情生活中丝毫的背叛。她的丈夫和婢女有私情,这本是封建婚姻生活中司空见惯的事情,但她却不肯虚意随顺了他,因此被罚去泾河岸边牧羊。对此她虽然感到很

龙女牧羊

元杂剧宗教人物绣像　周琪绘

痛苦，但并不后悔，她唱到："可会有半点儿雨云期，敢只是一划的雷霆怒。则我也不恋您荣华富贵，情愿受鳏寡孤独。"[①]如果夫妻不能琴瑟和谐，她情愿忍受孤独和折磨。她一心要嫁给柳毅，除却报恩的成分，更是被柳毅的义气所感动，对他产生了爱慕之情。柳毅嫌龙女面貌憔悴，无意配成佳偶，不过当看到龙女盛装出现在面前时又后悔不迭。对于柳毅以貌取人这个的缺点，她善意地调侃他："俺满口儿要结姻，他舒心儿不勘婚；信口儿无回话，划的偷睛儿横觑人。我这里两眉颦，他则待暗传芳信；对面的辞了亲，就儿里相逗引。"[②]当龙女看到柳毅有悔过之心，而且"心儿顺，意儿真"，最后还是假作卢氏之女，与柳毅结成了夫妻。最妙的是在洞房花烛夜，此剧中的龙女没有像唐传奇中的龙女那样生怕柳毅认出自己而惴惴不安，反而落落大方地说："柳官人，你怎么不恋旧忆了！"可见此女已摆脱唐传奇中那哀怨个性，有一股元杂剧中大多数女性的爽然性儿。

李好古的杂剧《沙门岛张生煮海》更像一部才子佳人戏，剧中的龙女琼莲是一个卓文君式的人物。她夜听张生抚琴，心生爱慕之意，私下里和张生约定婚期，并留下手帕为信物。当张生等不及要当夜成就好事，她又正色说："常言道'有情何怕隔年期'，这有甚等不得那。"可见她还是一个理智的人，没有完全被爱情冲昏头脑，她要用时间和困难来考验一下张生对爱情的至诚。张生"受了些活地狱，下了些死功夫"，在仙姑的帮助下，终于来到海底龙宫和龙女相会，这时龙女琼莲才和他永结同心，似水如鱼。可见此女不但有主动追求爱情的勇气，也有相当的智慧和谋略。

相较于之前文学作品中的龙女形象，元杂剧中的龙女形象更符合民众的审美习惯和愿望理想。她们少了一些哀怨、矜持和柔

① 《全元戏曲》(三)，第 731 页。

② 《全元戏曲》(三)，第 743－744 页。

弱，变得更坚强、乐观，具有过人的胆识和民间的智慧。这些变化也反映了龙女形象的民间化、通俗化的倾向。

第二章　元杂剧中的僧道形象

“僧道”作为一个形象群体最早出现在古典小说中。早在魏晋南北朝时代，僧道形象已初见端倪，然尚未普遍。随着时代的演进，僧道形象逐渐荣升为小说的主要角色，尤其在明清时代的话本小说里，处处可见其踪影，从而形成庞大的人物群像。“僧道”形象进入戏曲虽晚于小说，但却是登场最频繁的一类人物形象，几乎每部戏都有出家人的影子。此种现象足以显示僧道形象蕴含文学及文化上的重要意义，值得我们加以重视和探究。

第一节　道人形象

元代是中国道教的黄金时代，道人异常活跃，其中有不少是在我国道教史上和思想史上了不起的人物。要了解元代道人的情况，除了通过道教典籍以外，还可以通过元杂剧中塑造的道人形象来了解元代道人的总体情况。元杂剧中的道人形象十分丰富，既有像王重阳、马丹阳这样德高望重的道人，也有一些碌碌无名的小辈，甚至有些还是道门败类。杂剧中有关这些道人的故事，未必都是实有之事，但总是反映了一定的历史真实。因此，研究这些道人形象，对我们全面认识元代道人的总体面貌以及人们对他们的态度有一定的帮助。

一　传道型道人形象

传道型道人，是指那些以弘扬道教精神为己任的道人。这些道教人物一般是被当作正面形象来塑造的，他们有强烈的宗教情怀，是道教的忠实信仰者。一般而言，这类人物身上有较为浓厚的宗教特性，而这种类的属性往往掩盖了人物自身的个性，但由于他们的天赋禀性千差万别，所接受的思想也各有侧重，因而他们在元杂剧中也呈现出不同的面貌。

（一）济世度人型

道教神仙中有很多神仙都有悲天悯人的情怀，致力于济世度人，不度尽天下可度之人是绝不罢休。道教的门徒中也有不少怀有这样的志向，他们济世度人更是为了弘扬本门的教义。元代全真教最为盛行，这与教主王重阳以及全真七子大力弘扬全真道是分不开的。他们的事迹也被写入元杂剧中，因此元杂剧中就出现了这么一批济世度人型的全真道人形象。

由于元杂剧散佚的情况十分严重，现存元杂剧中以全真道人为要角的剧本并不多。有一些剧本只是提到过全真道人的名字，但实际上他们并没有出场。比如《任风子》第一折提到了王重阳，《刘行首》第一折提到了“全真七子”，《玩江亭》第三折、第四折提到了马丹阳。所以，真正在剧中出现过的全真道人只有王重阳和马丹阳两人而已，其中，王重阳仅见于《刘行首》，马丹阳见于《刘行首》和《任风子》。

《刘行首》剧演王重阳度脱鬼仙的故事，但实际上的执行人却是马丹阳。第一折正末扮演王重阳上场，他的“自介”很长，详细地说明了自己得道的经历。从他的“自介”可知，他是从吕洞宾处得道，奉师父法旨，化作行乞的先生到人间传道，主要是去度化“丘刘谈马郝孙王”七人。剧中有一段唱词对他的形象作了一番描述：

王重阳

元杂剧宗教人物绣像 彭照军绘

【油葫芦】袖拂清风足蹑云，行步稳。向人间来往两三春，我这般穷身泼命谁瞅问？蓬头垢面妆痴钝。他每不识高共低，不分个假共真。(云)有人道：兀那抄化的先生，怎生不做几件道衣穿？(叹介)(云)嗨，恁世人不知。(唱)则我这丹田有宝能滋润，觑不的他满眼尽愚民。①

从这段描述看来，他在人间的形象是蓬头垢面、污秽不堪的。道教本崇尚洁净，但道教圣徒常常“以污试道”，以污秽来试探求道人的诚意。此剧王重阳以“污秽的面貌”示人应与此有关。他的污秽和落魄引来了众人嘲笑，可见凡人并不能领会其中的深意，传道之艰难便可想而知。凡人无心成道，鬼仙却有心向道。唐明皇时管玉罼夫人死后成为鬼仙，她恳请王重阳度脱她，并说：“正是遇仙不成道，如到宝山空手回”。可见其向道之心是十分强烈的。王重阳本有心度脱她，但无奈她“宿根未尽”，于是让她先去凡间“还宿世债”，二十年后再让自己的弟子马丹阳去度脱她。

第二折正末扮马丹阳登场，他比他的师父王重阳更怪癖，不但蓬头垢面，还疯疯癫癫，且听他的唱词：

【滚绣球】我身穿着百衲袍，腰缠着碌簌绦。头直上丫髻三角，任东西散诞逍遥。抄化的酒一壶饭一瓢，困来时醉眠芳草，煞强如极品随朝。把似你受惊受怕将家私办，争如我无辱无荣将道德学，行满功高。②

他穿着破烂的衣服，梳着三角丫髻，说话也颠三倒四。初见刘行首时，就说“又撞着二十载还魂的故交”。刘行首说我才二十一

---

① 《全元戏曲》(五)，第327页。

② 《全元戏曲》(五)，第331页。

岁，怎么是你的故交，莫不是见鬼了，他就顺着刘行首的话说是遇见鬼了。刘行首向他问路，他说你怎么迷失了正道，不如让我指给你一条路上青霄。刘行首被他的疯言疯语激怒了，骂他是个不着坟墓风魔汉。他也不恼，还一个劲儿劝刘行首跟他出家去，结果被乐探当街打了一顿。这一折是全剧中最有趣味的一折，马丹阳说话虽然颠三倒四，但是细究起来每句都很有深意。刘行首二十年前本就是一个鬼仙，转世成人后迷失了正道。马丹阳说的每一句其实都暗藏玄机，只是在刘行首这样的凡人看来都是一些疯话，这也表明有道之士不容易被人理解，传道之难可想而知。因此，他的疯言疯语最后招来了一顿暴打：

> 【笑和尚】呀呀呀，仰刺擦推了我一交，扑扑扑，雨点般拳头落。好好好，自有个天公报，嗤嗤嗤，扯碎布袍。支支支，顿断麻绦，来来来，可惜葫芦里漾了我些灵丹药。①

这段唱词颇为滑稽。马丹阳被暴打却不知讨饶，还把自己被打的惨状用唱词唱出来，更加凸显出他癫狂的个性。可惜后两折他又变得道貌岸然起来，失去了个性，人物形象黯淡不少。

《任风子》剧演马丹阳度化屠户任风子成道事。此事不是完全凭空构想出来的，而是有所本。《金莲正宗记》中记载了马丹阳试图度脱屠夫刘清，但刘清“心大刚切，未能诱化”。② 这是一个度脱失败的故事，但杂剧中任屠夫却被马丹阳度化了。当然，马丹阳花费了很大的气力，足见其度脱精神之强烈。第一折冲末扮马丹阳上场，他自报家门。这段“自介”也很长，主要回顾了自己得道的过

---

① 《全元戏曲》(五)，第334页。

② 《道藏要集选刊》(六)，第647页。

程,很有些神化的色彩。得道后他的形象是“身挂一瓢,顶分三髻”,这怪异的打扮还是体现了他“疯魔”的个性。为了度脱有半仙之分的任屠,他将当地化得都不吃腥荤,坏了任屠的买卖,引得任屠来找他寻仇。第二折马丹阳着任屠见了恶境头,逼得任屠情愿出家。马丹阳让任屠在菜园中修行办道,每天早起晚息,掘菜挑葱,打水浇畦,体现出全真教苦修的思想。第三折任屠为了以示出家的决心,摔死了幼子,休弃了妻子,马丹阳对他的表现表示赞赏,准备再考验他一番,然后引渡他归于正道。第四折马丹阳设局考验任屠的忍耐力,任屠经受住了考验,从而功成行满,得道成仙。前面已经说过,元杂剧中被度脱者的形象一般比度脱者形象更丰满,此剧马丹阳是一个度脱者,所以是一个宗教理念化的人物,形象比较单薄,但他无惧性命之忧,只身度脱性格暴烈的屠夫,这种努力弘扬道法的精神还是值得称道的。

作为济世型道人,王重阳和马丹阳身上有些共同的特点。一个是他们的“疯”。据史料记载,王重阳入道之前行为放诞不羁,入道之后,更是变本加厉,自称“王害风”,为自己筑起“活死人墓”;马丹阳入道后,得其真传,自称“马风风”,说话颠三倒四,喜欢狂歌醉舞。他们被写入剧本之后也继承了疯癫这一特质,具体表现为蓬头垢面,行为怪诞,语无伦次。“疯癫”形象最早可以追溯到《庄子》中楚国的狂士接舆,他通过嬉笑怒骂的异常行为来表达对世道的不满。全真教徒也继承了这一被后人称为“佯狂玩世”的特质,通过佯狂来讽世,同时也可以通过这一行状来实现传教的目的。另一个特点就是他们的“贫”,在剧中他们都化作乞丐,王重阳说自己是“穷身泼命”,马丹阳穿的是腌臜的百衲袍,吃的是化来的残羹剩饭。这说明道人生活的清贫,而这种清贫就是为了磨炼人的意志,使人去绝人情欲念。早期全真教很讲究清修苦行,郝大通在入道之前曾在赵州石梁下枯坐六年,《任风子》剧中任屠得道前也在菜园耕种数年。但是,后期的杂剧对于这种苦行不再过多描绘,因为入道后的生活既然这般清苦，那就不会吸引更多的人加入道教了。第三个特点就是他们有很强烈的度脱热情。王重阳“向人间来往两三春”，“普天下都寻尽”，不辞辛劳地度脱了全真七子。他还不避人鬼，点化有诚心的鬼仙。“能化一罗刹，莫度十七斜”，马丹阳度化的是屠夫、妓女这些最难被度化的人，为了度化他们吃尽了苦头。度化任屠时差点被任屠杀死；度化刘行首时被乐探暴打一顿，又被林员外杀了丢在洞里。剧作家塑造他们在很大程度上就是为了表达对于全真教的景仰，同时通过他们来宣传教义。

（二）安贫乐道型

元杂剧中还塑造了这样一类人物，他们并不热衷于向世人传道，但正所谓“桃李不言，下自成蹊”，他们以自己的德行志趣吸引了更多的世人求仙问道，剧作家也借他们的形象传播了道教思想。

第一种是慵懒型的睡仙形象。慵懒是元代全真教引以为豪的特点。全真教道士刘处玄《酹江月》：“洞天高卧，任他人笑懒慢。”[①]丘处机《报师恩》：“懒看经教懒烧香。兀兀腾腾似醉狂。”[②]王丹桂《心月照云溪》：“锁窗寂静，恣意任高眠，红日上，两三竿，犹自柴门掩。”[③]何道全《慵懒歌》：“时人笑我多痴懒，因懒跳出是非关。”[④]都是懒的形容。这种懒并非是一般意义上的懒惰，而是一种心境的表现，是以表面上的慵懒来拒绝世俗的干扰，保持心态的宁静和淡泊。元杂剧中很多道人都表现出慵懒散漫的个性，尤以马致远《西华山陈抟高卧》中所塑造的陈抟为代表。

陈抟是五代宋初时期一位富有传奇色彩的道士。他早年熟读经史百家之言，企图沿着科举之路进身仕林，但由于时局动荡，使

① 唐圭璋编：《全金元词》，北京：中华书局2000年版，第428页。

② 《全金元词》，第468页。

③ 《全金元词》，第495页。

④ 《道藏》（第24册），第141页。

其考取功名的希望破灭。离开仕途之后,他寄情于山水,开始访道求仙,寻求一种新的人生境界。他先后在武当山、华山云台观、少华山石室隐居修炼,并在导引方面取得很高的造诣,能一睡百余日不起。根据《宋史·隐逸传》记载,周世宗曾闻其名而召见他,但显然对神奇的睡功并不相信,曾在禁中亲自考查,结果陈抟的表现征服了周世宗,竟以帝王之尊问起陈抟“黄白之术”,陈抟借机规劝他要以天下苍生为念。周世宗钦赐其号为“白云先生”,又尝任他为谏议大夫,他坚辞不受,依旧归隐华山,过着悠闲的方外生活。宋太宗时,他曾两次赴京,《宋史·隐逸传》曰:“太平兴国中(977—984)来朝,太宗待之甚厚。九年复来朝,上益加礼重,……下诏赐号希夷先生,仍赐紫衣一袭,留抟阙下,令有司增葺所止云台观。上屡与之属和诗赋,数月放还山。”[①]故后人又尊称他为希夷先生。

在这些关于陈抟的传说中,最为人津津乐道的是他与帝王的交往以及他的睡功。关于他与帝王的交往,史料上虽也有一些零星的记载,但并不生动,无非就是帝王征召他见面,对他礼遇有加,他却辞官不受,如此而已。一些民间野史的记载却更富有传奇色彩,说他在宋太祖未发迹时,曾和宋太祖在长安酒肆饮酒,并预言他将作太平天子;他还参与了宋太祖杯酒释兵权、宋太宗立王储等重大决议等等。这些传说虽并不可信,但却是小说戏曲的绝好题材。至于他的睡功,《宋史·隐逸传》说其“每寝处,多百余日不起”。[②] 足见他的睡功是名不虚传。陈抟还自作了几首《睡诗》,诗曰:“常人无所重,惟睡乃为重。举世皆为息,魂离神不动。觉来无所知,贪求心愈用。堪笑尘中人,不知梦是梦。”[③]又曰:“至人本无梦,其梦本游仙。真人本无睡,睡则浮云烟。炉里近为药,壶中别

① (元)脱脱等著:《宋史》,北京:中华书局1977年版,第13420—13421页。

② 《宋史》,第13421页。

③ (宋)阮阅编著:《诗话总龟》,北京:人民文学出版社1987年版,第440页。

有天。欲知睡梦里,人间第一玄。”[1]他还作了一首《对御歌》,歌曰:“臣爱睡,臣爱睡,不卧毡,不盖被。片石枕头,蓑衣铺地。震雷掣电鬼神惊,臣当其时正酣睡。闲思张良,闷想范蠡;说甚孟德,休言刘备:三四君子,只是争些闲气。怎如臣,向青山顶上,白云堆里,展开眉头,解放肚皮,但一觉睡!管什玉兔东升,红轮西坠!”[2]这首歌随意写来,浑然天成。若非常年在群壑密林中高睡,断然不能写出。陈抟之睡,不是真睡,是通过睡来进行修炼,是道教内丹派独特的功法。当他进入那种似睡非睡、神气相抱、一睡数天的笃静状态时,也就进入了人生的某种极致的境界。陈抟以睡来休养生息,用睡来逃避世俗干扰,虽然宣扬的也是乐道避世的思想,但因为睡意融融而别具一番趣味。因此,在文学作品中,他总是被刻画成憨态可掬又潇洒傲岸的睡仙形象。

在《陈抟高卧》杂剧中,陈抟就被塑造成一个慵懒型的睡仙形象。剧演五代末隐居大西华山的道士陈抟发现中原有王气,预知有真命天子出世,于是下山卖卦寻访。这时,赵匡胤约义弟郑恩买卦,陈抟算定赵匡胤日后必当太平天子,郑恩日后必当一品大臣。赵匡胤登基后,欲以高官报答陈抟,派使臣请陈抟出山。陈抟不肯入朝,几经说服,才随使臣下山。赵匡胤力邀陈抟做官,陈抟却陈述许多隐居修仙之乐,决定归隐山林。汝南王郑恩带着美女款待他,劝其回心转意,他也不为所动,终究归隐去了。此剧主要体现陈抟的神仙归隐之心,而这一点又是通过他嗜睡懒散表现出来的。

此剧是一末本戏,陈抟由正末扮演,他的唱词中多处流露出他嗜睡懒散的特点。第一折他算定赵匡胤将来必为太平天子,赵匡胤说如若他日称王,必邀陈抟共享富贵,陈抟有一段唱词:

---

① 《诗话总龟》,第440页。
② 《诗话总龟》,第461页。

【金盏儿】投至我石枕上梦魂清，布袍底白云生。但睡呵，一年半载没干净，则看您朝台暮省干功名。我睡呵，黑甜甜倒身如酒醉，忽喽喽酣睡似雷鸣；谁理会的五更朝马动，三唱晓鸡声。①

他说自己睡得沉，鼾声如雷，听不到公鸡唱晓，怕耽误了上朝的时间，表明自己不求人间富贵，只愿在山林的石枕上尽情酣睡。

第二折赵匡胤称帝后，派使臣去请陈抟出仕，陈抟辞谢了，他的理由是：

【哭皇天】酒醉汉难朝觐，睡魔王怎做的宰臣？穿着这紫罗袍似酒布袋，执着这白象笏似睡馄饨。若做官后每日价行眠立盹，休休休枉笑杀凌烟阁上人。有这般疏庸愚钝，孤陋寡闻？②

他说自己是酒醉汉、睡魔王，走路站立都可以睡觉，这样懒散怎可以做官。

第三折赵匡胤当面劝陈抟出仕，陈抟说："贫道山野懒人，不愿为官。"赵匡胤问他为什么做不得官，他说自己嗜睡，不愿早起，"恨不得生扭死窗前报晓鸡"。赵匡胤说可以让他选一个闲散的衙门，除一个清要的官职，不必案牍劳形，忙于政务。他还是坚辞不受，理由是："贫道呵贪闲，身外全无事，除睡人间总不知，空教人贴眼舒眉。"

第四折面对御酒美女的诱惑，他还能独自入梦乡，"直睡到日出扶桑"。

---

① 《全元戏曲》(二)，第7页。

② 《全元戏曲》(二)，第11页。

从上文分析可以看出他真是一个慵懒散漫之人。他的睡别具一格，可以幕天席地而睡，睡时鼻息如雷，二三年唤不起，真是活脱脱一个睡中神仙。但他的睡又并非是真睡，意在隐于睡，以睡来拒绝出仕，阻隔凡尘俗世的纷纷扰扰。

第二种是隐逸型的渔父形象。全真教作为"苟全性命于乱世，不求闻达于诸侯之一隐修会"[①]，对于隐逸自然是心神向往的。全真教中很多道士往往都是文士、隐士、道士三位一体的，因此在元杂剧中，隐士和道士往往杂糅在一起，隐士也就具有道士的身份，成为宣扬道教的工具，具有宗教的意义。宫大用《严子陵垂钓七里滩》中塑造了一个渔父形象严子陵，他是很多道士倾慕的对象和学习的榜样，比如高卧的道士陈抟就说："我又不似出师的孔明、休官的陶令，则待学那钓鱼台下老严陵。"严子陵并不是严格意义上的道士，但是元杂剧中把他道士化了，他在剧中自称"贫道"，唱词中也多处流露出道教的思想，所以可以把他看做是剧作家塑造的一个理想的道人形象。

严子陵是历史上实有之人，据《后汉书·逸民传》记载："严光字子陵，一名遵，会稽余姚人也。少有高名，与光武同游学。及光武即位，乃变名姓，隐身不见。帝思其贤，乃令以物色访之。"[②]后有人奏报见一男子"披羊裘钓泽中"，光武帝认为那很可能就是严子陵，于是"乃备安车玄纁，遣使聘之，三反而后至"。光武帝闻严子陵已到，特命就舍北军，使太官朝夕进膳并亲往其舍访严子陵，面授严子陵为谏议大夫。严子陵坚辞不就，告别光武帝，仍回富春山隐居，耕田垂钓，终生不仕。从这则历史记载来，严子陵最大行状就是"披羊裘钓泽中"，垂钓时渔父一般都是披着蓑衣，他却披着羊裘，想不让人注意都不行，所以很快就被人发现，上奏给光武帝。

① 陈垣：《南宋初河北新道教考》，北京：中华书局1962年版，第2页。
② （南朝·宋）范晔：《后汉书》，北京：中华书局1965年版，第2763页。

严子陵
元杂剧宗教人物绣像
彭照军绘

他这一行状，有人认为他是在作秀，就像姜太公用直勾垂钓一样，以不合常规的举动来引起帝王的注意。但是，同是渔父形象，同是以怪异的行状引起帝王注意，两个人的目的却是截然不同的。姜太公是为了入世，严子陵是为了出世。两个渔父形象对后世的影响不同，踌躇满志者欣赏姜太公那种待时而动、用世立功的豪气，比如盛唐诗人李白遭遇挫折之时借姜太公来勉励自己："长啸梁甫吟，何时见阳春？君不见朝歌屠叟辞棘津，八十西来钓渭滨。宁羞白发照渌水，逢时壮气思经纶。广张三千六百钓，风期暗与文王亲。大贤虎变愚不测，当年颇似寻常人。"[①]心灰意懒者更喜欢严子陵，认为严子陵的境界比姜太公更高，中唐诗人刘驾《钓台怀古》云："澄流可濯缨，严子但垂纶。孤坐九层石，远笑清渭滨。"[②]晚唐诗人黄滔《严陵钓台》云："终向烟霞作野夫，一竿竹不换簪裾。直钩犹逐熊罴起，独是先生真钓鱼。"[③]

严子陵的渔父形象影响深远。从唐到宋到元，有数不清的《渔父歌》、《渔父词》，其中有的标明严子陵，有的虽未标明严子陵，实际上却总有严子陵的影子在。相比之下，元人创作《渔父词》的热情又是最为突出的，严子陵的渔父形象也频繁出现在这些词曲中。如乔吉的[中吕·满庭芳]《渔父词》："秋江暮景。胭脂林障。翡翠山屏。几年罢却青云兴。直泛沧溟。卧御榻弯的腿疼。坐羊皮惯得身轻。风初定。丝纶慢整。牵动一潭星。"[④]这首曲中，"坐羊皮"句写的就是严子陵披羊裘垂钓七里滩的故事。"卧御榻"感觉浑身不适，"坐羊皮"却轻松自在，说明在皇帝身边让人浑身不自在，归隐江湖方能卸去精神上的沉重负担。张可久的[中吕·满庭芳]《过钓台》："穷通异乡。故人别后。短棹沧浪。相寻下榻云霄

① 《全唐诗》(第5册)，北京：中华书局1960年版，第1681页。
② 《全唐诗》(第17册)，第6775页。
③ 《全唐诗》(第17册)，第8123页。
④ 隋树森编：《全元散曲》，北京：中华书局2000年版，第581页。

上。旧日疏狂。魂梦远不知汉光。脚头睡只记刘郎。山无恙。归耕富阳，千古占桐江。”①写的也是严子陵归隐富阳的故事。徐再思的[商调·梧叶儿]《钓台》：“龙虎昭阳殿。冰霜函谷关。风月富春山。不受千钟禄。重归七里滩。赢得一身闲。高似他云台将坛。”②此曲也是称赞严子陵“不受千钟禄”，回到七里滩继续过隐居的生活。

元杂剧中也有严子陵的渔父形象，隐居乐道之人在唱词中总会提到他。现存以他为要角的剧本有宫天挺所作的《严子陵垂钓七里滩》。此剧根据《后汉书·逸民传》及传说添设敷演而成，塑造了严子陵这一隐逸型的渔父形象。

第一折严子陵上场就表明自己的渔父身份，他说：“自幼年好游玩江湖，即今在富阳富春山畔七里滩，钓鱼为生。”然后对世事变幻发了一番感慨，表明不愿为官，只愿做“驾孤舟荡漾，趁五湖烟浪，一钩香饵钓斜阳”的渔父。第二折面对做了皇帝的旧交刘秀两次三番的征召，都不予回应，说做官只会让闲人受苦，“皂朝靴紧行拘我二足，纱幞头带着掐我额颅”，做官风险也大，“重呵止不过请些俸禄，轻呵抹着灭了九族”，不如做一个手执斑竹纶竿的渔父。第三折刘秀亲写一书来请严子陵入朝叙旧，严子陵便以朋友的身份入朝一聚。在酒席上严子陵称颂刘秀使得“社稷安盗贼息狼烟静”，但也表明并不艳羡帝王的生活，因为帝王须早起上朝，而自己却可以睡到红日三竿。他还说：“你也不是我的君，我也不是你的卿。……你则是十年前沽酒刘秀，我则是七里滩垂钓的严陵。”这更表现出一种追求自由和平等的精神。最后一折刘秀做拂尘筵显摆富贵，意图挽留严子陵，但严子陵却不为所动，心里记挂的还是七里滩钓鱼台，最终“跳出了十万丈风波是非海”，继续做“不染尘

① 《全元散曲》，第778页。

② 《全元散曲》，第1042页。

埃，不识兴衰，靠岭偎崖，撒网担柴”的渔父。

除了《七里滩》之外，严子陵还出现在《聚兽牌》和《云台门》中。在这两部剧中，严子陵摇身一变，成了刘秀麾下的军师，这与隐逸型的渔父形象是大相径庭的，也超出了我们讨论的范围。他之所以被附会成军师，可能与他被道化有关，因为道士一般都有道术，能够惯识天文、究通地理，很适合做军师。

无论是济世度人型的道人，还是安贫乐道型的道人，他们都是剧作家创造的宗教理念化的人物。宗教理念对于他们的个性塑造是有妨碍的，所以他们的宗教理念性越强，人物的个性就越会被消磨，比如《任风子》中的马丹阳基本上就没有什么个性可言。但是只要入道者的个性与宗教理念不相矛盾，他们的个性还是可以被强化和凸显出来。王重阳的“脏”、马丹阳的“疯”，陈抟的“懒”，严子陵的“闲”，虽然都是“道”的具体体现，但却能给人留下深刻的印象。

二　法术型道人形象

道教是中国土生土长的宗教。在长期的发展过程中，道教吸收了大量民间信仰成分，形成了庞杂的体系，道教法术就是其中的重要组成部分。道教法术包括符箓、禁咒、斋醮、祈雨、占卜等等内容。所谓法术型道人，就是擅长这些法术的道人。元杂剧中塑造了一系列精通道法的道人形象，尤以符箓派道人为主，他们通过施展法术降妖驱邪、治病救人，从而传播了道教信仰。

（一）天师真人

道教典籍中有许多故事，写道教神灵、天师或真人，用超凡的法术，战胜邪魔歪道，来显示出道法的无边威力，以此弘扬道法。元杂剧中也塑造了一批法术高强的天师和真人形象。

张天师本是一个世袭的称号，自祖天师张道陵起至末代天师张恩博止共传六十三代。元杂剧中的张天师自称是三十二代天师张乾耀(《关云长大破蚩尤》)和三十七代天师张道玄(《张天师断风花雪月》),但并非和历史上的张天师是一一对应的,可见元杂剧中的张天师已经泛化,是以第一代太师张道陵为原型所创造出来的具有广泛概括意义的道士形象。

张天师在不同的文本中的形象是不完全相同的。道教典籍中的张天师是个拥有神圣品格和权威的理想化的道教首领形象;文人笔记小说中的张天师是一个经常出入于富贵之家为之驱妖除怪的法师形象;民间传说中的张天师形象则比较复杂,他一方面驱除兴妖作怪祸害百姓的鬼怪精灵,为百姓消灾造福,是一个正面的形象,一方面又怀着偏见干预青年男子和由花狐精怪幻化的女子的婚恋,站在了民众的对立面,被塑造成一个反面形象。元杂剧中的张天师形象综合了道教典籍、文人笔记小说和民间传说对张天师形象的塑造,但不同剧本又各有侧重。

吴昌龄《张天师断风花雪月》中张天师形象受文人笔记小说的影响较多,更符合文人的审美趣味。此剧中的张天师由外扮演,在第三折登场。他登场时有一番自介:

> 贫道姓张,双名道玄。祖传道法,戒禄精严,三十七代辈辈流传。驱使遍三界神祇,剿除尽八方鬼怪。布袍轻拂,须臾地动天惊,草履平挪,顷刻星移斗转。云游天下,普救众生。来到此洛阳,幸遇陈太守十分的管顾贫道。所赠衣粮无不精洁。今回信州龙虎山去,辞别太守,便索长行。[1]

这番自介主要宣扬自己法术通天,可以差遣神祇帮助自己斩妖除魔,并以普救众生为己任,这些主要来源于道教典籍对他的塑

[1] 《全元戏曲》(三),第389页。

张天师

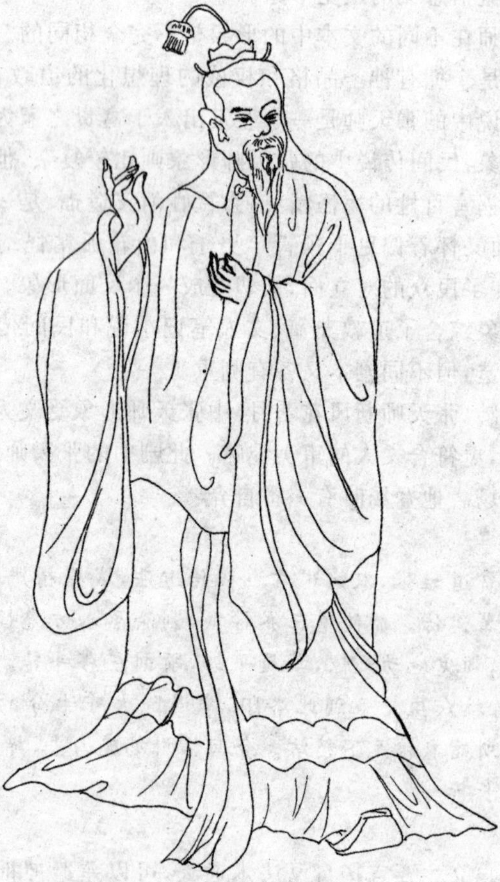

元杂剧宗教人物绣像　彭照军绘

造。他又说和洛阳陈太守交情深厚，这体现出文人的审美趣味。在文人笔下，张天师所交游者非富即贵，体现出他庄重的身份，非一般民间法师可比。更能体现文人审美趣味的是他被塑造成一个明辨是非、坚持原则并有节制的法师，和民间传说中疾恶如仇、除妖务尽的法师并不一样。他向陈太守辞行时，得知陈太守的公子染病卧床不起，便知有花月之妖作祟，本着普救众生的原则，做起了坛场来捉妖驱邪。他先后勾来荷花仙子、菊花仙子、梅花仙子、桃花仙子、封十八姨和雪天王进行审问，最后勾来使陈公子害相思的主犯桂花仙子。对于这些花月之妖，他并不赶尽杀绝，而是让他们自己从实招来。他很讲究审问的艺术，俨然是一个高明的判官。对于狡辩之徒荷花仙子、菊花仙子、梅花仙子、桃花仙子、封十八姨，他会明确指出她们的罪过。对于不服管束的雪天王他也会采用恫吓的手段逼其乖乖就范。他说："吾非浊骨，本是仙胎。祖公留下三件法宝，信香一瓣，雌雄剑二口，降妖印一颗，专管天上天下三界仙精鬼怪、魍魉邪魔。量你是一块雪，我管不得你，怎管天上许多神将？吾今宣召天上火、地下火、山头火、霹雳火、炉中火，将你围在中间，立化一池黄水。老匹夫，看你招也是不招！"[①]刚刚还气焰嚣张的雪天王瞬间没了脾气，慌忙招认自己的罪过。对于主犯桂花仙子，他让其他犯人与她折证，让她心服口服。他断案的目的不是为了惩罚犯人，而是为了治病救人。他用法力勾来陈公子的魂魄与桂花仙子见面，治好了他的相思病。总而言之，此剧中的张天师虽然也是在干预凡人和花妖之间的恋爱，但却并不令人讨厌，他的主要目的是为了救人，而且在捉妖的过程中体现出了智慧和宽容。

无名氏《关云长大破蚩尤》中张天师形象综合了道教典籍和民间传说对张天师的塑造，宗教色彩和世俗色彩都较为浓厚。第一

① 《全元戏曲》(三)，第396页。

折张天师没有正面出场，但是通过寇准和吕夷简的对话侧面介绍了他的情况。寇准到五南采访贤士，途经解州，不知何方妖孽作怪，将盐池枯干了，于是让吕夷简去奏知圣上，差人去信州龙虎山请张天师出山。吕夷简问张天师道法如何，寇准说"休把他觑寻常"，要备罗锦千箱、金冠鹤氅、安车一辆，方才可以去请他，这从侧面烘托出张天师道法高超、身份超然。第二折张天师出场，由正末扮演。他有两段唱词对自己的形貌和道法进行了描述：

【南吕·一枝花】背着这七星宝剑匣，我受的是九曜课经箓。系着这三清六配裙，我这里穿着八卦锦襕服。炼的我轻健身躯，如意冠浑金铸。自存心拘着礼数。我虽只在龙虎山居，则我这同道友难为做观主。[1]

【梁州第七】极少有三千处临坛会首，更少有九千场受天心正法门徒。七星环列为先主。四值天圣，四大神殊。你看我踏罡步斗，似用功夫。我可便追摄的神魂宾服，定睛观天地蓬壶。我、我、我，仗神锋断怪除妖，是、是、是，凭道法驱邪斩虎，来、来、来，试看我显神通咒水书符。（使命云）这的是祖宗传受道法，也非同小可也。（正末唱）奉祖宗传授道术，我虔心祈祷呼雷雨。将妖怪收捕，外道邪魔拱手伏，不比其余。[2]

从第一段唱词来看，他头戴如意冠、身披八卦衣、腰系三清六配裙，俨然是一代宗师的打扮。第二段唱词宣扬了自己的高超的道法和师承传统。虽然此剧没有专门的道教法术科仪的表演，但是从唱词看来他应该是边唱边演，有一些简单的科仪演绎。他知

① 《全元戏曲》（七），第775页。
② 《全元戏曲》（七），第775页。

道是蚩尤神作怪，但并没有亲自去斩妖除魔，而是推荐了另一位神将关云长。关云长果然不负众望，大破蚩尤军队，这体现出张天师知人善用的才能。

元杂剧中还塑造了一批真人，他们和张天师一样法术高强。元杂剧中有萨真人、罗真人和时真人。萨真人史上实有其人，他是北宋末年道士萨守坚，生卒年不详，自称“汾阳萨客”，曾师从于第三十代天师虚静先生、林灵素及王侍宸。据《三教搜神大全》卷二、《列仙全传》卷八、《历代神仙通鉴》卷二十记载，虚静先生传其咒枣秘术，王侍宸传其雷法，林灵素传其棕扇一柄。萨守坚学成秘法后，用咒枣术济贫拔苦，用雷法铲奸除害，用棕扇为民治病。于是道法大显，闻名遐迩。萨守坚的神奇传说在元代已经颇为流行，当时有杂剧《萨真人白日升天》、《萨真人夜断碧桃花》等，现仅存《萨真人夜断碧桃花》一种。《碧桃花》剧演青年官吏潮阳知县张道南与未婚妻徐碧桃的鬼魂相恋，而最终与复活了的徐碧桃成婚的故事。此剧中萨真人由外扮演，在第三折登场，首先看他的“自介”：

> 贫道萨守坚，汾州西河人也。贫道幼年学医，因用药误杀人多，弃医学道，云游方外，参访名山洞天。后到西蜀峡口，遇一道人，乃虚靖天师，觑贫道有仙风道骨，传授咒枣之术及神霄青符五雷秘法。贫道又到龙虎山参箓奏名，誓欲剿除天下妖邪鬼怪，救度一切众生，遍游荆襄江淮闽广等处。①

从这段“自介”可知，他得道之前曾行医多年，后习得五雷秘法，立誓剿除天下妖邪鬼怪，救度一切众生。这些都是根据当时的道教典籍和民间传说铺衍而成，可见萨守坚在元代确实很有名气，

---

① 《全元戏曲》(六)，第669页。

元杂剧宗教人物绣像 郭嵘绘

人们对他的生平经历都比较熟悉。他登场是为了捉妖，但是并未成为一个镇压男女自由恋爱的反面角色，而是成为一个促成男女姻缘的正面角色。他先用道法勾来碧桃的鬼魂，这里也有一大段道教法术科仪表演，很是精彩。直录使者得令后，让马、赵、温、关四位天将押解碧桃的鬼魂来到萨真人面前接受审问。萨真人细细问明缘由，得知碧桃和张道南两情相悦，碧桃为情而死，但有二十年阳寿未尽，且与张道南是夙世姻缘，态度由“剿除”转向同情，让碧桃还魂去和张道南配成夫妻。碧桃感激涕零，唱到：“谢师父承正法，常看诸处行方便。开阐教，广与众生解倒悬。”[①]看来萨真人也不是一味师道庄严，不讲人情，而是为人们行方便、解忧难，甚至帮助人们解决婚姻问题，这也是道人形象世俗化的一个体现。

罗真人和时真人是剧作家虚构的人物。罗真人出现在无名氏《宋公明排九宫八卦阵》一剧中，他是个神仙式的人物，秘传公孙胜九宫八卦阵，并且预知了宋江等人今后的命运。他在第二折登场，由外扮演，他一上场也自报家门：“贫道姓罗，道号静一真人，居于此蓟州南宫县山中虚静庵修行办道。贫道所受天心法律，太上真文，驱邪断祟，斩怪除妖，救天下世人之疾病。”[②]真人虽是他自称的，但他确实无愧于真人的称号，他道法高超，品行高尚，态度超然，是个超凡脱俗的人物。此剧没有正面描写他的道术，但从他摆下的九宫八卦阵就足以体现他道法的玄妙。

时真人出现在无名氏《时真人四圣锁白猿》一剧中，他充当除妖者和劝化者的角色。第一折他由冲末扮演，登场后自报家门：“贫道姓时名玄，道号景阳子，曾参五祖七真之教，颇解天机造化，能穷生死存亡。”[③]从他自介看来，他学的是全真道，但是后面擒拿

① 《全元戏曲》(六)，第 674 页。
② 《全元戏曲》(八)，第 528 页。
③ 《全元戏曲》(八)，第 653 页。

妖怪使的却是正一道的法术，可见元后期出现了全真和正一走向合流的趋势。第三折他赐予沈璧信香一块，硃符一道，这些都是降妖的工具。第四折他亲自登场捉妖，通过正末沈璧的唱词再现了他捉妖的过程：

【得胜令】见那厮飞上焰魔天，（云）我将这信香嚼碎，望空一噀，师父，救弟子沈璧者！（时真人领道童上住）（正末见科）（唱）见师父乘瑞霭，驾云轩。（真人云）天神地将，值日神祇，布下天罗地网，擒拿妖怪者。（正末唱）师父有断怪降妖力，师父有除邪归正的权。（真人云）风伯雨师，雷公电母，与吾擒住妖怪者。（正末唱）见师父手杖着龙泉，呼风雨，驱雷电。（真人云）马赵温关，斗口四将，擒拿妖怪，速至坛前，吾奉太上老君急急如律令敕。（正末唱）见师父口念着真言，（外扮马赵温关四帅拿大圣上坛前跪科）（正末见妖怪科）（唱）呀，活拿住这泼妖魔在目前。[1]

他捉妖的时候能够驱使天神地将，确实法力不凡。

无论是天师还是真人，元杂剧中着力渲染的是他们超强的法术和驱邪的本领，而且剧本中还有大段的道教法术科仪表演。道教法术科仪表演对于塑造人物的性格没有多大的帮助，但是作为舞台演出却很有审美效果。天师真人当众进行法术表演，从客观上也传播了道教理念。

（二）军师谋士

封建社会的政治军事斗争，在小说戏曲中往往被演绎成军师之间的斗法。军师在元杂剧中有道化的倾向，他们在剧中都自称

① 《全元戏曲》（八），第674－675页。

贫道；出场时都作道士打扮，身边都跟着一个小道童；出山之前都隐居山林清心修道；出山之后也多是用道术决胜于战场。

元杂剧中塑造了一系列军师形象，其中最为突出的是诸葛亮。就现存完整的剧目来说，其中关于诸葛亮的有九种，其剧目为：《关张双赴西蜀梦》、《刘玄德醉走黄鹤楼》、《诸葛亮博望烧屯》、《两军师隔江斗智》、《走凤雏庞掠四郡》、《曹操夜走陈仓路》、《阳平关五马破曹》、《寿亭候怒斩关平》和《十样锦诸葛论功》。在这些剧本里面，诸葛亮被道化了，这直接影响到明清文学作品对军师形象的塑造。

诸葛亮道化倾向体现在这几个方面。首先是未出茅庐之前他隐居隆中卧龙冈，一心炼性修真、研习道法，很有仙风道骨。在《博望烧屯》中，刘备邀他出山，他却大谈出家人的快乐，说出家人虽“穿些布草衣”，“吃些粗粒粮”，但可以蒙头睡到“日高三丈”，这体现出道家隐逸的思想。后来走出茅庐也心系山林，多次谈到当官不如隐居快乐。在《博望烧屯》中他说：“我今日当权，掌军师名项，则不如我在那半坡里养性。”[①]在《怒斩关平》中他也说：“想贫道未出茅庐前时，在卧龙冈上，修真养性，炼药烧丹，如此幽哉，倒大来清闲快活也呵！”[②]葛洪在《枕中记》里将一些有才干的不愿为官的人列为道教人物，例如许由、巢父、伯夷、叔齐等等，这些人都很有才干，为避战乱而隐居山林，应该说诸葛亮和他们是有相通之处的。他为避战乱隐居隆中，无意“蜗牛角上争名利”、“蜘蛛网内求官职”，一心“学巢由洗是非”，完全是一副超然世外的隐士做派。

其次是他在做军师的时候除了运用智谋，还多次用到巫方之技。他“夺天地造化之能”，能够呼风唤雨。他在剧中多次提到赤壁一役多亏他祭起东风才能火烧曹营。在《博望烧屯》中，他也祭

① 《全元戏曲》(六)，第 29 页。
② 《全元戏曲》(七)，第 745 页。

诸葛亮
元杂剧宗教人物绣像 彭照军绘

起东风扬起尘土迷惑曹军。他不但会祈风，还会占星，能从观察行星的变化预测人事的吉凶祸福。在《西蜀梦》中，他占星预知关羽和张飞的死亡。《黄鹤楼》中，他夜观乾象，预知刘玄德有难，于是事先定下计谋，从周瑜手中救出刘玄德。在《庞掠四郡》中，他夜观乾象，看将星将陨，便预知周瑜的死亡，后见将星不退，便知周瑜有高人暗中相助。他还精通周易，"习六壬，画八卦，通九经"，善于布阵。在《陈仓路》中，他摆下八卦阵迫使曹操落荒而逃。在《五马破曹》中他"动不动有八卦，行八门，图成八阵"，曹军难以匹敌。祈风、占星、八卦这些巫方之技都被道教吸收，称为道术。道无术不行，道寓于术，这使诸葛亮被染上了浓厚的神仙道教色彩。徐庶说诸葛亮"论医起死回生，论卜知凶定吉。剑挥星斗怕，书动鬼神惊。六韬三略，妙策神机"①；庞统说诸葛亮"有鬼神不测之机，善辨风云，谙知气色"②；杨修说诸葛亮"有神机妙术：观气色呼风唤雨，善布营盘八阵图"③。这些言论也都从侧面形容诸葛亮是一个道化的军师。

《庞掠四郡》中有一段庞统论将。他说上将能"挥剑成河，撒豆成兵。上知天甲经，下晓人和论，夜则将鬼神驱卒"；中将能"坐筹帷幄之中，决胜千里之外。知己知彼，千战千赢。画则将军兵调督"；下将只是"骤马横枪，阵前不顾死战"的勇夫。他所说的上将实际上就是精通法术的军师。元杂剧中这样的军师除了诸葛亮以外，还有孙膑、徐庶、庞统等等。孙膑出现在无名氏《庞涓夜走马陵道》一剧中，由正末扮演。他和庞涓同是出自道人鬼谷子门下，但他传得了鬼谷子的六甲天书，所以他比庞涓技高一筹。他的身份也和庞涓不一样。在剧中他自称贫道，可见是个道人，而庞涓自称

---

① 《全元戏曲》(六)，第 2 页。

② 《全元戏曲》(七)，第 684 页。

③ 《全元戏曲》(七)，第 699 页。

某，就不具有道人的身份。最后孙膑打败了庞涓，可见道化的军师比普通的军师在智力谋略上往往更胜一筹。

徐庶出现在高文秀《刘玄德独赴襄阳会》一剧中，在第三折出场，由正末扮演。徐庶出山前，在山中修行办道，侍奉老母。刘玄德派赵云去请他出山，他一再推辞，说："我不求闻达，不望功名，我守清贫修真养性，侍老母孝养晨昏。"①后经老母劝说，才出山为刘玄德军师。刘玄德当面称赞他，说："闻知师父穷经五典，善晓三纲，怀揣日月，袖褪乾坤。呼风唤雨军兵败，师父那神机妙策破曹公。"②可见他也是道法了得的军师。

庞统出现在无名氏《走凤雏庞掠四郡》一剧中，由正末扮演。他一登场也大谈为官的不如出家的快活，说出家者可以"卷帘邀一轮皓月，舞袖拂万里清风。悦心神琴棋书画，养性伐狗彘鸡豚。坐间赏黄花满地，兴来饮村酒论盆"。③ 他预知周瑜有难，便亲往周瑜营中指点迷津。在周瑜门首哭笑三声，颇有点像风魔的道士。周瑜知他有才干，问他为何不求取功名，他又大谈闲居山林的快乐，说"俺那里山掩茅庐水绕村，端的是眼界新，那的也就中别是一乾坤。渴时节畅饮村醪尽，俺可便醉时节静倚蒲团盹"。④ 然而，他口是心非，很快就走上了仕途。可惜时运不济，屡次被人轻视，只做得小官，还差点丢了性命。幸好他神机妙算，躲过了杀身之祸，最后还是凭着自己的才智和谋略当上了军师。

这些军师为何具有如此神异的法术呢？剧中对此也作出了解释，原因在于他们的老师本就是非凡的人物。孙膑的师父鬼谷子前身原是谪仙人，善晓兵甲之术，能辨风雨之气，他秘传孙膑六甲天书，使孙膑也能按天书布九宫八卦阵，驱神役鬼。诸葛亮的师父

① 《全元戏曲》(一)，第 599 页。
② 《全元戏曲》(一)，第 599 页。
③ 《全元戏曲》(七)，第 662 页。
④ 《全元戏曲》(七)，第 664 页。

司马徽和庞德公也都是异人,有通天和长生之术。神化他们的师父,也就神化了他们本人。道教为了神化其教,也鼓吹所谓的异人道士、遁甲天书等等,这些军师们被染上神化色彩显然也是受到道教的影响。元代道教十分兴盛,元杂剧中的军师被道化也是很自然的。

但是,这些被道化的军师未必就是道教理念的传播者,他们虽道术高超,却并非是用道术降妖驱邪,弘扬道法,而是"货与帝王家",传达的是"以天下为己任"的儒家入世思想。孙膑虽不像庞涓那样急于下山进取功名,但是三年后,庞涓一召唤,他就欣然下山去了。徐庶"养性修真避尘世"是天性使然,也是为了尊崇"父母在,不远游"的古训,在家伺奉年迈的母亲。当老母劝他下山辅助宽厚仁德的刘玄德时,他只能"随顺父母颜情",收拾行装下山去了,可见儒家的忠孝仁义是大过道教的清规教义的。诸葛亮嘴上虽说自己是南阳耕夫,不管尘世之事,但心中想的却是"有朝一日,我出茅庐指点世人迷"。庞统更是言行不一,他口口声声说"收尽心,懒进身",但不用别人邀请,就自己下山去了,因为被鲁肃、简雍小觑而愤愤不平,一心只想作上将,功名之心还是挺重的。

三 另类型道人形象

道人应该是道教的实践者和传播者,即使他们不能完全做到精修道学、弘扬道法、严守戒律,那么至少也应该志趣高雅、品德高尚。然而,元杂剧中有些道人却离这样的标准相去甚远,他们不守清规戒律,甚至助纣为虐、作奸犯科,这些人可谓是道门中的另类。

(一)难守清规戒律的道姑

中国文化中有节情和任情两种情爱文化,道教大致上是禁欲的,特别是金元时期的全真教更是要求断绝"酒色才气"。但是元杂剧中有些道教人物却常常越规犯律,抑制不住情欲的冲动,动了凡心,犯了色戒。剧作家们往往是站在张扬人欲肯定人性的立场上，对这些思凡的道人并不求全责备，反而充满了同情。

杂剧中塑造了一系列道姑形象，这些道姑出家未必出于自愿，所以也难守清规戒律。《鲁斋郎》中张珪的浑家被鲁斋郎夺去，后鲁斋郎被包拯斩首，她一时找不到失散的丈夫儿女，只好栖身道门。当她遇上出了家的丈夫后，马上忘却了自己的道人身份，还苦苦劝丈夫和自己一道还俗。《竹坞听琴》中的郑姑姑也是和自己的相公失散了，不得已才出家，后来遇上了自己的相公就急不可待地"丢了冠子，脱了布衫，解了环绦"，认了相公，还俗去了。另一个道姑郑彩鸾本来已经定了亲，但后来和未婚夫家失去了联系，朝廷又出告示要求凡年满二十岁的女孩儿必须嫁人。她已经年满二十一岁了，为了逃避朝廷的强规不得已才出家。后来她遇上了未婚夫，便顾不得什么清规戒律了。《女真观》中的道姑陈妙常十岁的时候由父母做主出了家，长到青春年华也禁不住思春起来，先是对张孝祥怦然心动，后是对潘必正情有所钟。

具体说来，这些道姑可以分为两类，第一类是"专医人那冷枕衾寒"的媒婆型道姑形象。《望江亭》中的白姑姑就是一个热心做媒的道姑。年轻守寡的谭记儿有心和她出家，她却说："夫人，你哪里出的家？这出家人无过草衣木食，熬枯受淡，那白日也还闲可，到晚来独自一个，好生孤恓。夫人只不如早早嫁一个丈夫去好？"[①]她随即叫她的侄儿白士中出来见面。谭记儿想走，她居然把院门关住，不放谭记儿离开，还说："你两个成就了一对夫妻，把我这座清安观权做高唐，有何不可？"[②]这就是用强了。见谭记儿仍不肯随顺白士中，白姑姑又说如果不肯就去告官，说她在道院私会情人，这更是耍无赖了。谭记儿被她逼得没有办法，在白士中发誓对她是一片真心后，答应嫁给白士中。白姑姑认为自己成就了

① 《全元戏曲》(一)，第 132 页。

② 《全元戏曲》(一)，第 134 页。

一段好姻缘,但她却忘记了自己的身份。出家人做了"筵席上的撮合山","把隔墙花强攀做连枝",这显然有悖道人风范。但是从另一个角度来看,白姑姑出家多年,对出家人的清苦和寂寞深有体会。她觉得青春年少的谭记儿耐不住这份清寂,不如早些觅个好人家,省得以后在观中惹出什么风情事来。从这个意义上来说,她促成这段姻缘也是出于维护道门清静的考虑。

如果说白姑姑是自愿做蜂媒蝶使,那么《鸳鸯被》中的刘道姑就是被迫当了一回媒人。忠勤廉正的李府尹无端遭人弹劾,想入京去申辩,苦于缺少盘缠。刘道姑出于好心,帮李府尹做保人,借了刘员外十两银子。李府尹去了一年多音讯全无,刘员外其实心思不在钱上面,他是看中了李府尹的女儿玉英,借口李府尹还不上钱,要她的女儿做他的浑家,并且要刘道姑去保媒。刘道姑当然不愿意,但刘员外威胁她说如果她不去保媒,那就告到官府去,出家人做保人是违法的。刘道姑心里害怕,只好"将着这羞脸儿揣在怀里",去李家圆亲。李玉英起先是不肯的,但是为了不连累刘道姑,况且刘员外也算是一表人才,就羞羞答答地答应了。刘道姑要他们晚上到庵中成就亲事,这就有点荒唐,把清净之地当作了云梦高唐了。后来阴错阳差,反倒成就了李玉英和秀才张瑞卿的姻缘。刘道姑身为道姑,却干预俗事,又是做保人,又是做媒人,虽不完全是出于自愿,但毕竟是犯了戒的,还提供自己的道观作为男女约会的场所,这就更玷污了道门清誉。

《女真观》中的潘法诚道姑十三岁出家,五十年来严守清规戒律,颇得众人敬重。按理说她应该不会去做媒人,但是她行为也不太检点,私留自己的侄儿潘必正在观中居住,还让陈妙常为潘必正弹琴,这无疑给两人制造了机会。等两人的私情败露,她又道貌岸然地批判他们,还把他们押送到官府治罪,可是正如张府尹所说:"潘法诚,他是你亲侄儿,你只合送他去别出居住,不合留在观中,一处相会,嘲风咏月。使怨女旷夫,眉来眼去。人非草木,触目动情，淫心一举，安能寂寞？这是你主家不正，你们都有罪。”[①]在这场风流韵事中潘道姑也是脱不了干系的。

这些媒婆型的道姑年事已高，自己断然不会再思凡了，但是却玉成了青年男女的婚事。这些做法虽有违道教的清规戒律，但却符合民众的愿望，所以她们并没有被完全丑化，也没有为此受到什么惩罚，反而得到了剧中男女主人公由衷的感谢，成为喜剧性的人物。可见随顺人情的道姑比不近人情的道姑更受人欢迎。

第二类是“无心理经忏，有意害相思”的思凡型的道姑形象。《竹坞听琴》中的道姑郑彩鸾从小定了婚约，但后来和夫家失去联系，朝廷又要求凡年满二十的女子必须出嫁，无奈之下选择了出家。老道姑郑姑姑说：“你既然要出家，须要坚心办道，休要半路里还了俗。”她满口答应，还说出家倒也安静快活。在第一折中她有几段唱词大谈出家人的快乐，说俗人都为金钱名利劳心劳力，出家人却可以高枕安睡，这分明都是志诚向道人的言语。但是抚琴一曲引来了借住梁州尹家的未婚夫秦修然[②]后，她就“色胆大如天”，把自己的誓言置之脑后，在道观里和秦修然共度良宵，并嘱咐秦修然夜里再来相会。此后一个多月，他们两人夜夜相会，难分难舍。秦修然为此耽误了举业，于是梁州尹叫一个嬷嬷去破坏他们。秦修然听信嬷嬷的话，误以为郑彩鸾是鬼魂，便不告而别，上京应举去了。郑彩鸾从此害了相思病，恹恹寡欢。后来秦修然中举归来，两人解除了误会，终成眷属。此戏是旦本，通过唱词把女主人公郑彩鸾的心思描摹地十分到位，特别是秦修然不告而别后，那首《滚绣球》唱出来她那爱恨交织的心情：“这秀才每忒浅情，忒薄幸，抵多少破钗分镜！他一去了恰便似断线风筝。我守着这一盏半明不

① 《全元戏曲》(八)，第579页。

② 按：《录鬼簿》著录此剧正名作《秦倫然竹坞听琴》，然今存各本“秦倫然”均作“秦修然”，今从之。

灭的灯，听了些长吁短叹声；我将一个枕头儿倚定，都则道打坐到天明。只为那山遥水远人何在？因此上枕剩衾余梦不成，阁不住两泪盈盈。”[①]见了秦修然，她也当面嗔怪秀才的薄情：“我为你呵，捱了些更长漏永，受了些衾寒枕冷；我巴到你黄昏盼到你明。思旧约，想归程，可着我久等。”[②]这些唱词都表达了她对爱情的渴求。她对道教禁锢人欲的清规戒律也表达出不满：“人说道出家的都待要断尘情，我道来都是些假、假。”[③]还表现出不悔的决心：“休道俺姑姑每不志成，便跳出那上八洞神仙把我劝不省”。[④] 可见郑彩鸾的确是一个叛逆的女性，勇于冲破宗教的束缚，追求自己的爱情。

如果说郑彩鸾和秦修然的结合还披着“幼有婚约”的合法外衣，是“发乎情、止乎礼”，叛逆精神还显得不够彻底，那么《女真观》里男女双方没有婚约的合法形式，只有两情依依，信誓旦旦，因此可以说剧中的女主人公陈妙常更是一位叛逆的女性。陈妙常十岁出家，那时她年少无知，是父母做主将她舍身到无情无欲的寂寞空门。十年以后她正青春年少，在张于湖艳词挑拨下，已春心萌动，但由于少女的矜持而错过了良缘，为此悔恨不已。当潘必正一出现，她的情爱之火又一次被点燃，而且随着两人的接触而越烧越旺，那首《西江月》就反映了她心中的情海波澜：“松舍清灯闪闪，云堂钟鼓沉沉。黄昏独自展孤衾，未睡先愁不稳。一念静中思动，遍身欲火难禁。强将津液咽凡心，争奈凡心转甚。”[⑤]这是一个青春觉醒后的女子的悲苦图。她虽是有了情爱的需求，但却处在不能有情有爱的道观之中，因此在情欲的焦灼中受着熬煎。当潘必正看到了她表达心中苦闷的词后，就和词一首。陈妙常初时也十分

① 《全元戏曲》(三)，第 248 页。
② 《全元戏曲》(三)，第 250 页。
③ 《全元戏曲》(三)，第 242 页。
④ 《全元戏曲》(三)，第 251 页。
⑤ 《全元戏曲》(八)，第 566 页。

羞怯，斥责潘必正，当潘必正说破了她的假意儿，她就决心不再错过机会，大胆直率地提出："既先生不弃陋拙，略备蔬酌，今夜成其伉俪。"陈妙常对情爱是由开始的朦胧觉醒到最后的大胆追求，她越到后来越认识到自己的做法是正确的。半年以后，她身怀六甲，被潘观主责难，她毫无所惧，理直气壮地为自己的行为辩护，指斥清规戒律不合人性人情，唱出"此际道心禁不得，故思凡"的心曲。

郑彩鸾和陈妙常虽是寄身道观，但都是道门的叛逆。她们缺乏应有的宗教感情，对于世俗的情爱却表现得十分热情。剧作家并没有因此而否定她们，而是把她们作为正面形象来刻画，所以她们的形象具有别样的光彩。

（二）败坏道门声誉的道士

元杂剧中塑造了一些品行不端的道士，他们大多是由净或者丑扮演，形象十分滑稽可笑，从他们不端的行为我们可以窥探出道教内部存在的危机和缺陷。

《圯桥进履》里有个乔仙，他的言行虽然很荒诞，但却透露出某些道教徒的虚伪和堕落。他一上场就说："等的天色将次晚，躲在人家灶火边。若是无人撞入去，偷了东西一道烟。盗了这家十匹布，拿了那家五斤绵。为甚贫道好做贼，皆因也有祖师传。施主若来请打醮，清心洁静更诚坚。未曾看经要吃肉，吃的饱了肚儿圆。平生要吃好狗肉，吃了狗肉念真言。"①道士成了窃贼，这虽然有点夸张，但的确有些道士借着打醮的名义在施主家骗吃骗喝，招摇撞骗，影响极坏。乔仙因为"破斋犯戒坏醮筵"，而被官府缉拿，他也不惊慌失措，而是"宁心打一坐，无语悲悲大笑喧"，"喜喜孜孜无欢悦，呷呷大笑无言语"，大家还以为他是个清闲有道的真仙，对他顶礼膜拜。这样荒诞的事情并不是完全无中生有，当时确实有些道士不守斋戒，大碗喝酒，大口吃肉，还说自己是"酒中得道"。这些

① 《全元戏曲》(三)，第70页。

虚伪的伎俩只能骗人一时，却不能欺人一世，终究还是会被揭穿，影响自然也是极其恶劣的。

有些道法不精的道士因为贪财好功而盲目逞能，结果不但没有替施主解决麻烦，反而差点丢了性命，真是令人哭笑不得。《圯桥进履》里乔仙道术不精，却冒充上八洞神仙，去救被大虎拦住去路的张良，反而被大虎吞噬。《锁白猿》里蹇道元也是一个道法不精的道士。沈璧家中有难，请他去除妖驱邪，他本来没这个本事，但却满口应承，其实就是去骗吃骗喝。他说："我做法官的，当书符咒水幔帐。到人家信口胡诌，衠一味谝言虚诳。入门来就要吃斋，丢了碗就要谢将。若是面筋豆腐正眼也不瞧，我则好吃狗肉血脏。"[①]他贪财好吃也就罢了，但是法术又不济，不但降不住妖怪，反而被妖怪降伏了。为了保命，他一味地向妖怪求饶："老子也，不干我事，都是沈员外着我遣你来。我死也！你要饶了我，到年下我送几道硃砂符与你烟霞洞里镇压，如今把我这口法剑，与你浑家切菜吃，饶了我罢。"[②]以除妖驱邪为己任的道士居然向妖怪俯首称臣，还把自己降妖除魔的法器送给妖怪，真是太可悲了。道无术不行，道法不精的道士到处招摇撞骗自然会使人对道法产生怀疑，进而演变成对道教本身的怀疑，这对道教的传播和发展是极其有害的。

道法本身并没有正邪之别，但是如果运用道法去为非作歹那就是妖术，元杂剧中有些道士虽然有些道术，但是却助纣为虐，成了邪魔歪道。《破天阵》里颜洞宾是韩延寿的军师，他"知天文，晓地理，能布阵，善排兵"，也算是一个能人。元杂剧中的军师一般都是由末或者外扮演，唯独他是由净扮演，就是因为他投靠的是番将韩延寿，所以自然被丑化了。他一上场先是炫耀自己"望尘知敌

---

① 《全元戏曲》(八)，第660页。

② 《全元戏曲》(八)，第664页。

术，嗅土识兵机”的本领，随即又打起诨来：“书符咒水实怕鬼，跨凤乘鸾跌破头；倒大来无荣辱无拘系，我是个怕当差役的狗骨头。”这就是丑化他了，因为实际上他并不像他说的那样无能。他会摆天阵，这阵“前排朱雀扶五方，后有玄武列天罡，又有八卦乾坤阵，二十八宿按阴阳。四斗九曜临军阵，更有黄河九曲长”，十分玄妙。但正所谓邪不胜正，最后他这个天阵还是被杨家将破了。

元杂剧中对那些以正常手段追求爱情幸福的道姑予以宽容和理解，而对那些为满足自己的情欲而杀人害命的道士则痛加讨伐。《勘头巾》里太清庵道士王知观和刘员外的浑家有些不伶俐的勾当，为了长久地做夫妻，他们合谋杀死了刘员外，并且嫁祸给王小二。幸亏张孔目明察秋毫，把他们缉拿归案。王知观死不悔改，死到临头还想着和刘员外浑家到阴司相会，再做一对美满夫妻。王知观既淫且恶，这样的道士虽然在元杂剧中只是个案，但足以暴露出道教的腐化和堕落。

总体而言，元杂剧中的道人形象大都是正面的，他们要么具有强烈的传道精神，要么运用高超的道术为人排忧解难，这表明元代民众对于道教的态度基本上还是正面的。但是随着道教越来越世俗化，道门也出现了一些不和谐的因素，影响了道教的声誉和民众对于道教的热情。

第二节 僧人形象

崇佛，可谓元廷“国策”之一。蒙元皇室所提倡的佛教主要是藏传佛教，元皇帝以喇嘛为“帝师”，对西番僧人恩宠备至，耗费巨大财力举办各种佛事活动。不过，藏传佛教并未因其“国教”之殊遇而成“一统天下”。元朝汉地佛教仍以融合了净土学说、净禅兼修的禅宗为主。元杂剧中的所反映的佛教生活几乎与藏传佛教无关，主要还是对汉地佛教——而且主要是禅、净二宗的艺术呈现。现存剧本中虽偶尔出现"活佛"之称谓，但未见在元代地位显赫的"帝师"的身影，也几乎不见普通西番僧人的身影，充斥在剧本中的僧人都是汉地佛教徒。这些僧人大多不是剧中的主角，但出现的频率却很高，可见佛教对于元杂剧的影响也是十分深远的。

一 慈眉善目的长老

寺院本是清静之地，但在元杂剧中却并不清静，很多故事都发生在寺院里。长老作为寺院的住持，出现的频率自然也很高。他们虽然不是主要角色，但是往往和剧中的主人公都有交集，是剧情发展一个重要的环节。他们的个性虽不十分鲜明，但大都体现出佛教慈悲为怀的精神。

现存剧本中出现的有名号并参与剧情发展的长老有十五位（表 2—1）：

表 2—1

人物	角色	出处	上场诗
白马寺长老	不详	《裴度还带》	老去禅僧不下阶，两条眉似雪分开。有人问我年多少，涧下枯松是我栽。
	不详	《破窑记》	明心不把优花捻，见性何须贝叶传。日出冰消原是水，回光月落不离天。
荐福寺长老	外	《荐福碑》	涧水煎茶烧竹枝，袈裟零落任风吹。看经只在明窗下，花落花开总不知。
普救寺长老	净	《西厢记》	无
显孝寺长老	不详	《度柳翠》	积水养鱼终不钓，深山放鹿愿长生。扫地恐伤蝼蚁命，为惜飞蛾纸罩灯。
石佛寺长老	不详	《张生煮海》	释门大道要参修，开阐宗源老比丘。门外不知东海近，只言仙境本清幽。
岳林寺长老	外	《忍字记》	出言解长神天福，见性能传佛祖灯。自从一挂袈裟后，万结人缘不断僧。

相国寺长老	外	《合汗衫》	近寺人家不重僧，外来和尚好念经。莫道出家便受戒，那个猫儿不吃腥。
青龙寺长老	外	《竹叶舟》	明心不把幽花捻，见性何须贝叶传。日出冰消原是水，回光月落不离天。
兴国寺长老	外	《昊天塔》	积水养鱼终不钓，深山放鹿愿长生。扫地恐伤蝼蚁命，为惜飞蛾纸罩灯。
玉泉长老	不详	《大破蚩尤》	明心不把幽花捻，见性何须贝叶传。日出冰消原是水，回光月落不离天。
秀云长老	外	《破风诗》	明心不把优花捻，见性何须贝叶传。日出冰消原是水，回光月落不离天。
庆云长老	外	《破风诗》	涧水煎茶烧竹叶，袈裟零落任风吹。看经则在明窗下，花落花开总不知。
洪吉寺长老	外	《打韩通》	百衲衣穿不厌贫，闲将柏子当香焚。窗前静坐无他事，一盏清茶一卷经。
皈依寺长老	不详	《救忠臣》	参礼金容一炷香，诵经功业两三行。禅林老衲惭无补，特把丹心奉上苍。

从上表可知，元杂剧中的长老大都是由外扮演的。在杂剧中，外扮演正末以外较次要的角色，主要扮演的是老成持重的有德之士或者有一定地位的官员和员外，可见这些长老大都是品行高尚的人。事实也确实如此，他们在元杂剧中积极援救处于贫病困苦中的芸芸众生，体现出的是佛教慈悲为怀的教义。慈悲是梵语Maitri－Karunā的意译。“慈”是慈爱众生，给予快乐，“悲”是悲悯众生，拔除痛苦，二者合称为慈悲。简言之，慈悲就是“与乐拔苦”。佛教认为，慈从悲来，悲必为慈。“悲”原意为痛苦，由痛苦而生悲情。一个人深刻感受到自身的痛苦，也就能对他人的痛苦感同身受，产生悲情，自然地衍生出对他人的友情，并扩展为对一切众生的普遍的平等的慈爱。慈与悲相辅相成，缺一不可。只有慈悲相连，才能产生“与乐拔苦”的践行和作用。慈悲是佛法中最重大的原则，是佛教的根本所在。中国佛教极度推崇慈悲精神，唐代释道世在《法苑珠林》中就说：“菩萨兴行，救济为先；诸佛出世，大

悲为本。”[①]中国佛教徒无不以诸佛、菩萨为理想人格的化身和学习修持的榜样，以救度一切众生为最高愿望。长老作为佛教徒中觉悟较高的僧人则更是身体力行。

中国佛教对慈悲理念的践行主要侧重于布施和不杀生两个方面。佛教崇尚布施，认为布施具有无上功德。佛经把布施主要分为对佛、僧、贫穷人施予衣食等物资的“财施”；向人宣说正法，令得功德利益的“法施”；使人离开种种恐怖的“无畏施”三种。此外，在阐述佛教布施理论的《毗耶娑问经》中，还特别提倡“时施”，即给予贫病急难者以雪中送炭式的及时帮助。

布施是佛教道德修养与解脱修持中最重要的善行，元杂剧中的长老们都十分重视布施，主要表现为救济贫寒的儒士。《裴度还带》里白马寺长老见裴度文武双全，奈时运未至，三餐都无着落，于是为他提供斋饭，“一日三餐，未曾有缺”。对此，裴度感激不尽，说：“小生多蒙吾师厚德管待，此恩终身不忘，小生异日必当重报。”他却说：“中立不见外，但忘怀而已！无物为款，聊近薄心也。”裴度因为时运不济而唉声叹气，他则鼓励裴度说：“你则是未遇间，久以后必当登云路。”裴度听道人赵野鹤说他“你明日不过午，你一命掩泉土”而愤愤不平，他则劝慰裴度说：“裴中立，虽然相法中如此断，也看人心上所积，可不道：人有可延之寿。”他还调解了裴度和他姨父王员外的关系，使得他们一家团圆，其乐融融。《荐福碑》里荐福寺长老收留了流落到此地无家可归的秀才张镐，每日斋饭管待，绝无怠慢。张镐用一首《醉春风》表达了自己的感激之情：“行杀我也客路远如天，闪杀我也侯门深似海。趁着这木鱼声，每日上堂斋；更做甚么客、客？谢长老慈悲，为小生贫困，将我做上宾看待。”[②]

① (唐)释道世撰，周叔迦，苏晋仁校注：《法苑珠林校注》(四)，北京：中华书局2003年版，第1922页。

② 《全元戏曲》(二)，第96—97页。

他得知张镐苦于没有盘缠去京师进取功名,便说:“既然如此,你若进取功名呵,我无物相赠,我这碑亭中有一通碑文,乃是颜真卿书法,我将一千张纸,几锭墨,教小和尚打做法帖,卖一贯钱一张,往京师去一路上做盘缠,意下如何?”[①]虽然所赠之资有限,却是尽其所能,倾力相助,不能不令人感动。《破窑记》里白马寺长老见秀才吕蒙正每日到寺院赶斋便说:“吕蒙正,你来,我和你说。俺常住家计较来,满堂僧不厌,一个俗人多。你一日吃我一分斋饭,一年吃着多少。往日先撞钟后吃斋,因为多了斋粮;先吃了斋后撞钟,唤做斋后钟。你为孔子门徒,你有满腹文章,你若应过举呵,得一官半职,不强似在寺中赶斋。既为男子汉,不识面皮羞。回去。”[②]其实,长老并非是吝惜自己的斋粮,而是担心吕蒙正依靠斋饭度日而丧失了志气。正所谓“救急不救穷”,此举是为了激发吕蒙正的志气,让他奋发图强,可谓用心良苦。《竹叶舟》里青龙寺长老得知同窗故友陈季卿功名未遂,流落此地,举目无亲,衣食堪忧,于是多次写信邀请他到寺中相聚,实则是想济助他。陈季卿心高气傲,一直没有回信,直到饥寒交迫,才登门拜访。青龙寺长老并不在意他屡不回信的怠慢,还是热情相迎,悉心招待,并且留他在寺院居住,资其衣食,足见长老的大度和慈悲。《破风诗》里秀云长老收留诗人贾岛,每日斋饭款待,十分周到。贾岛惹祸上身,他又写信给庆云长老,让贾岛去那里避难。此外,还有些长老把慈悲之心推及到芸芸众生身上,如《大破蚩尤》里玉泉长老本着慈悲之心,力劝关云长去破为害作乱的蚩尤神,拯救天下生灵之难。《打韩通》里洪吉寺长老布施良药救了李节度夫人的性命,有活人性命之功。《救忠臣》里皈依寺长老记下了潘太师的罪状,使忠臣沉冤得雪。总而言之,这些长老都十分重视布施,他们向民众提供衣食住所,这是“财

① 《全元戏曲》(二),第96—97页。

② 《全元戏曲》(二),第358页。

施”;他们向民众开坛说法,接受民众前来问禅,这是“法施”;他们把民众从痛苦绝望中解脱出来,这是“无畏施”;他们向遭难的民众和病危的民众提供及时的帮助,这是“时施”。这些布施行为从某种程度上来说也就是传播了佛教的慈悲理念。

慈悲的另一个方面的践行是不杀生。不杀生是佛教“五戒”的首戒,指不杀人,也指不杀鸟兽虫蚁,还指不乱折草木等,表现了对一切生命的尊重,也体现了戒律所包含的慈悲的本质特性。元杂剧中的长老都是宅心仁厚,不忍杀戮的,这一点通过他们的上场诗就可以体现出来。《度柳翠》里显孝寺长老和《昊天塔》里兴国寺长老的上场诗是:“积水养鱼终不钓,深山放鹿愿长生。扫地恐伤蝼蚁命,为惜飞蛾纸罩灯。”养鱼不钓,放鹿长生,连蚂蚁和飞蛾这些昆虫都不忍伤其性命,足见长老们心之仁厚。这也传达了佛教的慈悲理念。

《西厢记》里普救寺长老是由净角扮演,净角在元杂剧中一般扮演反派奸邪的人物,亦有演边配的滑稽角色,或帮衬的过场角色,可见这个长老跟其他长老应该有些不同。从外貌上来说,净角一般以妆扮搽脸来表达其非正派的特色,即滑稽、奸邪、貌丑的人物性格,但这个长老脸上却没有搽粉,且看张生的唱词:

> 【迎仙客】我则见他头似雪,鬓如霜,面如童,少年得内养;貌堂堂,声朗朗,头上直少个圆光。恰便似捏塑来的僧伽像。①

可见在外貌上他与其他长老是一样的,都是一副慈眉善目的样子,脸上并没有涂脂抹粉。不同之处在于他的性格没有那么严肃,品性没有那么完善。当他接待张君瑞时,听到张君瑞是已故尚

① 《全元戏曲》(二),第223页。

书之子，根据常理，总要谈谈他对这位尚书大人的敬仰，歌颂一番，这是基本的礼貌。但他却单刀直入，询问对方："老相公弃世，必有所遗?"竟去打听对方究竟有多少遗产了，这未免太庸俗了。张生借住寺院，给他白银一两，他嘴上说："老僧决不敢受。"但顺手还是收下了。这也绝非个案，《张生煮海》中石佛寺长老也是顺手收下了秀才张羽送上的二两银子。张生打趣说他和红娘有私情，他说："俺出家人哪有此事?"但是做法事的时候，却"贪看莺莺"。普救寺遭难，他慌作一团，毫无主意。张生有一计，要先用长老，他却说："老僧不会厮杀，请秀才别换一个。"一副胆小怕事、唯唯诺诺的样子。长亭送别，他两面讨好，说什么"夫人主见不差，张生不是落后的人"。他还涎着脸皮向张生讨喜酒吃："贫僧准备买登科录者，做亲的茶饭少不得贫道。"至于说："从今经忏无心礼，专听春雷第一声。"为了听张生高中状元的好消息，他竟然把经忏都视为无足重轻，未免对张生和崔莺莺的事情表现得过于热心了，显然有失长老的身份。总而言之，虽说他的言行没有什么特别出格的地方，但是比起其他长老来说，形象不是那么完美。他见到莺莺这样的美女没有完全做到岿然不动；他遇上孙飞虎这样的强贼没有显示出佛教徒的智慧和殉道者的气质；他做事也不怎么严谨，客观上为张生接近崔莺莺创造了机会。但是正因为他存在这些缺陷，反而使这一人物形象显得更加真实可信，别有趣味。这也说明元代佛教也世俗化了，就连德高望重的长老也不能完全免俗。

上场诗也是塑造人物形象的一种手段，除了《西厢记》里的长老没有上场诗以外，其他每一位长老都有上场诗，从这些上场诗我们可以得到这样一些信息。首先，这些上场诗有重复的现象，其中"明心"这首出现了四次，"涧水"和"积水"都出现了两次，虽然个别字存在差异，但是大体上都是一样的，这说明上场诗有套用的迹象。如此套用恐怕未必是剧作家为了省力，而是元杂剧人物现象本身就有类型化倾向。其次，这些上场诗大都富有禅意，传达的是禅宗和净土宗的理念。这印证了元朝汉地佛教仍以融合了净土学说、净禅兼修的禅宗为主。再次,《合汗衫》里相国寺长老的上场诗与别个不同,几乎没有什么禅意,很口语化,有点像打油诗,传达的民间的观念。第一、二句"近寺人家不重僧,外来和尚好念经",这虽是俗语,但却暗合了元代佛教的状况。元代崇佛,主要是崇尚藏传佛教。蒙元皇室对于藏传佛教恩宠非凡,凡与番僧之事相关者,无不大开绿灯,毫无节制。自忽必烈始,历朝经常举行各种耗资巨大的佛事活动,动用国库修建各式各样的佛寺,对番僧赏赐钱帛土地、金银财宝样样不少,而且数量有增无减,刊印佛经所费金银无度等,使国库渐空,民用不足。《新元史》载郑介夫有"今国家财赋半入西番"之惊呼,不无道理。对于汉地佛教虽然也十分优待,但比起外来的藏传佛教就差多了。如此恩宠藏传佛教也带来了一系列的社会问题,少数番僧目无法纪,影响社会治安、破坏国家法度之事时有发生,比如上层高僧常常以佛事为由请求释放重囚;有些番僧用公器谋私利,往往以赴京为辞,超负荷地役使驿站人畜任意来往,运输的都是将要贩卖营利的私货;还有些番僧借传教之名任意奸淫妇女,第三、四句"莫道出家便受戒,那个猫儿不吃腥"就说明了这个问题,这些任意妄为的番僧们严重败坏了佛教的声誉。

二　插科打诨的行者

在元杂剧中有这样一个现象,长老出场的时候身边一般总跟着一个行者或行童,他们一老一少,一庄一谐,相映成趣。行童和行者同义。行者,根据《辞源》的解释,本是佛教语,即"头陀",指行脚乞食的苦行僧人,又指方丈的侍者及在寺院服杂役尚未剃发的出家者。元杂剧中的行者一般是指方丈身边的侍者,在寺院干通报、端茶、摆斋、洒扫等杂役的小和尚,至于是否是戴发修行,那倒

不一定。[①] 现存剧本中出现的有台词的行者(行童)有十四位(包括三个由净或者丑扮演的小和尚),见下表(2—1):

表 2—1

人物	角色	出处	犯戒
白马寺行者	净	《裴度还带》	色、荤
	不详	《破窑记》	无
行者(路人)	不详	《荐福碑》	无
显孝寺行者	净	《度柳翠》	色、荤
石佛寺行者	不详	《张生煮海》	无
东林寺行者	丑	《东坡梦》	色、荤
青龙寺行童	丑	《竹叶舟》	色、荤
相国寺和尚	净	《留鞋记》	色、荤
昊天寺和尚	丑	《昊天塔》	荤
云岩寺和尚	净	《黄花峪》	荤
玉泉寺行者	净	《大破蚩尤》	荤
妙香寺行者	净	《破风诗》	无
云盖寺行者	净	《破风诗》	色、荤
洪吉寺行者	不详	《打韩通》	无

从上表可知,行者一般由净或者丑扮演。元杂剧本无丑行,之所以个别版本会出现丑,是后人参照传奇角色改的,一般是把净改成丑,所以在元杂剧中净和丑其实是一回事。杂剧中净角的性格有庄与谐两面,在元代是谐重于庄,在明代是庄重于谐,庄的成分

① 按:在《破风诗》中,行者小志和尚明确说:"我是个带发的和尚。"其他行者都没有明确说明是否剃度。

加重以后，一些逗趣诙谐的成分都让给丑了。这些行者都是滑稽的角色，通过他们传神的科诨表演，反映出佛门一些不正之风。

佛门有很森严的清规戒律，其中有一条便是不能饮酒吃肉。不饮酒是佛教五戒之一，不吃肉是南朝梁武帝萧衍从“不杀生”的观点演化而来的。但是元杂剧中的小和尚们往往都不能恪守这条戒律，言谈之中多流露出对酒肉的向往。《裴度还带》中白马寺行者一上场就说：“阿弥陀佛！阿弥陀佛！难无烂蒜吃羊头，娑婆娑婆，抹奶抹奶。”[①]念经都不忘了吃荤。《度柳翠》中显孝寺行者见吃酒吃肉的月明和尚反倒成了佛，于是也不吃斋了，决定学月明和尚去吃酒吃肉去。《东坡梦》中东林寺行者更是一副馋相，听说苏东坡要吃酒肉，连忙说：“学士，你就是我的亲爷！我这等和尚有什么佛做，熬得口里清水拉拉的淌将出来。望学士可怜见，多与些小和尚吃！”[②]得师父令下山去备酒菜，他倒先向卖酒菜的讨一碗血肠汤来喝。《竹叶舟》中青龙寺行童公然说去方丈房里喝烧酒吃狗肉。《昊天塔》中那个肩负看骨任务的小和尚上场更是说：“我做和尚无尘垢，一生不曾念经咒，听的看经便头疼，常在山下吃狗肉。”[③]《黄花峪》中云岩寺小和尚是家养的僧人，在人屋檐下不得不低头，有时要伺候主人吃喝，自己也免不了偷吃些酒肉，“煮肥羊肉，我也要啃他些骨头哩”。《破风诗》中庆云寺行者也想着“捣蒜煎茶蘸狗肉”，饱餐一顿。

“男儿钟情，女子怀春”，本无可厚非，但身为佛门中人，好色思春是不被允许的。但情欲冲动是人性的本能，元杂剧中道行深厚的长老们都尚且难保不动凡心，道行疏浅的行者们就更难以抑制春心的荡漾了。《度柳翠》中显孝寺行者要学月明和尚去度一个风

---

① 《全元杂剧》(一)，第263页。
② 《全元杂剧》(三)，第354页。
③ 《全元杂剧》(五)，第193页。

流俊俏的妹子。《张生煮海》中石佛寺行者的下场诗云:“行童终日打勤劳,扫地才完又要把水挑。就里贪玩只爱耍,寻个风流人共说风骚。”①他后来和张羽的家童可能还真有些不伶俐的勾当。《东坡梦》中东林寺行者和白牡丹共行云雨,是真正破了色戒。《留鞋记》中小和尚露骨地承认:“我做和尚年幼,生来不断酒肉,施主请我看经,单把女娘一溜!”②可见看经是假,好色是真,还有谁家敢请这样的僧人到家里来看经。《破风诗》中庆云寺行者上场诗云:“我做释门真和尚,女儿小厮摆两炕。半夜三更吊下来,着我一五一十都数上。”③这个行者居然连孩子都有了,实在可鄙。

对师父不敬也是行者的惯常行为。《裴度还带》中白马寺行者调侃他的师父,当王员外问起他师父在哪里,他说:“去姑子庵子里做满月去了。”《东坡梦》中佛印和尚叫行者下山去买点酒肉回来,行者一下火了:“那里去买,你好行止!向年间为师父娘做满月,赊了一副猪脏没钱还他,把我蝙衫都当没了,至今穿着皂直裰哩!”④当佛印和苏东坡在喝酒时,行者竟然兀自“唱舞科”起来,东坡见状大为不解,行者解释说:“这是我师父和师父娘在禅床上吃酒吃肉,小行者带歌带舞,日常规矩。”⑤《竹叶舟》中青龙寺行童逗他师父耍,师父训责他,他竟骂道:“你这老秃厮,你还要悟佛法哩,则会在看经处偷眼儿瞧人家老婆。”⑥《破风诗》中庆云寺长老出门去了,行者竟然跟来访者说:“俺师父是个出家儿的和尚,他不回来,没的往姑姑庵里做满月去了不成也。”⑦不管行者和道童所言属不属

---

① 《全元杂剧》(三),第263页。
② 《全元杂剧》(四),第695页。
③ 《全元杂剧》(八),第191页。
④ 《全元杂剧》(三),第355页。
⑤ 《全元杂剧》(三),第357页。
⑥ 《全元杂剧》(四),第643页。
⑦ 《全元杂剧》(八),第194页。

实，他们狡黠、粗鄙的形象已经跃然纸上。某些行者对于道士和儒士也进行了嘲笑。《裴度还带》中白马寺行者骂道士赵野鹤为赵野猫；《竹叶舟》中青龙寺行童骂吕洞宾“牛鼻子”；《张生煮海》中石佛寺行者嘲笑秀才张生“秀才，与你这一间幽静的房儿。随你自去打觔斗，学踢弄，舞地鬼，乔扮神，撒科打诨，乱作胡为，耍一会，笑一会，便是你那游玩快乐”；[①]《竹叶舟》中青龙寺行童嘲笑秀才陈季卿“我看起来，你穿着这破不剌的旧衣，擎着这黄甘甘的瘦脸，必是来投托俺家师父的却怎么这等傲气？”，还说自古以来“佛门和俺两家是做对头的”。佛教要求门徒破除“法执”，不要执着于法见而导致门派之争。门派之争只会使人变得狭隘，陷入更深的执著和烦恼。看来这些行者还是修行不够，还不能完全破除门户偏见。

这些行者、行童、小和尚们在杂剧中主要是插科打诨的，他们的形象不是蠢笨愚昧就是粗俗可鄙，几乎没有一个正面的形象。科诨对于舞台演出来说是很重要的，李渔谓之为“看戏之人参汤”，可以给观众驱散瞌睡，带来欢笑，但是对于佛教来说却是反面的宣传。艺术来源于生活，元代统治者非常崇敬佛教，对佛教人士颇为礼遇，不但规定佛教寺院不得随意骚扰，而且免除佛教人士的差发赋税。在统治者的扶持、保护之下，佛教人士享有较高的社会地位。但为了躲避差税，一些“不谙经教、不识斋戒、不曾谙练寺务”[②]的不良分子也趁机混入其中，败坏了佛门清誉。再则，佛门的某些清规戒律确实有违人情世故，对于那些被迫出家或者年纪尚小的门徒来说是很难恪守这些清规戒律的，即使行为不越矩，也难免会动凡心。剧作家运用插科打诨这一喜剧表现手法对他们进行了辛辣的讽刺和无情的揭露，使观众在欢笑声中认清了他们的

① 《全元杂剧》(三)，第263页。

② 《大元圣政国朝典章》，北京：中国广播电视出版社1998年版，第1224－1225页。

本质。

三 行侠仗义的武僧

我国历史上的佛门寺院中曾出现了众多武功过人的武僧，特别是在隋唐时期的寺院僧人中习武活动更加突出，少林寺和五台山都是以武显扬。

少林武术发端于北魏著名武僧稠禅师。稠禅师就是僧稠，俗姓孙，本为昌黎人，后居钜鹿，生于北魏太和四年，据说曾经是一个学习世俗儒家经典的士人。按照《续高僧传》卷十六的说法，他是二十八岁时才在钜鹿景明寺僧寔法师门下出家，此后又从道房禅师受行止观，五年后，又跟随赵州道明禅师学十六特胜法。后慕少林寺住持跋陀"学务静摄，博通经法"，便跋山涉水前来叩拜。由于僧稠目的明确，聪明有志，跋陀对僧稠十分宠爱，曾称他为"禅学之最"，并留居少林寺向他传授更深的禅法。北魏孝明帝、北齐文宣帝都对僧稠恩宠有加，使僧稠的禅法在北朝产生了很大的影响。僧稠既是一位名望极高的佛门禅师，又是一位武艺强手的僧人。据《太平广记》记载，僧稠初到少林寺，寺中僧众"每休暇。常角力腾趠为戏"[①]。僧稠因为体弱常受其他僧人欺负，所以发奋锻炼，最终成为武艺出众的佼佼者。这从一个侧面反映出少林寺有习武的传统。稠禅师之后直到隋唐以前，少林寺人的习武活动在历史文献中几乎找不到任何记载，这恐怕与"周武灭佛"有关。公元577年北周灭北齐，北周武帝宇文邕召集邺都僧侣，令之还俗为民，遣返僧徒五百人。由于周武灭佛的打击，少林寺在这一时期不可能有任何尚武活动的出现。公元578年北周灭，隋朝建立，北周境内的佛教活动开始又重新复活起来。隋开国皇帝文帝杨坚大力扶植佛教，他认为佛教既要"度人为善"，又要"禁人为恶"，而"禁人

① (唐)李昉:《太平广记》(二)，北京:中华书局1961年版，第601页。

为恶”往往需要借助武力来实现。统治阶级这种对佛门寺僧的政治态度和思想影响，无疑为僧人习武创造了一个有利的环境。在统治阶级的准许下，很多隋唐寺院中一度出现了尚武之风，少林寺也就是在这个时候进入迅速发展时期。唐代流传着少林十三僧助唐擒获王仁则的故事，这表明少林和尚要有相当的武功实力才行，可见少林又恢复了习武的传统。

五台山在唐代也享有尚武的盛名。《资治通鉴》载会昌五年唐武宗灭佛有云：“五台僧多亡奔幽州。李德裕召进奏官谓曰：‘汝趣白本使，五台僧为将必不如幽州将，为卒必不如幽州卒，何为虚取容纳之名，染于人口！独不见近日刘从谏招聚无算闲人，竟有何益！’张仲武乃封二刀付居庸关曰：‘有游僧入境则斩之。’”[①]这则记载可知，幽州节度使张仲武本有收留五台僧的打算，主要是看中五台僧善武，可以为兵将这一点。丞相李德裕指出五台僧不如幽州将卒，试图说服张仲武不要收留五台僧。张仲武最后拒绝五台僧人境恐怕未必是因为五台僧真的不如幽州将卒，而是不想得罪朝廷，惹祸上身罢了。这恰恰证明了五台山确有尚武的传统和名声。宋金时期，五台山更是出现了一批抗击外族侵略的义僧。据《三朝北盟会编》卷四十八靖康元年六月载，宋统制武汉英欲借五台山武僧窃代州金营，可惜未能成功。同书卷五十一靖康元年八月又载，太原城将官杨可发突围而出，欲招募义士以解太原之围，响应者就有五台山僧人。这说明五台山僧人曾积极参与太原保卫战，并且拥有相当规模的武装，足以牵制金兵对太原的围攻。

既然史上有如此众多的武僧，那么他们的事迹也会被文学作品纳入其中。唐宋笔记小说中就记载了众多武艺高强的僧人的事迹。例如唐段成式《酉阳杂俎》中就记载了“僧那照”的故事，说他善射兽类，可以凭光影判断猎物的属性；又有“僧灵鉴”的故事，说

---

① （宋）司马光：《资治通鉴》，北京：中华书局2007年版，第3079页。

他善射弹丸，弹无虚发；还有"韦生与僧侠"的故事，故事中的人物能够飞檐走壁，中弹毫发无伤。元杂剧中也塑造了一些尚武的僧人形象，他们勇猛刚强，疾恶如仇，很有英雄气概。

《西厢记》中的惠明和尚可以说是元杂剧中塑造的最为成功的武僧形象。惠明和尚在《西厢记》中虽然戏份不多，却是一个起了决定性作用的人物。如果没有他冒险突出孙飞虎设下的重围，张生求救的书信无法送到杜将军手中，那么杜将军就不可能来解围，事态必将进一步恶化。他被塑造得性格鲜明，气魄豪壮。首先，他胆识过人，武艺不凡。流寇孙飞虎率五千贼兵围困普救寺，要强娶崔莺莺。张生修书一封请故友杜将军来解围，但却苦于无人送信。长老推荐惠明和尚，因为只有他会"吃酒厮打"。张生问他敢去不敢去，他说："你那里问小僧敢去也那不敢，我这里答大师用咱不用咱。"可见他无惧孙飞虎五千贼兵。张生问如果孙飞虎拦住他的去路又怎么办，他唱到：

【二】远的破开步将铁棒飐，近的顺手把戒刀钐；有小的提起来将脚尖蹍，有大的扳下来把髑髅勘。

【一】瞅一瞅古都都翻了海波，滉一滉厮琅琅震动山岩；脚踏得赤力力地轴摇，手扳得忽剌剌天关撼。①

这两段唱词虽然有炫耀武艺之嫌，但也可知他的确身手不凡。其次，他疾恶如仇，侠肝义胆。他之所以要去送信，并不是为了邀功，而是对孙飞虎的任意妄为十分不齿。他说孙飞虎"能淫欲，会贪婪"，"掳掠黎民德行短"，"弥天罪有千百般"，人人得尔诛之。他送信给杜将军后，嘱咐他快点行动，说"若是将军不管，纵贼寇骋无端"，受苦的将是黎民百姓。再次，他豪爽耿直，我行我素。他受不

① 《全元戏曲》(二)，第 244 页。

惠明和尚

元杂剧宗教人物绣像　丁莉绘

得清规戒律的拘束,“不理法华经,不礼梁皇忏,丢了僧伽帽,袒下偏红衫”;他听不得别人的命令,长老只能用激将法才能让他去送信。张生问他:“你是出家人,却怎不看经礼忏,只厮打为何?”他坦然回答:

【滚绣球】我经文也不会谈,逃禅也懒去参;戒刀头近新来钢蘸,铁棒上无半星儿土渍尘缄。别的都僧不僧、俗不俗,女不女、男不男,只会斋得饱也则去那僧房中胡渰,那里管焚烧了兜率也似伽蓝。则为那善文能武人千里,凭着这济困扶危书一缄,有勇无惭。①

他并不以不会“看经礼忏”为耻,反觉得凭着自己一身本领和勇气,扶危济困,便可以无愧于心,而那些穿着僧服,念着经忏的僧人未必就是真僧。这种出人意表的观点表明他就是一个真性情的人,率性而为,虽没有什么心计却拥有大智慧。

《昊天塔孟良盗骨》塑造了杨和尚这一武僧形象。杨和尚是杨业第五个儿子,亦称杨五郎。杨业是历史实有之人,但杨五郎却是盲词小说戏曲虚构的人物,杨五郎出家五台山的事迹自然也是盲词小说戏曲的虚构而已。杨五郎出家的事迹在南宋就已广为流传,南宋罗烨《醉翁谈录》卷一列有话本《五郎为僧》,可惜今已不传。《昊天塔》主要是围绕宋辽双方对“杨业骨殖”的争夺来展开故事情节的,塑造了孟良、杨景(即六郎)、杨五郎、杨业、杨七郎等英雄形象。杨五郎在第四折登场,虽然出场较晚,但是却塑造得很有性格。首先我们通过长老的介绍了解到杨和尚是一个武艺高强、脾气火暴的莽和尚,长老说:“我这寺里有五百众上堂僧,内有一个和尚姓杨。此人十八般武艺,无有不拈,无有不会,每日在后山打

① 《全元戏曲》(二),第243-244页。

大虫耍子。”[①]杨景带着父亲骨殖来五台山投宿，长老特别嘱咐他要小心寺里的杨和尚，可见杨和尚不是好惹的。杨和尚一上场就喝得醉醺醺的，本想好好大睡一场，却被杨景的哭声搅了好梦，于是前去探询究竟。杨景出于谨慎不肯说明实情，他就威胁说如不肯说实话就有性命之忧。杨景看他杀戮之心很重，就猜他不是幼时出家的，他也不隐瞒，爽爽快快地承认："我也曾杀的番军怕，几曾有个信士请，直到中年才落发为僧。”[②]杨景见他为人爽快，也就不再隐瞒自己的身份了。通过互报家门，两个失散多年的兄弟终于相认。这时仇人韩延寿正好率五千追兵来到寺外，杨和尚让杨景不要慌，自己出去和韩延寿周旋。他见韩延寿兵多将广，于是先用计策把韩延寿一个人骗进寺里，来个请君入瓮。等韩延寿进了寺门，杨和尚便展现了自己高超的武艺，“先摔你个满天星”，“劈碎你这天灵盖”，徒手打死了韩延寿，为父亲报了仇。从他和韩延寿的交锋中，我们可以看出他是一个智勇双全的武僧，并不一味的莽撞。他复仇的手段是很血腥的，毫不留情，对此他做出了自己的解释："非是咱不修行，见仇人分外明；若不打死你泼残生，这冤恨几时平？”[③]他之所以“怒轰轰恶向胆边生”，只是为了“偿还那令公爹爹的命”。虽说他复仇是出于正义，但还是有悖出家人慈悲为怀、忍让宽恕的精神。

元杂剧还塑造了鲁智深和武松两个武艺高强的僧人形象。鲁智深的名字和故事出现得很早。在早期梁山人物中，即太行三十六人的名谱中就有他的大名，在南宋罗烨《醉翁谈录》卷一列有名为《花和尚》的话本。但在诸如《大宋宣和遗事》、龚圣与《宋江三十六人赞》里所反映的早期梁山人物群体中，鲁智深并不十分显眼。

---

① 《全元戏曲》(五)，第196页。

② 《全元戏曲》(五)，第198页。

③ 《全元戏曲》(五)，第201页。

《大宋宣和遗事》只有一句话："那时有僧人鲁智深反叛，亦来投奔宋江。这三人来后，恰好是三十六数足。"[①]似乎他的出现只是为了凑足宋江三十六人之数而已。龚圣与作《宋江三十六赞》，其鲁智深赞曰："有飞飞儿，出家尤好。欲尔同袍，佛也被恼。"[②]这四句也很平淡，但已反映出他是一个爱闹事、不守佛规的人物。

现存元杂剧里的水浒戏，有鲁智深出场的只有三本，分别是《梁山泊李逵负荆》、《鲁智深喜赏黄花峪》和《梁山五虎大劫牢》。《李逵负荆》和《大劫牢》中的鲁智深都是陪衬角色，形象并不十分鲜明。《李逵负荆》中的鲁智深由净扮演，台词很少。第三折通过李逵的唱词我们可以了解鲁智深的基本情况：

【幺篇】谁不知你是镇西关鲁智深，离五台山才落草，便在黑影中摸索也应着，只被你爆雷似一声先唬倒。那呆老子怕不知名号。（带云）适才间他也待认来，（唱）只见他摇头侧脑费量度。[③]

通过这段唱词，我们可知鲁智深的名号在当时是相当响亮的，且面相不俗，威震四方。李逵要鲁智深不要吓着王老汉，使王老汉不敢指认他，这也从侧面印证了鲁智深的威慑力。第四折他同李逵一起下山去捉拿冒充梁山好汉强抢民女的贼汉，虽没有正面描写他武艺如何高强，但是通过李逵的唱词渲染了他们暴打贼汉的场面：

【殿前欢】我打你这吃敲材，直著你皮残骨断肉都开。

① 朱一玄、刘毓忱编：《水浒传资料汇编》，南开大学出版社 2002 年版，第 43 页。

② 《水浒传资料汇编》，第 21 页。

③ 《全元戏曲》(三)，第 201 页。

武僧鲁智深

元杂剧宗教人物绣像　彭照军绘

那怕你会飞腾，就透出青霄外，早则是手到拿来。你、你、你好一个鲁智深不吃斋，好一个呼保义能贪色，如今去亲身对证休嗔怪。须不是我倚强凌弱，还是你自揽祸招灾。[①]

通过这段唱词，我们可知鲁智深当身手不凡，捉拿那两个贼汉可谓手到擒来，并不费什么功夫。而且，他们并不是倚强凌弱，而是见义勇为，这体现出鲁智深具有仗义除奸的品质。

《大劫牢》中鲁智深在第三折上场，上场诗云："敢战官军胆气粗，经文佛法半星无。袈裟影里真男子，削发丛中大丈夫。"[②]从中略知他胆识过人，随心所欲。他后来与武松下山去，扮作化缘的和尚去引诱韩伯龙上梁山，化的是酒肉荤斋，还说："酒肉穿肠过，佛祖心中留。"可见他既念不得经文，又守不得斋戒，不是一个恪守清规戒律的和尚。

《黄花峪》中的鲁智深由正末扮演，在第四折出场。虽出场较晚，但毕竟有了唱词，所以形象刻画得也比较生动。他一登场便有一段唱词：

【黄钟·醉花阴】酒不醒贫僧怕见走，云岩寺权为宿头。且时住，暂停留，混践您些儿，改日为友。常言道"措大谒儒流"，自古道"客僧投寺宿"。[③]

从这段唱词可知他爱吃酒，爱交朋友，性格豪爽。另一方面，他性格比较急躁，一见到恶少蔡衙内脾气就上来了，劈头就骂："这

① 《全元戏曲》(三)，第 206 页。
② 《全元戏曲》(八)，第 456 页。
③ 《全元戏曲》(七)，第 94－95 页。

一个无徒禽兽。"然后就是一阵厮打。蔡衙内也有些功夫，但是在武功高强的鲁智深面前就变成"蜡枪头"。蔡衙内被打怕了，直呼寺里的和尚来救他，鲁智深毫不畏惧，"怕有那寺院中埋伏着，您都来搭救。我着这莽拳头，向这厮嘴缝上丢，泼水难收。则一拳打你个翻筋斗，来叫爹爹的呵休"。蔡衙内怪他多管闲事，鲁智深则说："你是个强夺人家女艳羞。……那那女艳羞，你拆散了他鸾交和凤友。"在此剧中鲁智深自称是"爱厮打的领袖"，又仗义除去了恶少蔡衙内，可见他虽性格粗莽，不守佛门清规戒律，但却具有侠义的品格。

武松的故事就在宋代已经流传开来。罗烨《醉翁谈录》卷一有《武行者》的名目，与《花和尚》并列在"杆棒"类里。龚圣与所作《宋江三十六赞》也对武松有赞："汝优婆塞，五戒在身。酒色财气，更要杀人"。[①] 这反映出武松不守戒律，胆识过人。《大宋宣和遗事》亦曾提及武松名号。到了元代，武松的故事再次受到关注。仅在元杂剧现存剧目中，就有五种关涉到武松，分别是：《双献头武淞毖才民仇》、《折担儿武松打虎》、《窄袖儿武松》、《梁山五虎大劫牢》、《王矮虎大闹东平府》。其中前三种显然是以武松为主角，可惜已散佚；后两种武松均为配角，形象并不鲜明。《大劫牢》第三折中武松的上场诗云："性恶粗疏敢自当，梁山寨上显高强，幼年勇跃能敌对，双拳打虎景阳冈。"[②]可约略推知其生性刚猛、粗豪勇敢。《东平府》里他就是一个陪衬，没有一句台词。

惠明和尚、杨和尚、鲁智深和武松这些武僧虽各有特点，但我们仍旧不难发现在他们身上存在一些共同的特点。首先，他们都武艺高强。惠明和尚单枪匹马，突出重围，没有矫健的身手是不行的；杨和尚是将门子弟，十八般武艺，样样精通；鲁智深和武松都是

① 《水浒传资料汇编》，第 43 页。

② 《全元戏曲》(八)，第 457 页。

武僧武松

元杂剧宗教人物绣像　彭照军绘

梁山好汉，功夫自然了得；其次，他们都豪侠仗义。惠明突围送信，是为了解救全寺人的性命；杨和尚杀韩延寿虽是为了报父仇，但也是为了大宋子民不受其害；鲁智深和武松也是爱打抱不平；再次，他们都好吃酒打人，不读经，不坐禅，不喜拘束。惠明和尚明确说自己不谈经、不参禅；杨和尚每天只会喝酒厮打；鲁智深说自己一点也不懂经文佛法。与其说他们是僧人，不如说他们是"遇酒便吃，遇事便做，遇弱便扶，遇硬便打"的侠者。然而，他们也不是全然与佛毫无关系。他们的侠义精神与佛家的救度精神有相通之处。我们知道，佛教修行有自度度人的目标指向，普度众生是佛教的基本理念之一，隋唐以来在中国流行的观音信仰与净土信仰，就特别强调救济观念，宣扬"它力救济"与现世福利。特别是观音信仰，由于它强调观音菩萨具有闻声往救的特殊救济功能，且实现拔苦往救极其简单方便，因而在普通民众中极为盛行，特别是当社会动荡不安，苦难深重之时，这种虚幻的寄托，成为人们在艰难无助的现实生活中坚强的理由和希望。正因为如此，人们往往把那些抱打不平、扶危济困、仗义行侠的英雄视为菩萨现身。这些僧人的侠义行为，正暗合了观音信仰中菩萨的这种救济功能。此外，他们吃酒打人、疏野鲁莽、率性而为，看似不像一般出家人的模样，但与禅宗的"自在"境界不谋而合。禅宗常说修道是"饥来吃饭，困来即眠"，强调自然的修行法则，他们任性情而动的做派与禅宗的自然修行法则是相通的。

总体而言，元杂剧中僧人形象类型化的倾向比较明显，长老之"慈"，行者之"鄙"，武僧之"义"，形象十分鲜明，让人一目了然。他们身为佛门弟子，体现的却不全然是佛教的思想和精神，有些甚至与佛教精神背道而驰，这对于佛教的传播是不利的。

第三章 元杂剧中的善男信女

元杂剧中刻画了一批信仰宗教的普通民众形象,这是前贤时俊们较少关注的一类人物形象,但是却极富研究价值,在他们身上反映了元代普通百姓的宗教心理和宗教生活。由于信仰者的个人素质参差不齐,所以信仰的忠诚度不一。既有像庞居士这样虔诚的信仰者,也不乏"临时抱佛脚"的投机者。大体而言,元杂剧中的善男信女们大多是缺乏深沉的宗教感情的,他们对待宗教的态度往往是采取实用主义态度,眼睛只盯在两类宗教教义部分:一类是可以带来现实利益的部分;一类是可以免除现实灾难的部分。他们需要宗教,但只是想索取,而不想献身;只想从中取得现实利益,而不是寻求精神上的归宿。

第一节 虔诚的信仰者

虽然中国绝大多数民众都缺乏深沉的宗教感情,但也有少数民间信徒对宗教的热忱丝毫不亚于出家信徒,甚至他们中一些人的宗教修养比出家信徒还要高。元杂剧中也塑造了一批虔诚的信仰者,虽然他们为数不多,却很有典型意义,可以让我们更加全面地了解民间的宗教信仰状况。

一 慷慨的慈善家

宗教的生存和发展离不开广大信众的布施。在佛道二教的传播过程中，信众们出资出力，在修建寺庙道观、塑像印经、兴办慈善公益事业等方面作出了巨大的贡献。他们慷慨的布施，推动了佛道二教的传播与发展。元杂剧中塑造了一批施主形象，他们通过施财、施物、施食等方式支持了宗教的发展，传播了宗教教义，并且因此而沾福。

（一）慈善与宗教信仰

无论是佛教还是道教，其教义中都具有慈悲的思想。换言之，不管奉佛信众还是奉道信众，都应心怀仁慈，施爱于他人。

慈悲是佛教教义的核心。对于奉佛信众来说，欲成圣佛，必须胸怀慈悲，以慈爱之心给予人幸福，以怜悯之心拔除人的痛苦。佛法东传后，受到中国传统伦理思想特别是儒家思想的影响，形成了以善恶观、人生观为主要内容的中国佛教伦理思想。佛法对于修行实践的佛教徒在修善方面有严格的要求：即“修三福”、“持五戒”。修“三福”的具体内容有：一是奉事师长，慈心不杀，修十善业；二是受持众戒，不犯众仪；三是发菩提心，信因果，读诵大乘，劝行善事。“五戒”是指戒杀生，戒偷盗，戒邪淫，戒饮酒，戒妄语。这种佛教的伦理道德观对普通的信众也有一定的约束力。奉佛信众不杀生而行生，不偷盗而行施舍，凡此种种善行就是佛教教义中三福、五戒中蕴涵着的慈善思想外在的具体表现。至于行善的方法，佛家也有其特别的论述，诸如“修福田”、“布施”等。所谓福田，就是行善有如农民播种于田，必有秋收之获，多行善事于前，将会受诸报于后。“福田说”即以此为譬，劝导世人多行善举，多积功德。这成为佛教教义中最有影响力的慈善思想内容。唐宋时的悲田养病坊、福田院之名就直接源于此。至于布施，大乘佛教就认为，“以己财事分与他，名之为布；己惠人，名之为施”。它还将布施分为财布施、法布施和无畏布施三种。财布施是施舍财物，济人贫匮之苦；法布施是讲授正法，破迷开悟；无畏布施是帮助他人免除畏惧，使之身心安乐。除布施外，佛教还讲爱语与利行，以此度众生。爱语是以善言相劝谕，并以众生平等之心，亲近众身，随机教化；利行则是笃行诸种善举，以利众生。这就是说，佛教徒应该与众生结缘，同舟共济，同甘共苦，逐渐指引他们修德行善，劝勉佛教众徒"诸恶莫作、众善奉行"，为芸芸众生逃去劫难度向来世。这种自利利他、自觉觉人的行愿精神，不仅对出家僧尼有着规范作用，而且对广大奉佛信众也有引导意义。

"乐生"、"好善"也是道教的教义。道教要求信众心怀仁慈，在施爱于他人中体验幸福的境界，这样才能长生不老，羽化成仙。道教的典籍《太平经》提出了建立"太平世道"的设想，描绘了公平、同乐、无灾的理想社会蓝图。为实现太平社会，它要求道众敬奉天地，遵守忠、孝、慈、仁等宗教伦理道德，提出了"乐生"、"好善"的教义。《太平经》认为"财物乃天地中和所有，以共养人也"[①]，不应被私人所独占，应"乐以养人"、"周穷救急"。若是"积财亿万，不肯救穷周急，使人饥寒而死，罪不除也"[②]。葛洪《抱朴子》一书中也阐述了积善修德思想。葛洪将儒家的纲常名教与道教长生成仙的教义相结合，提出"若德行不修，而但务方术，皆不得长生也"[③]，告诫信徒若想长生成仙，除了靠内修外养等方术，还须积善立功，为人多谋利益。正如他所言："欲求长生者，必欲积善立功，慈心于物，恕己及人，仁逮昆虫，乐人之吉，愍人之苦，赒人之急，救人之穷，手不伤生，口不劝祸，见人之得如己之得，见人之失如己之失，不自贵，不自誉，不嫉妒胜己，不佞谄阴贼，如此乃为有德，受福于天，所

① 《太平经合校》，第 247 页。

② 《太平经合校》，第 242 页。

③ 葛洪：《抱朴子・内篇》卷三，. 北京：中华书局 1980 年版，第 47 页。

作必成，求仙可冀也。”[①]换言之，他是要求所有信奉金丹道教的人都要做到“乐人之吉，愍人之苦”，周急救穷，见到别人受损失如同自己受到损失，见到别人有所得如同自己有所得一样，推己及人，自觉去为求仙而行“善”。唐宋时期那些劝善书虽然宣扬的大多是因果报应的迷信思想，但其中也蕴藏着慈善思想。

(二)戏曲中慈善家形象

信众有很多方式来表达宗教感情，比如抄写经书、诵读经文、建寺造像等等，元杂剧中塑造了一些慈善家形象，他们用布施财物来表达他们对宗教的信仰，以期获得福报。

虽然布施并不局限于富人，穷人也可以布施，佛经上说再贫穷的人也可能用水、药草和野菜布施，但是显然富人的布施更具有示范性的作用，因此元杂剧中这些慈善家多是财主或商人，都有泼天似的富贵。他们的富贵有的是来自于祖传，刘唐卿《降桑椹蔡顺奉母》里员外蔡宁的富贵就来自于祖传，他说“老夫积祖以来，家中颇有资财”；无名氏《施仁义刘弘嫁婢》里财主刘弘也是“祖宗以来，所积家财，万贯有余”；无名氏《张公艺九世同居》里员外张公艺“富贵荣华，也是皆因是祖宗阴德也”；无名氏《施真人四圣锁白猿》里员外沈璧的家私也多半是来自于祖业，他说“俺积祖是泛海之家，颇有些资本”。也有的是来自于多年的苦心经营，武汉臣《散家财天赐老生儿》里员外刘从善的家私就是自己“南头里贩贵，北头里贩贱，乘船骗马，渡江泛海，做买做卖，挣扎下许来大家私”。无名氏《崔府君断冤家债主》里员外张友善的家私也是靠大儿子“披星戴月，早起晚眠”攒下来的。不管是祖上遗传还是自己积累，应该说他们的财富基本上是来自正途的，这奠定了他们善的基础。

这些慈善家布施的动机是不尽相同的。蔡宁、张公艺和沈璧

---

① 《抱朴子·内篇》卷六，第114—115页。

的富贵都是承袭祖上的荫庇，因此他们心怀感恩，心态平和，乐于做善事。蔡宁"平素之间，广积阴功；发悲悯布德施恩，行仁义宽洪海量"；张公艺修建学堂，"但乡中人家孩儿，尽他来读书。酒食束修，我家自办"；沈璧"平日俺家恤孤念寡，敬老怜贫"，并且还"每日家斋僧道"。有的则是因为德行有亏，所以香火不旺，于是想补过，以求得子嗣。

《老生儿》里员外刘从善说："我想人生在世，凡事不可过分。到这年纪上身，多有还报。则我那，幼年间做经商买卖，早起晚眠，吃辛受苦，也不知瞒心昧己，使心用幸，做下了许多冤业，到底来是如何也呵！"[①]他还毁佛谤道："往常我瞒心昧己，信口胡开，把神佛毁谤，将僧道抢白。因此上折乏的儿孙缺少，现如今我筋力全衰。"[②]正因为做了一些亏心事，所以他缺少子嗣，这是激起他发起善心的直接动因，因此他唱道："我为甚将二百锭徵人的文契烧？也只要将我这六十载无儿冤业消。"[③]虽然他布施的目的并不纯粹，但并不妨碍他布施的行动力。他烧掉了文契，免除了所有人的债务，还把一半的家私分与庄上的百姓，并且修建寺院，在寺院门口布斋散钱。剧中有一首《后庭花》表达了他的心声：

> 【后庭花】则为我做家呵忒分外，今日着我无儿呵绝后代，可不这悭吝呵招灾祸，若是肯慈悲呵也不到的生患害。（云）张郎，你快去与我出帖子者。（张郎云）您孩儿知道。（正末唱）我如今只待要舍浮财，遍着那村城里外，都教他每请钞来。缺食的买米柴，少衣的截些绢帛，把饥寒早撇开，免忧愁尽自在。[④]

① 《全元杂剧》（二），第614页。
② 《全元杂剧》（二），第615页。
③ 《全元杂剧》（二），第612页。
④ 《全元杂剧》（二），第619页。

他这般“救苦怜贫，舍财布施”，足见他用心之诚。

《刘弘嫁婢》里财主刘弘开了一座典库，他本意是为了“赈人之贫波周人之急”，但负责经营的侄子却用来图利，因此亏了阴德，所以没有子嗣，后经太白金星的指点，他开始“行好事、积阴德”。他首先在典库门口贴了告示，说“刘弘员外家放赎不要利，拿本钱来，则管赎了原物去”，然后关了典库，再不以此牟利。他收留了投奔而来的李春郎和他的母亲，并且帮他安葬了他的父亲。他又仗义帮助卖身葬父的小姐裴兰孙，无偿帮她安葬了父亲，还送三千贯嫁妆，让她和李春郎配成夫妻。对于他这些行为，他老伴是很不理解的，他则唱道：

【快活三】则这陪缘房是咱的志气，配良缘是我的阴骘。咱这般疏财仗义礼当宜。(云)咱两口儿做着这般善书，着那外人说出去和。(唱)显的我这夫克己你个妻贤惠。[1]

可见他确实是个仗义疏财的善人。不管他们布施的动机是什么，但都表明他们相信阴骘和功德，这是佛道二教一个很重要的部分。从祖上继承了富贵的人相信这都是祖上积德所致，所以他们要继续积功累行，多做善事，这样才能安然享受富贵，并且继续惠及后代。靠自己积累财富的人往往处于缺乏子嗣的困境，他们认为这是因为自己德行有亏所致，因而要散尽家财，救济贫困，累积功德才能延续香火。

这些慈善家都因布施而沾福。《蔡顺奉母》里蔡宁“常行方便自安然”，儿子和媳妇都很孝顺，家庭十分和睦。《九世同居》里张

① 《全元杂剧》(六)，第819页。

公艺"慈爱宽仁",因此"上下家和顺",三个儿子都高中状元。《老生儿》里刘从善散家财,施仁义,终于老来得子。《刘弘嫁婢》里刘弘本来命中注定夭寿和乏嗣,但因为他"布德施恩",救助孤儿寡母,所以得以保全性命,并且获得子嗣。《锁白猿》里沈璧"敬天地,重三宝",他的妻子不慎被妖怪所缠。时真人感念他是个善人,所以出手相助,帮他制服了妖怪。佛经和道经上都记载了很多因为布施善行而受惠获利的事迹,所以这些仗义疏财的人能够得到福报也是理所当然的事情。

客观地说,这些慈善家们虽具有一定的宗教观念,但他们的宗教信仰未必很虔诚。不过比起一般的民众,他们还是具有相对持久和稳定的宗教热情,他们的慈善之举也具有一定的持续性。其中有两个人最后还真的入道出家了,《冤家债主》里张友善"平日尽肯看经念佛,修行办道",只因放不下妻财子禄才没有出家,后在友人崔子玉指点下终于省悟出家;《锁白猿》里沈璧平日"敬天地,重三宝",家斋僧道,后经家庭变故后,遂断了追名逐利的心,带领全家修行办道。

二　智慧的女信士

女性的智慧、潜质其实并不亚于男性,而且女性的慈心、诚心甚至更胜于男性,所以她们更容易皈依宗教。女性学佛修道的人也很多,但出家为尼为冠的毕竟还是少数,大多是在家修行的信众。元杂剧也塑造了一系列在家修行的女性形象,对于我们了解在家的宗教女性状况是有帮助的。

(一)在家女性之学佛奉道

世界上许多有影响的宗教都往往或多或少有轻视妇女的倾向。佛陀最初是不鼓励女性学佛的,后来勉强接受女性信众,却又为她们规定了更多、更严格的戒律,但这并不能阻挡女性学佛的热情。南北朝时期,中国就有不少比丘尼,梁朝的宝唱法师撰有《比丘尼传》,专为女尼立传。唐代是一个更为开放的时代,女性学佛的热情更为高涨,而且时有比肩于男性者。禅宗灯录、灯史就多有记载。

唐代著名的在家禅者庞蕴的妻子庞行婆就是一位参禅的在家女性。关于庞行婆有个"婆子作斋"的故事,据《五灯会元》卷六记载:"庞行婆,入鹿门寺设斋,维那师父请意旨。婆拈梳子插向髻后曰:'回向了也。'便出去。"[①]从她与维那的对机中可以看出她思维灵敏、机锋迅捷。

除了庞行婆,《五灯会元》还提到了一些在家女禅者,她们都深得禅悟,常与禅师旗鼓相当,禅林中流传着很多关于她们和禅师对机的故事,其中著名的有"婆子偷笋"、"婆子眷属"、"婆子点心"、"婆子烧庵",下面略述其故。

"婆子偷笋"是唐代赵州从谂禅师与途中所遇之婆子,借偷笋之机缘问答而引发之一则公案。据《五灯会元》卷四《赵州从谂禅师》记载:赵州在路上遇见一个婆子,便问道:"甚么处去?"婆子回答道:"偷赵州笋去。"赵州又问:"如果忽然遇到老僧,你应怎么办?"婆子一言不发便打了赵州一巴掌,赵州默然离去。[②] 婆子以此表示万人万物皆平等,不拘于所有或非所有。

"婆子眷属"讲从前一比丘僧到处行脚参禅,偶遇一位独自住茅篷的婆子,僧便问她:"婆有眷属否?"婆子曰:"有。"僧又问:"在甚么处?"婆子答:"山河大地,若草若木,皆是我眷属。"[③]婆子借此表达了万物一体天地同根的禅观。

"婆子烧庵"又作婆子焚庵,旨在阐释真实之修行,不仅须压抑一己之欲求,尤须明白彻见一己之本来面目。据《五灯会元》卷六

---

① (宋)普济:《五灯会元》,北京:中华书局1997年版,第367页。

② 《五灯会元》,第204页。

③ 《五灯会元》,第367页。

记载：

> 昔有婆子供养一庵主，经二十年，常令一二八女子送饭给侍。一日，令女子抱定，曰：“正恁么时如何？”主曰：“枯木倚寒岩，三冬无暖气。”女子举似婆。婆曰：“我二十年只供养得个俗汉。”遂遣出，烧却庵。①

在婆子看来，庵主仅压抑一己欲求而成枯木寒岩之状态，并非真正修行佛道，于是把他逐出了庵寺。

“婆子点心”公案记录了德山宣鉴禅师与一个卖饼的婆子以禅机“过招”而“退阵”下来的故事。据《五灯会元》卷七《德山宣鉴禅师》记载：

> （德山）至澧阳路上，见一婆子卖饼，因息肩买饼点心。婆指担曰：“这个是甚么文字？”师曰：“青龙疏钞。”婆曰：“讲何经？”师曰：“《金刚经》。”婆曰：“我有一问，你若答得，施与点心。若答不得，且别处去。《金刚经》道：‘过去心不可得，现在心不可得，未来心不可得。’未审上座点那个心？”师无语，遂往龙潭。②

婆子虽然只是个卖点心的村妇，却能即时以“三世心不可得”与“点心”相结合，提出“点那个心”的问题探试德山，这一方面表示她熟知《金刚经》，另一方面也显出她禅机敏锐，并且促成了德山“去教就禅”。

禅宗素来讲究利根上智，并非常人轻易学得。庞行婆及其他

---

① 《五灯会元》，第366－367页。

② 《五灯会元》，第371－372页。

几位无名婆子却皆能有所斩获，参禅功夫不让须眉，足可证明女性修学证道的潜质，其成就未必弱于男性。从另一方面来说，这也展现了禅宗相对而言对女性有较开放的心胸和态度，所以唐代女性参禅十分普遍。

道教相对于其他宗教来说，对女性更抱有善意。道教本来就有女性崇拜的传统，在修道教中的清规戒律、丹道修炼及日常生活等方面，男女有比较平等的地位。例如，在道观中，男女均可以主持斋醮科仪，都可以当高功、经师。在修行方面，历代得道成仙的女道士很多，关于女丹的修炼经书也很多，而且道教认为女性修仙条件更优于男性。所以，在男尊女卑的封建社会里，道教为女性提供了一个相对宽松的环境，让她们从礼教的重压下解脱出来，可以寻求精神的安宁和超越。

唐代是我国道教最为鼎盛、道教信仰最为虔诚的时期。从唐初到唐末，除武则天时期有过短暂的挫折之外，唐代统治者对道教都是大力提倡、倍加尊崇的。与统治者不遗余力地提倡道教的举动相呼应，唐代社会形成了一股求道学仙、追求现世幸福、永恒生命和自由心境的社会风气。这种风气同样自然也影响了唐代女性，从而使她们纷纷投身道门。唐代女性奉道主要有两种方式，一是出家入道观为冠，一是不出家在家修行。虽然唐代有很多出名的女冠，但是绝大多数尊奉道教的女性都是居家修行的。这些在家修行的妇女们虽然没有进入道观，但她们对道教的热爱和修行功课一点不比道观里的道士们逊色，从她们死后的墓志铭可以看出她们道心之虔诚。反观那些著名的女冠，如玉真公主、鱼玄机、李冶等人，她们之所以享有盛名，并不是因为她们严谨的宗教生活和高深的道教修养，而是因为她们身边围聚了一批达官显贵和风流才子。

金元时期，以全真教最为兴盛。全真教对女性也采取了一种比较宽容的态度，故皈依全真教的女性也很多。全真教道士的文集中收录了不少与某道姑的诗词,如马丹阳《金玉集》有耀州梁姑、鄠县刘姑、长安王姑、泾阳县二女姑、松溪散人薛姑、霜溪散人颜姑、吉祥散人王姑、通明散人魏姑,丘长春《磻溪集》有潍阳唐括姑、博州战姑,谭长真《水云集》有杨姑、王三姑姑,刘长生《仙乐集》有马姑,王玉阳《云光集》有徐福店小宫姑、福山柳姑、姜姑、随姑、莱阳高姑、棣州张姑,等等,足可见全真女冠之盛。全真教对于入教的女性有一定的文化要求,“凡试道士女冠童行,念道德、救苦、玉京山、消灾、灵宝、度人经等,以诵成句,依音释为通,……故最低限度,女冠无不识丁者,是儒家无女学,道家有女学也。”①这项措施符合当时新兴市民阶级中的妇女解放意识,因此受到妇女们的欢迎,很多聪明且有富有学识的女性都热衷于加入全真教。这一时期的女冠摆脱了唐代女冠的风流恶名,她们以精严的道法获得了人们的尊重。《崇玄大师荣君堂记》记载了一位女冠荣炼大师,她“志行修洁,祭醮精严,以道价重一方,逮皆际,丰仪方颐,烟目丝发童颜,风度飘飘,有出尘之想。然性行敦实,言动温挚,虚诞荒唐无有也。”②全真七子之一孙不二也是一位受人尊敬的女冠,她于金大定九年经全真祖师王重阳度化而出家修道,独处静室,面壁苦修,开创了全真道“清静派”。元世宗时被封为“清静渊真顺德真人”,武宗时晋封为“元君”。道门女冠严谨的修道态度自然也影响了在家奉道的女性,因此不难设想这一时期在家奉道的女性之中也不乏冰雪聪明、信仰虔诚的。

(二)戏曲中的女信士形象

元杂剧中塑造了一系列女道士形象,但却没有一个尼姑形象,其中原因众说纷纭,有人认为尼姑形象不适合舞台演出,所以原本身份是尼姑在戏曲里也演变成道姑了,比如《女贞观》里陈妙常。

---

① 陈垣:《南宋初河北新道教考》,北京:中华书局1962年版,第30页。
② (元)王恽:《秋涧集》卷四十,影印文渊阁《四库全书》(第1200册),第509页

相映成趣的是，元杂剧中没有塑造一个在家虔诚奉道的女性形象，却塑造了两个机锋迅捷的佛教女信士形象。

吴昌龄《西游记》里塑造了一个卖胡饼的贫婆形象，她迅捷的机锋令孙行者哑口无言、唐三藏肃然起敬。贫婆出现在第六本第二十一出，这出戏名为"贫婆心印"。所谓心印，乃是禅宗的说法，谓禅之本意，不立文字，不依言语，直以心为印，可见此出戏演绎的是贫婆说禅的故事。剧演唐僧师徒一行排除千难万险终于来到了天竺国，唐僧命孙行者先去求宿化缘，并告诫他在此地不要妄开口说话，因为"此处是佛国了。参禅问道的几多，不要输了。不比你相杀倒容易，禅机却怕人"。孙行者遇见一个卖胡饼的婆子，忘记了师父的嘱咐，和她谈起了佛法，结果被问倒了，只好"接将师父来，和他问一场"。面对佛法高深的唐僧，婆子仍然从容不迫，对答如流，令唐僧肃然起敬。剧中的贫婆有这样几个特点，首先是她的"贫"，她穿得破破烂烂，靠买胡饼为生。佛教以贫喻道，《禅门诸祖偈颂》卷一牙居遁有偈云："学道先须且学贫，学贫贫后道方亲。一朝本得成贫道，道用还如贫的人。"[①]因此贫婆对自己的贫并不以为意，反而夸耀说："休笑贫婆一世贫，穿着百衲裙。衲巾头有一个宝珠新。庄严的未必能评论，囊揣的倒敢能勤慎。"[②]其次她热心向过往的人说佛法，"但来佛会下的，不参得老身不敢入佛国去"，剧中有一曲《混江龙》这样唱道：

【混江龙】把禅机来评论，罗裙不染世间尘。对一溪春水，卧半亩闲云。僻性懒侵浮世事，双眸罕识市廛人。听雷音钟磬，坐灵鹫山门。常开妙法，深种良根。不须文字，岂念经文。霎时见性，直下当承。脚跟牢跳出陷人

① 《禅宗集成》(第九册)，台北：艺文印书馆1968年版，第6089页。

② 《全元杂剧》(三)，第489页。

坑，手梢长指破迷魂阵。则为这老婆多口，致令得俗子生嗔。①

她放着清闲日子不过，却乐于为市廛人指点迷津，即使被人嗔怪也不在意，可见她的热心；再次她精通佛法，机锋迅捷。她“自童时亲受摩诃迦叶所教，传得真如正觉之性，能回三毒为三净界”，时时研习佛法，“半月小参，一月大参，常得听讲”。当孙行者在她面前卖弄《金刚经》，她三言两语就把他问倒了。她认为“守着戒律”、“受的辛苦”并不一定能够参透佛法，应该关注内心的觉悟，这体现了禅宗的思想。其实“贫婆心经”这个故事就直接取材于“婆子点心”这一公案，只是故事中人物的身份有了变化，中土的婆子变成了天竺的婆子，德山宣鉴禅师变成了孙行者。这个贫婆就是佛教典籍中无数婆子的代表，她们都是极其普通的女性，却可以让禅师和高僧们敬畏，正印证了“最卑贱者最聪明”这一说法。

刘君锡《庞居士误放来生债》里塑造了一个机锋迅捷的少女形象，她就是庞居士的女儿灵兆。庞居士一家合家修道，按理说庞婆也是一个机锋迅捷的女信士，但剧中的庞婆却没有表现出很高的觉悟，反倒显得很庸俗，显然她是用来衬托庞居士的。与此相对的是，剧中庞居士的女儿灵兆表现出很高的智慧，连庞居士都自叹有所不及。

此剧是末本戏，灵兆的戏份不多，但剧作家塑造得相当精彩。第一折通过主角庞居士的自述让观众了解灵兆不同一般之处，庞居士说：“俺多曾遇着几个善知识来，马祖师、石头和尚、百杖禅师多曾印证，俺这三口儿都不及我这女儿灵兆。此女子性根大利，见性明白。”②所以虽然前三折兆灵未有一句台词，但是已经先声夺

① 《全元杂剧》(三)，第489页。
② 《全元杂剧》(五)，第398页。

人了。我们知道灵兆的原型就是庞居士的女儿灵照。灵照禅机捷于庞居士禅林早有所闻，这大概源于一段传奇的记载。据说庞居士为自己选择某日正午入灭，当日中午他叫女儿灵照去外面看看太阳是否已经升到最高处，灵照回来禀报说："日已中矣，而有蚀焉，可试暂观。"庞居士感到很奇怪，于是离座临窗观看，发现根本没有日蚀，回头一看，灵照已经在他的座位上入灭了，于是笑道："吾女锋捷矣。"此事在历代灯录都有记载，可见影响很大，所以此剧中说庞家"一家儿都不如女儿灵兆"是有迹可循的。

剧作家在第四折浓墨重彩地描写了灵兆当街买笊篱和度脱丹霞禅师的故事。庞居士沉宝以后靠编笊篱为生，他编好后由女儿灵兆拿到街上去卖。对于普通人来说，笊篱只是做饭的工具，但其实它还有一定的宗教意义。清平令遵禅师曾利用笊篱来参禅："问：如何是有漏师？曰：笊篱。曰：如何是无漏师？曰：木勺。"[①]灵兆当街卖笊篱其实也富有一定的宗教意义，可惜世俗人不能领悟，所以她的生意十分清淡，只有丹霞禅师时常来照顾她的生意，但他却另有所图。丹霞禅师是历史上一位著名的禅师，但是在此剧中却变得很庸俗，甚至很下作，多亏灵兆的点化才得道。《五灯会元》里记载了灵照和丹霞禅师对机锋的故事：

> （丹霞禅师）访庞居士，见女子灵照洗菜次，师曰："居士在否？"女子放下菜篮，敛手而立。师又问："居士在否？"女子提篮便行。师遂回。须臾居士归，女子乃举前话。士曰："丹霞在么？"女曰："去也。"士曰："赤土涂牛嬭。"[②]

---

① 《五灯会元》卷五，第296页。
② 《五灯会元》卷五，第262页。

灵照自认为在这次机锋对决中更胜一筹,但庞居士却不以为然,认为她只不过是"赤土涂牛儌"。至于后来怎么演变成灵照度脱丹霞禅师就不得而知了,大概民间更喜欢这个聪慧的少女,所以把她拔高了。元杂剧《竹叶舟》中有"灵照女透丹霞"这句唱词,可见这一传说已经在元代流传得相当广泛了。此折丹霞禅师因对灵兆有非分之想,为了接近灵兆,所以买了"三房子笊篱"。一日,他借口身边没带钱,让灵兆跟他到寺院里去取钱。灵兆毫不畏惧,说:"师父,你是个出家儿人,怕做甚么,我跟你去。"到了寺院,丹霞禅师用语言嘲拨灵兆,灵兆和他对机锋,并用笊篱打他的头,喝道:"掌拍处六根清净,这笊篱打捞苦海。"点醒了丹霞禅师。丹霞禅师见灵兆没有卖出一把笊篱,担心庞家没钱备置斋饭,便留下一百文钱在路上。灵兆也不白拿,留下了笊篱。此剧结尾由增福神点出灵兆乃是观音转世,和剧首相呼应,再一次声明庞家"一家儿都不如女儿灵兆"。

灵照很早就进入了文学作品。由于她在禅林很有影响,所以禅林有很多咏她的诗,如北涧居简禅师《灵照女》赞:"屋里横机抗老爷,门前敛袂对丹霞。爷生娘养好儿女,有得许多无赖吒。"[①]西岩了慧禅师《丹霞见灵照》:"当风鸦臭气,一个豆娘儿,熏得行人走,冲爷皱断眉。"[②]她是一个既令人赞又令人惮的人物。禅林还喜用她比拟道行深厚的女性。宗杲禅师《幻住道人画像赞》云:"有月上女之英气而不逞机锋,似灵照之逸群而不夸作略。"[③]以灵照来赞幻还道人。虚堂和尚《赠妙洁道人》亦云:"妙心明洁契如如,操履分明女丈夫。庞老家风殊不二,漉篱高价许谁沽?"[④]也以灵

① 《北涧居简禅师语录》,《禅宗集成》(第 15 册),第 10305 页。

② 《西岩了慧禅师语录》,《禅宗集成》(第 17 册),第 11506 页。

③ 《普觉宗杲禅师语录》,《禅宗集成》(第 15 册),第 10240 页。

④ 《虚堂和尚语录》卷十,《大正藏》(第 47 册),台北:佛陀教育基金会出版部 1990 年版,第 1059 页。

照比之。在文人笔下，她又是一个天真烂漫的小儿女，陆游有诗曰："宗文树鸡栅，灵照挈蔬篮。"[①]范成大诗中也有"儿修栏栅了，女挈菜篮归"[②]与陆游几乎如出一辙。元耶律楚材《祭侄女淑卿文》云："汝幼奉母训，长知父从。禅理颇究，儒学悉通。禀郑娘之标格，有灵照之心胸。不食荤於笄年，欲为尼於高嵩。"[③]以灵照比其侄女，则又是孝顺、聪明、纯洁的形象。元杂剧中的灵照综合了这些特性，她不仅是一个夙慧早悟的才女，而且是一个胆大心细、淳朴善良的孝女。

无论当街卖胡饼的婆子还是当街卖笊篱的少女，她们的悟力都丝毫不逊孤峰顶上的禅门宗师。她们不仅能与禅师机锋相对，甚至担当禅师开悟临门一脚之提点重任。她们的话语也多是平易通俗的口语，更宛然可见其独立的人格与超凡的智慧。

三　信士的典范——庞居士

佛教自汉末传入中国以后，对中国文化产生了深远的影响，并成为中国文化的重要组成部分。随着佛教的深入传播，历朝都有信奉佛法并大力弘法、护法的居士。这些居士上至帝王将相，下至平民百姓，形成了庞大的居士阶层。元杂剧中也塑造了一些居士形象，其中最有代表性的就是庞居士。

（一）庞居士其人其事

"居士"一词既具有丰富的文化内涵，又是一个令人尊敬的称谓，出家人常尊称在家的普通人为居士，在家人也乐意这样称呼。很多文人也自称"居士"，并以此为荣。"居士"有广义和狭义之分。广义上指凡居家信佛者，狭义上指受过三归、五戒者。在中国佛教

① 钱仲联：《剑南诗稿校注》（一），上海古籍出版社1985年版，第114页。
② 《范石湖集》卷二十五，北京：中华书局1962年版，第355页。
③ 《湛然居士文集》卷十三，北京：中华书局1986年版，第295页。

史上,由于对居士之要求并不严格,也没有十分固定的宗教仪式标明居士之身份,因此,一般都是从广义角度来理解的。佛教传入中国后,在很长一段时间里,由于政府不允许汉人出家,也由于佛教的某些戒律有违传统伦理精神,因此信佛的汉人绝大多数是在家行法的居士。隋唐是中国佛教的鼎盛时期,宗派林立,名僧辈出。与此同时,佛教居士也不少,他们修为之高者,可与高僧相比。如庞居士,其仰之虔诚,修为之高,不亚于当时之丹霞、南泉、百丈等名僧,因此后人称之为“中土维摩诘”。

庞居士是历史上实有之人物,有关他的生平,《庞居士语录》、《祖堂集》、《景德传灯录》、《五灯会元》等典籍均有记载。庞居士,名蕴,字道玄,唐代贞元(785－805)、元和(806－820)年间人。他出自书香门第,有一定的儒学修养,还曾参加科举考试。关于他缘何弃儒参禅未有详细记载,大概与中唐参禅风气颇盛有关。他先后向马祖禅师和石头禅师参禅,成为他们的弟子。在他的带领下,全家修道。

关于庞居士的事迹记载颇丰,往往富有传奇色彩,其中尤以“凿舟沉宝”最为著名,而且成了禅宗史上一段有名的公案。对庞居士沉宝之事的记载,比较早的是日本西明寺藏《庞居士语录诗颂序》:“唐贞元间,用船载家珍数万縻于洞庭湘右,罄溺中流。自是生涯,惟一叶耳。居士有妻及一男一女,常鬻竹器以度朝哺。”[1]由于这个故事具有传奇色彩,所以历代灯录及灯史等多不录。但这个传说在禅林流传十分广泛,《禅宗颂古联珠通集》卷十四在“居士以家业尽投湘水,女子灵照日将笊篱鬻于市中”下录有三则颂古之作,其中无际派之颂为:“爷将活计沉湘水,累汝街头卖笊篱。不是家贫连子苦,此心能有几人知?”[2]《了堂唯一禅师语录》卷四载有

① 《庞居士语录·序》,《俗语言研究》1993年第一期,第132页。

② 《禅宗颂古联珠通集》卷十四,《禅宗集成》(第7册),第4286页。

庞居士

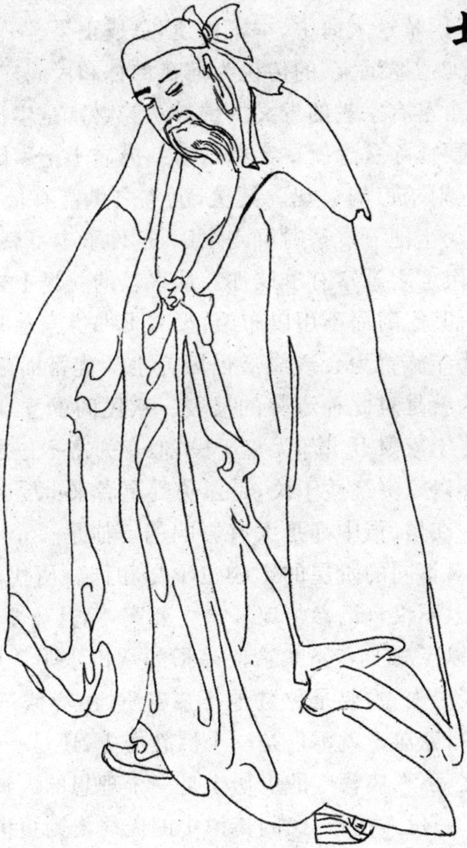

元杂剧宗教人物绣像　彭照军绘

唯一禅师《灵照女》诗一首，诗云："悲愿度生无尽时，逆施倒用讨便宜。满船家计沉湘水，却向街头卖笊篱。"[①]此传说在民间流传地也很广泛，元陶宗仪在《辍耕录》中记载："盖相传以为庞居士家资巨万，殊用劳神，窃自念曰：'若以与人，又恐人之我苦，不如置诸无何有之乡。'因辇送大海中，举家修道，总成正果。"[②]

庞居士"凿船沉宝"的传说为何在禅林和民间广为流传呢？首先，沉宝之事富有宗教的意义。佛教认为财富是尘世之累，是贪的根源，因此要戒除贪念就要弃绝财富。庞居士把家财沉入水底，实际上就是弃财求道的表现。其次，沉宝之事富有传奇色彩。事无奇不传，庞居士把万贯家财沉入水底，这件事本身就很富有传奇色彩。再次，沉宝之事富有争议性。从宗教的立场上来看，反对者认为庞居士沉其家财而不用以布施，没有贯彻佛家慈悲为怀的精神；支持者认为布施行为会造成僧侣因为生活优裕而懈怠修行，庞居士沉宝行为就是对此种流弊的反驳。从民间的立场上来看，反对者认为庞居士家财万贯却无惠于民，似有为富不仁之嫌；支持者认为庞居士不以家资饶益于民，是避免受惠者来世受苦。

庞居士在僧、俗中都是大有影响的。他是一个具有多方面特征的人物，对不同的阶层的影响也不尽相同。历代禅师对庞居士都十分推崇，不仅自己参与庞居士之公案，而且还要求弟子以庞居士为楷模，以庞居士之公案验证弟子的觉悟水平。历代文人也在诗文中咏庞居士，主要是称赞他不慕富贵、潜心修道的隐士精神。在民众心中，庞居士就不仅是一个佛教居士，还是一个疏财济贫的善人。总之，佛教典籍中的庞居士是一个理想的人物，文人笔下的庞居士多了一份人情味，民间传说中的庞居士则更世俗化。

---

① 《了堂唯一禅师语录》卷四，《禅宗集成》(第 19 册)，第 13089 页。

② 《宋元笔记大观》(第六册)，第 6373 页。

(二)庞居士在元杂剧中的形象

庞居士很早就进入了戏曲文本,关汉卿《山神庙裴度还带》第一折《油葫芦》、武汉臣《散家财天赐老生儿》第一折《寄生草》等都提到了庞居士。剧作家对庞居士青睐有加,原因是多方面的。其一,庞居士是文人居士的典范,体现出文人士大夫的一种理想人格范式,《组堂集》说他“不变儒形,心游像外。旷怀而行符真趣,浑迹而卓绝人间,实玄学之儒流,乃在家之菩萨”[①],通过他可以表达剧作家的理想和愿望;其二,庞居士其人其事在民间影响较大,以之作为作品素材不会让民众感到陌生。庞居士虽是机锋无比、禅林敬畏的高士,但他和其他世俗人一样,也生活在尘世之中,也有妻子儿女。他不脱离世俗生活,也不把禅理抽象化,而是把它蕴涵在穿衣吃饭、运水搬柴的日常生活之中,所以能够贴近大众。

庞居士在元杂剧中的形象比较复杂。纯粹把他塑造成一位佛教居士形象所见不多,仅佛教剧《月明和尚度柳翠》第四折引用了圆悟禅师上堂举庞居士公案之语,从中体现出庞居士是一个机锋迅捷的居士。多数杂剧把他塑造成一位仗义疏财、解困济贫的善人形象。关汉卿《山神庙裴度还带》第一折正末唱道:

> 【油葫芦】我则待安乐窝中且避乖,争奈我便时未来!想着这红尘万丈困贤才,那个似那鲁大夫亲赠他这千斛麦?那个似那庞居士可便肯放做来生债?自无了田孟尝,有谁人养剑客?待着我折腰屈脊的将诗卖,怕不待要寻故友、访吾侪。[②]

这是裴度落魄之时直抒胸臆的一段唱词。有人劝他去投靠朋

① 《祖堂集》,上海:上海古籍出版社 1994 年版,第 295 页。

② 《全元杂剧》(一),第 259 页。

友,他表明如今世态炎凉,像鲁大夫、庞居士这样乐善好施的人并不多。可见在此剧中,庞居士是一个乐善好施的典型代表。武汉臣《散家财天赐老生儿》第一折正末唱道:

【寄生草】我当初穷番做了富,谁想福变做灾!为人作小包藏着大,治家有成埋伏着败,有本图利提防着害。想这钱石季伦翻做杀身术,到不如庞居士放做来生债。[1]

这是刘从善的唱词。刘从善与庞居士一样,也是一个有着万贯家资的财主。他老来无子,因此想到钱财未必是个好东西,不如学着庞居士,把钱财都散出去,说不定还能为自己求得一个儿子延续香火。可见在这里庞居士也是一个疏财的义士。郑廷玉《宋上皇御断金凤钗》第二折正末扮演的秀才赵鹗当街卖诗,好不容易卖得二百钱,遇上一个遭难的老者向他借钱救急,他唱道:"君子周急我须知道,争奈庞居士在陋巷箪瓢。"[2]他也想像庞居士一样仗义疏财,但无奈自己也穷困潦倒。最后他还是把仅有的二百钱借给了老者,"二百钱穷秀才,倒做庞居士,险饿杀我脚头妻、怀内子"。可见此剧中庞居士是一个仗义疏财的人物形象。高茂卿《翠红乡儿女两团圆》第二折正末扮演的员外韩弘道两个不成器的侄儿上门索要钱财,他以没有现钱为由推脱了。两个侄儿仍不死心,厚颜无耻地说:"叔叔,你无现钱,将那远年近岁欠下的文书,将来与俺两个索去。"韩弘道让人把装文书的两个箱子抬出来,将些草盖在上面,一把火烧成灰烬,并愤然唱道:"我待学刘员外仗义散家财,我待学庞居士放做了来生债。"[3]庞居士有烧文书免除欠债人债务

① 《全元杂剧》(二),第647页。
② 《全元杂剧》(四),第11页。
③ 《全元杂剧》(五),第384页。

的行为，此剧中韩弘道也仿效庞居士把所有的文书都烧掉了，断了两个不肖世侄的贪念，客观上也做了一件好事。可见此剧中庞居士也是一个善人的形象。无名氏《张千替杀妻》中也提到了庞居士。第二折正末扮演的张千向义兄敬酒，感谢义兄对他的无偿帮助，并唱道："想哥哥山海也似恩临几时尽。且休说放钱的庞居士，更压着养剑客的孟尝君，那里有俺哥哥的义分。"[①]在这里他把义兄和历史上的庞居士、孟尝君作类比，并且认为这两人还比不上义兄，这当然是他溢美之言，但也可见庞居士绝对是一个有情有义的善人。也有少数杂剧把他当作一个贪婪吝啬的反面人物。郑廷玉《看钱奴冤家债主》有两处提到了庞居士。第二折《赛鸿秋》："你依着范尧夫肯付舟中麦，他不学庞居士取放来生债。"[②]这里把范尧夫和庞居士并举，可见庞居士应该是一个乐善好施的君子，但第四折庞居士却成了一个贪婪吝啬的小人。第四折《鬼三台》："说着那庞居士，做了些亏心事，恨不的把穷民来揹死。若是算他与人结交时，也久而敬之。冤家债主原来是，我那兔毛大伯有钞使。全压着郭巨埋儿，也强如明达卖子。"[③]以庞居士为贪利之人，此说在陶宗仪《南村辍耕录》也有记载："世斥贪利之人，必曰：'汝便是庞居士矣。"[④]庞居士何以成了一个贪利之人，这大约与沉宝的传说有关。庞居士选择沉宝而不选择布施，这有他宗教方面的考虑。禅宗提倡"即心即佛"，强调自力成就，反对他力得度，布施便是一种他力得度的方式，而且布施也容易造成僧侣依赖的心理。但普通民众

① 《全元杂剧》(六)，第 57 页。

② 《全元杂剧》(四)，第 173 页。按：《元曲选》本作："多谢你范尧夫肯付舟中麦，怎不学庞居士豫放来生债。"

③ 《全元杂剧》(四)，第 181 页。按：《元曲选》本作："则他这庞居士，世做的亏心事，恨不把穷民勒死。满口假慈悲，可曾有半文儿布施。空掌着精金响钞百万资，偏没个寸男尺女为继嗣。俺倒不如郭巨埋儿，也强似明达卖子。"

④ 《宋元笔记大观》(第六册)，上海：上海古籍出版社 2001 年版，第 6373 页。

未必理解他的良苦用心，在他们看来，庞居士有万贯家资，却把它沉入水中，而不施予他人，这是一种极端自私的行为。而且以世俗的眼光来看，他不好好享受财富带来的快乐，却把家财沉入水中，可能是做了什么亏心事，或者这些都是不义之财。庞居士彼此矛盾的形象在刘君锡《庞居士误放来生债》得到了统一。此剧合理地解释了庞居士为何沉其家财而不布施，使之成为一个理想的正面形象，并且直接影响到明清戏曲中庞居士形象的塑造。明清戏曲中庞居士都是以正面形象出现的。

此剧是末本戏，庞居士由正末扮演，他一上场，便自报家门：

> 老夫是这襄阳人也，姓庞名蕴字道玄。嫡亲的四口儿家属，婆婆萧氏，女儿灵兆，小厮儿凤毛。俺四口儿都好参礼这佛法僧三宝。俺多曾遇着几个善知识来，马祖师、石头和尚、百杖禅师多曾印证，俺这三口儿都不及我这女儿灵兆。此女子性根大利，见性明白。①

关于庞居士的籍贯各典籍的记载多有不同，此剧庞居士说自己是襄阳人，可备一说。他说他一家四口，全家修道，这和典籍的记载大致相合。再则说他女儿灵兆最有灵性，此说与禅林盛传灵兆禅机捷于乃翁有关。由此可知，这段自介大致是根据当时流传的庞居士生平事迹敷写而成。

剧中庞居士形象有这样几个特点。首先他具有仗义疏财、解困济贫的高尚品德。他免除李孝先的债务，还赠给他两锭银子做盘缠。他免除磨博士的劳役，还送他一锭银子做买卖。他烧掉所有的文契，免除所有人的债务。他“一片济贫的心比他人心地真”，“恨不的罄囊儿舍与人些钱，恨不的刮土儿可便散与人些银”。他

① 《全元杂剧》(五)，第398页。

“恤孤念寡,敬老怜贫”,“但见个老的呵,我早则出力的扶持;但见个病的呵,我早则尽心儿调养;但见个贫的呵,我早则倾囊儿资助”。由此可见他是一个乐善好施的人。但后来之所以他会沉宝是因为他认识到布施并不能解除人们的急难,反而造成他们的困扰。他借钱给李孝先,李孝先因无力偿还而忧虑成疾;他送钱给磨博士,磨博士为这飞来横财而睡不好觉;还有人因为生前欠下他的银子,来世变做牲口,吃尽苦头,他不由感叹:“我当初本做善事来,谁想弄巧成拙,兀的不都放做来生债也!”[①]这就为他沉宝找到了合理的解释。其次他具有“财空”的观念。他视富贵如浮云,于是唱道:“我为甚一生潇散不恋那一生钱?大刚来这十年富贵也只是十年运。运去呵有如那风摇画烛,天散也的这浮云。”[②]他视钱财为灾星,于是唱道:“我如今待觅一个隐沦,待寻一个逃遁,也只要免的他恶业随身。”[③]他最后把所有家资沉入东海,真正做到了“空无一物”。再次他一心向佛,不乏宗教的热忱。第一折他上场就向妻子儿女说佛法:“佛说大地众生皆有佛性,则为这贪财好贿,所以不能成佛作祖。佛说贪财好贿之人似甚么?似小儿在那刀尖上食蜜,食其甜味,岂防有截舌之患也呵!”[④]宣扬了戒除贪欲方才有可能成佛的思想。第二折他向妻子传达了禅宗“自力成就”的观念,他说:“便好道公修公得,婆修婆得。十人上山,各自努力。盛世难逢,佛法难遇,若是既逢既遇呵,南无阿弥陀佛,也要咱自省自悟也呵。”[⑤]第三折他说:“世人重金宝,我爱刹那静。金多乱人心,静见真如性。”[⑥]把万贯家资沉入海底,表明向佛的决心。第四折他带

① 《全元杂剧》(五),第 412 页。
② 《全元杂剧》(五),第 401 页。
③ 《全元杂剧》(五),第 403 页。
④ 《全元杂剧》(五),第 400 页。
⑤ 《全元杂剧》(五),第 410 页。
⑥ 《全元杂剧》(五),第 417 页。

领全家人一起修行办道，“有儿不曾娶，有女不曾嫁，大家团圞头，说会无生话”①。总之，此剧中的庞居士是一个正面人物，他富有慈悲心肠，毫无贪欲杂念，而这些又与他的宗教信仰是相通的。

综上所述，可知在元杂剧中，庞居士形象虽具有争议性，但肯定的比否定的多，颂扬的比批判的多。他虽然是一个有名的佛教居士，但剧作家塑造他主要目的并不是为了宣扬佛教思想，而是借助他传播仗义疏财的观念，批判金钱的罪恶和世风的衰败。

第二节 浅薄的信仰者

西方的心理学家认为，在人的无意识中存在着“可靠的宗教功能”。也就是说，即使是庸庸碌碌追名逐利的大众心中，也有渴望永恒和神圣的心理。元杂剧中的众生大多相信神佛的功能，希望通过拜神礼佛来获得平安和福力，消除罪孽和灾难。这些人未必有很深的宗教信仰，但是通过拜神礼佛这些仪式和宗教发生了粘连，所以从广义上来说，他们也可以算是宗教的信仰者。这些人来自于社会不同阶层，各自遭际也不尽相同，通过他们的宗教行为可以窥见元代民众的宗教心理。

一 祷告神灵可怜见——祈福者

“夫置神庙者，所以佑兆人，祈福应”。② 中国民众求神拜佛，往往都是有所求的。所求之事，无非就是多子多福、富贵延年。元杂剧中塑造了许多普通民众形象，这些人出于各种各样的目的，都会去庙里烧香拜佛，或者在家里做一些法事或仪式，希望借助这些

① 《全元杂剧》(五)，第 422 页。

② 《太平广记》(七)，第 2422 页。

宗教仪式来获得福报。

(一)求财

一般民众依靠土中求食,无论如何也求不来富贵,但是爱财求福却是一种普遍的心理,所以在各路神仙里当属财神最受人喜爱。

财神起源颇为难考,从目前的资料来看,财神信仰的最初形态出现在北宋。孟元老《东京梦华录》所载:"近岁节市井皆印卖门神、钟馗、桃板、桃符,及财门钝驴,回头鹿马,天印帖子。"[①]可见,那时的人们已经开始形成逢年过节崇拜以"财门"形象出现的初期财神,祈愿财运,盼望来年能够财源滚滚。到了南宋,财神崇拜应该就已经非常普遍了,正式的财神也诞生了。南宋吴自牧《梦粱录》载:"岁旦在迩,席铺百货,画门神桃符,迎春牌儿,纸马铺印钟馗、财马、回头马等,馈与主顾。"[②]这里的"财马",即是财神的另一种称呼,意为财神画像。这说明在南宋时期已经有了专门掌管人间财运的神仙出现。现在民间信仰的财神多种多样,主要有文财神比干、范蠡和武财神赵公明、关羽。

财神的出现,应该说是社会历史发展的产物。众所周知,宋元是中国社会商品经济快速发展一个最重要的时期,此时不仅出现了专门以买卖获取利润的商人群,也导致了人们对财富、金钱的渴求超前地膨胀。人们认为财富可以通过某种神秘力量获得,或者获得更多,于是创造出一位增进财宝、守护财宝的神仙——财神,并且对他毕恭毕敬、顶礼膜拜。可以说商人群的出现刺激了财神的产生,但对财神信仰并非只在商人系统中存在,各个阶层对财神都怀有自己的愿望。每逢新年岁末,人们都要进庙烧香,默默祈祷来年人旺财旺。

在中国传统的价值观念中,人们对于财富的心态是最为复杂

---

① (宋)孟元老:《东京梦华录》,北京:中华书局2007年版,第943页。

② (宋)吴自牧:《梦粱录》,杭州:浙江人民出版社1980年版,第50页。

的。一方面,财富是人们生活的必需,越多的财富可以带来更为完美的物质生活,或是带来更为纯洁的道德行为;另一方面,当财富成为膨胀的欲望追求,盲目的金钱崇拜往往又会导致世风日下、道德沦丧。于是,当财富在正常范围内为大多数人追从,财神便受到人们的崇拜,而当道德成为人们的首要关注点时,财神往往又成为替罪羊,受到人们、尤其是士大夫阶层的嘲笑甚至唾骂。中国历史上最早表达对财富不敬的是晋人鲁褒,其在《钱神论》中讽刺了“钱神”——货币,钱神不是财神,但是对于财神的崇拜与钱神的崇拜大体是相似的,因此可以将这篇著作看作是中国士大夫阶层对财富嘲讽的发蒙。自此以后,代表财富的货币被中国知识分子百般嘲弄,“孔方兄”、“阿堵物”、“那个东西”等等,皆表现了提倡安贫乐道的中国文人对财富的鄙视。在民间,许多穷苦的百姓,因为长期的受穷,也最终对财神失去信赖,于是也对财神不敬起来,例如民间关于比干“黑心”的传说等。当然,无论是文人对财神爷的嘲弄,还是老百姓编排的财神“黑心”,其实是“义”与“利”这对争论不休的矛盾的产物,其共同的思想是:对抗近代商业社会对传统道德的腐蚀。在中国传统道德中,“义”的地位是非常高的,舍利取义、舍生取义,都是被视为经典的道德行为;而“利”,在商品大潮迅猛冲击下,大有取“义”而代之的趋势,难怪乎深受传统道德约束的文人士大夫要痛心疾首了。不过,即使是对财神大不敬的人,其实他们也知道,真正的根源不在于信仰财神本身,而在于膜拜神明之后,唯利是图、见利忘义的行为,他们痛恨唾骂的是那些为利抛弃道德的人,而财神,在传统文化中,依旧是一位受人尊敬的神。

元杂剧中那些获得财富的人大多是依靠祖上积累,所以他们常怀有感恩之心,敬畏神灵,广结善缘;也有的是靠自己辛苦经营而来,这些人深知钱财来之不易,所以往往比较看重金钱,也显得比较吝啬,因此受到了报应,从而不得不改弦易辙,变得慷慨起来;还有的靠向神佛祷告而获得意外之财,其中最为典型的就是《看钱奴冤家债主》中的贾仁。

贾仁是一个反面人物，在这里我们无意去评价他的人品，我们所要关注的是他是如何发迹变泰的。他上场诗云："又无房舍又无田，每日城南窑里眠。一般带眼安眉汉，何事手中偏没钱。"[①]他是一个城市贫民，自小父母双亡，靠"与人家挑土筑墙，和泥托坯，担水运浆，做坌工生活度日"，晚来连个睡觉的地方都没有，只能在破窑里安身，可以说他的身世是十分悲惨的。像他这样的人，既无资本，又"不会做甚么营生"，要想发迹实在是很困难，只能寄希望于飞来横财。他后来从"穷贾儿"变成"贾员外"，确实就是靠一笔意外之财。这笔意外之财的获得与他祷告神灵是息息相关的，可见向神灵祈求富贵确实有作用。

元杂剧中并没有出现专门的财神，贾仁祷告的对象是东岳殿前的灵派侯，赐与他财富的是增福神。贾仁不是一个安分守己的人，他对自己的命运愤愤不平，经常去东岳庙"埋天怨地，告诉神明，只说不怜悯他"，他的祷词是这样的：

> 我也无那香，只是捻土为香，祷告神灵可怜见。小人是贾仁，想有那等骑鞍压马，穿罗着锦，吃好的，用好的，他也是一世人。我贾仁也是一世人，偏我衣不遮身，食不充口，吃了早起的，无那晚夕的，烧地眠，炙地卧，穷杀贾仁也！上圣，但有些小富贵，我也会斋僧布施，盖寺建塔，修桥补路，惜孤念寡，敬老怜贫，我可也舍得，则是圣贤可怜见。[②]

从他的祷词可知，他虽然贫困，但也知道敬重神灵，至少是表

---

① 《全元戏曲》(四)，第 132 页。

② 《全元戏曲》(四)，第 133 页。

面上敬重神灵，无钱买香，也要捻土为香，以示自己的诚心；然后他向神灵诉说了自己的苦楚，把自己说得很可怜也很无辜，以此博得神灵的同情；最后向神灵作出许诺，如果神灵能赐与他“小富贵”，他将“斋僧布施，盖寺建塔，修桥补路，惜孤念寡，敬老怜贫”。他的祷词确实很有作用，引起了灵派侯的关注和同情。虽然增福神力劝灵派侯莫要管他，因为此人“前世里奢华，那一片贪财心没乱煞，则他油锅内见钱也去㧐。富了他这一辈人，穷了那数百家”，今世里“不敬天地，不孝父母，毁僧谤佛，杀生害命”，本该“受冻饿而死”，但是灵派侯还是动了恻隐之心，赐与了他二十年富贵。后来贾仁在给人家打墙的时候刨出一石槽金银来，以此为本钱做起了生意，有了“那鸦飞不过的田产”。

贾仁发迹变泰的经历说明了这样一个道理，即使你前世坏德败行，今生也没做什么善事，但只要诚心向神灵祷告，就有可能获得富贵。这种简便易行的致富方式很容易得到大众的认同，自然也可以把更多的人吸引到寺庙和道观里去求神拜佛。至于贾仁最后并没有因为获得财富而得到幸福，是因为他没有兑现对神灵许下的诺言，这也表明神灵是不可欺的，得到神灵的庇佑之后也不要忘记对神灵的许诺，否则福星也会变做灾星。

（二）求嗣

“不孝有三，无后为大”。中国民众特别重视个人生命的延续，盼望“多子多福”。当然，这种对生育的重视很大程度上是由于农业社会自然经济需要更多的劳动力，才能够得到温饱；同时也有宗教上的一些需要，延续祖先的生命，使对祖先的供奉不断地得以进行。

无论是佛教还是道教，都有掌管生育的神祇。佛教中掌管生育的神祇最有名的当属送子观音和送子弥勒。观音和弥勒本来并无送子的职能，后来为了迎合民众的求子心理，赋予了他们这一职能。民众们去观音庙和弥勒庙烧香，大部分是为了求得子嗣。道教素来“乐生而恶死”，并常常以“仙道贵生”来标榜自己。虽然这里所谓“生”，并非就是特指“生育”，但可知道教十分关注人类自身的生殖和繁衍问题。在道教庞大的神仙谱系中，就有不少专司生殖或与生育子嗣有关的神仙，诸如碧霞元君、后土娘娘、张仙、保生大帝等。在元杂剧中，女性一般都去东岳庙去烧香，她们祭祀的很可能就是泰山女神——碧霞元君。

碧霞元君，又称泰山娘娘，民间信仰极盛，尤其是在北方地区。碧霞元君信仰的兴起与中华民族母性崇拜有着密切的关系，它的起源可以上溯到原始社会的生殖崇拜。同时，碧霞元君出于泰山，很自然地继承了东方主生的内容。母性崇拜与主生思想联系在一起，人们便认为碧霞元君能够主宰生儿育女，因此祈求子嗣者多求之于碧霞元君及其属神送生娘娘。传统中国社会以“孝”为本，人们最忌讳的是断子绝孙、灭了香火，生儿育女、传宗接代也就成为女性的根本任务。在“君为臣纲，父为子纲，夫为妻纲”的男权社会，女子没有财产继承权，所以生儿育女（主要生儿子）不仅事关父系生命的延嗣，而且关系到女性在家庭中的地位，如婚后“无子”便可被“休”，即使是皇后都难以幸免。女性只有生了儿子，才能“母以子贵”，得到家庭和社会的认可和尊重。因此女性婚后期盼生子的欲望特别急切，但她们又无法决定自己的生育取向，唯一能做的就是向神明求助，而碧霞元君作为生育之神，具有“送生保育”的神格，这正符合广大女性“求子”的需要，使中国千百万女性为之神往，把希望寄托在这位无所不能的泰山女神身上。她们相信碧霞元君最同情女人的痛苦，认为祈求她就可以多生孩子（尤其是男孩），可以保佑妇女生产顺利平安，并使孩子健康成长。

元杂剧中也有不少人物都有缺乏子嗣的烦恼，比如《散家财天赐老生儿》中的刘从善、《看钱奴买冤家债主》中的贾仁、《翠红乡儿女两团圆》中的韩弘道、《施仁义刘弘嫁婢》中的刘弘。他们都是家财万贯的财主，都面临这没有男丁继承香火的难题，这说明钱财并不能带来圆满的幸福。他们有的通过做善事感动了神灵，老来得子；有的通过收养别人的儿子来延续了香火；有的通过买来小妾解决这一难题；也有的通过祈求神灵来保佑顺利诞下子嗣。《相国寺公孙合汗衫》中的张孝友家境殷实，他也面临着难题，且听他说："欢喜未尽，烦恼到来。自从认了个兄弟，我心间甚是欢喜。不想我这浑家腹怀有孕，别的女人怀胎十月分娩，我这大嫂十八个月不分娩，我好生烦恼。"[①]他的浑家已经怀胎十八个月了还没有生产，这确实是一件怪事。这时，他认的兄弟陈虎给他出了一个主意："我那徐州东岳庙至灵至圣，有个玉杯珓儿，掷个上上大吉，便是小厮儿；掷个中平，便是个女儿；掷个不合神道，便是个鬼胎。"[②]并且还说要怀身的亲自去掷杯珓儿才灵验。且不论陈虎出的主意是不是别有用心，但当时民间对孕妇到东岳庙烧香求签有助于生产是认同的，否则张孝友不会对此深信不疑，即使忤逆父母也要带着妻子去东岳庙烧香求签。后来张孝友虽被陈虎推入黄河，但他妻子还是顺利产下男婴，这也许就有东岳庙神灵的暗中庇佑。

（三）求命

通过信奉宗教、祭祀神灵来解决现实问题是民众的心愿，并不仅仅限于求财、求嗣，还包括消除疾病。有时候，人们对于健康的祈求甚至超过于对财富子嗣的祈求，为了求得药到病除可以奉献财富和子嗣。

俗话说"吃五谷杂粮，哪有不得病的"，在医疗技术相对落后的古代社会，疾病就如同魔鬼一样可怕。对于一般的民众来说，他们很难请到医术高明的良医。即使他们有能力请到良医，但也有很多疑难杂症是治不好的。他们只能求神拜佛，希望得到神灵庇佑，从而去病禳灾。民众在祈求神佛去病禳灾时，常要进行一些布施，

---

① 《全元戏曲》(四)，第224页。

② 《全元戏曲》(四)，第224页。

主要是布施给佛堂道观，病愈之后还要去谢神酬恩。这虽然会造成金钱上的损失，但他们在所不惜。也有民众迷信疾病是妖孽作祟，于是去请法师来降妖除魔，去请僧道来诵经解厄，也付出了不少的代价。更有甚者，有些民众为了解除父母亲人的病痛而向神灵许愿，为了以示诚心，不惜损害自己的身体，牺牲自己的性命。他们以为这样做可以感动神灵，使得病人痊愈。曾几何时，在山东泰山的绝顶上有一处悬崖，崖边树着一座碑，上面镌刻着"禁止舍身"四个大字，就是为了防止一些人因父母长病而舍身跳崖。

元杂剧中生病的人也不少，他们解除病痛的方式不尽相同。有些人是采取惯常的办法求医问药，但鲜有治好的，这也印证了当时医疗技术的有限；有些人是得到了高僧的灵丹妙药才治愈的，比如《穆陵关上打韩通》中病危的李节度夫人就是靠洪吉寺长老的神效仙方才活命的；有些人是请法师来降妖除魔才痊愈的，比如《张天师断风花雪月》中害了相思病的陈公子和《萨真人夜断碧桃花》中害了相思病的张公子都是靠法师来捉妖才解除疾病的；还有些人则是祈求神灵使自己的亲人解除疾病，我们重点来分析这一类情况。

《降桑椹蔡顺奉母》中蔡顺的母亲延氏上庙烧香，感了些风寒，卧床不起。蔡顺是个孝子，他衣不解带、废寝忘食服侍母亲，并对天祷告："愿将己身之寿，减一半与母亲，愿母亲寿活百岁有余。"他多方求医问药，都空劳无功，母亲的病日益沉重。一日，母亲突然想吃桑椹，并说："但得美甘甘桑椹充肠，医可了我恹恹疾病。"此时正值盛冬时节，万木凋零，根本找不到桑椹，蔡顺再一次想到祷告神灵。他在后院中设香案，摆下三牲，焚香向天祷告，并有一段唱词：

【梧叶儿】列香案虔诚拜，设奠祀专意祷：但能够那树上发柔条，结几个桑椹子，摘将来医济的好。我这里望青宵，哎，神也保佑的母安乐呵，惟愿的可便长生不老。[①]

他长跪不起，把头都磕出血来，留下的泪也结成了冰，并再一次表达了只要母亲病体能够痊愈，情愿自己折寿。他这番诚心终于感动了神灵，上圣派增福神下界，着大众神将，把冬天变成春天，让桑树都生桑椹，让蔡顺摘去献与他母亲。母亲吃了桑椹以后，果然病体痊愈了。

《小张屠焚儿救母》中张屠的母亲十五看灯回来得病，日益沉重。张屠请来医生给母亲看病，医生开了一个大药方，并需要一钱硃砂做引子。张屠用妻子的耳环去王员外那里换硃砂，哪知昧心的王员外给他的是假硃砂，母亲吃了以后病体更加沉重。张屠无奈，只能面向东岳庙的方向祷告："俺两口望着东岳爷爷拜，把三岁喜孙，到三月二十八日，将纸马送孩儿焦盆内做一枝香焚了，好歹救了母亲病好。上圣有灵有圣着！"[②]东岳庙在元杂剧中经常出现，东岳大帝也是民众普遍信仰的神灵，他本是泰山神，人格化以后神性已发生了重大变化，由最初的招魂稽鬼、主人生死，扩展为管理"贵贱高下"、"禄科长短"、"吉凶祸福"。宋代以后东岳庙遍及天下，"虽村隅僻壤，多有其祠宇"，并以东岳庙为中心，形成了规模盛大的祭祀活动——东岳庙会。东岳庙会是民间东岳大帝信仰活动的集中表现，通常在每年夏历三月二十八日举行，相传此日为东岳大帝的诞辰。宋吴自牧《梦粱录》卷二记载宋代东岳庙会的盛况云："三月二十八日，乃东岳天齐仁圣帝圣诞之日，其神掌天下人民之生死，诸郡邑皆有行宫奉香火。杭州有行宫者五，如吴山、临平、汤镇、西溪、昙出，奉其香火，……都城士庶，自仲春下浣，答赛心愫，或专献信香者，或答重囚带枷者，或诸行铺户以异果名花、精巧

① 《全元戏曲》(二)，第583页。
② 《全元戏曲》(六)，第72页。

面食呈献者，或就殿庑举法音而上寿者，舟车道路，络绎往来，无日无之。”[①]东岳大帝既然如此神通广大，自然也能去除疾病，所以张屠向东岳大帝诚心祷告，并且允诺在东岳大帝的诞辰日把三岁的儿子作为祭品献给他。张屠的祷告果然起了作用，他母亲的病马上就好了。他决心兑现自己的诺言，忍痛将儿子送往东岳庙去当祭品。不过好人终有好报，神灵将瞒心昧己的王员外的儿子拿来替换了张屠的儿子，使得张屠的儿子得以保全。

蔡顺和张屠虽然身份不同，一个是饱读诗书的秀才，一个是目不识丁的屠夫，但他们都对神灵有共同的信仰。为了使母亲病体痊愈，他们诚心向神灵祷告，一个情愿折寿，一个献出儿子，最后终于感动了神灵，使他们的母亲都得到了神的救助。

祈求神灵不但可以治病救人，还可以延年益寿。《桃花女破法嫁周公》中彭大本只有六十九年寿命。为了苟全性命，彭大按照桃花女的吩咐，“办些素果斋食，香花灯烛，等到三更半夜，拜告北斗星官去。”半夜里北斗星官果然下界接受了彭大的供养。正待离去之时，彭大扯住一个星官乞求增寿。星官也非常爽快，他说：“这个不打紧，我受了你香灯祭祀，与你名下勾抹了该死的册籍，注上三十岁，有九十九岁寿。”[②]给彭大增添了三十岁的寿命，使得六十九岁的彭大逃过了一劫。

元杂剧中这些祈福者通过向神灵祈愿，不论是求财、求嗣还是求命，最终都如愿以偿，这表明只要心诚，神必佑之。虽然他们并不是虔诚的宗教信徒，但是他们对于宗教还是有一定信仰，他们相信宗教能够满足他们的愿望。一旦宗教真的满足了他们的愿望，反过来又会加深他们对宗教的信仰。让这些祈福者得偿所愿实际上就是对宗教的一种正面宣传。

---

① 《梦粱录》，第14页。

② 《全元戏曲》（五），第247页。

二 多少经文忏得过来——赎罪者

西方人深受“罪感”文化的影响，所以他们信仰宗教往往是为了赎罪。中国虽缺少这种文化的积淀，但受到佛教“地狱”观念以及道教“承负”观的影响，普通民众在作恶犯罪之后也会借宗教来调解内心的失衡。元杂剧中塑造了这样一批人，他们罪孽深重，妄图通过吃斋念佛等宗教仪式来消灾免祸，但他们的罪孽却不能够通过这样的仪式而轻易消除。

（一）作孽者

元杂剧中塑造了形形色色的恶人，比如贪赃枉法、草菅人命的糊涂官，仗势欺人、渔猎艳色的权豪势要，倚强凌弱、横行街市的市井无赖等等。这些人大多厚颜无耻，没有任何道德感，也不信因果报应，所以他们不会有赎罪的心理，但也有少部分人，他们对鬼神有一定的敬畏心理，为了避免日后遭到报应，也会找一些途径来消除罪孽。

元代城市商业经济繁荣，流动人口激增，促使以卖淫为业的娼妓的滋长，元代妓女数量之大，空前惊人。据马可波罗行记的记载，仅大都一地就有官妓二万五千人，那些“不隶于官，家居而卖奸”的“私科子”就更难以计数。娼妓业的发达也滋生了一群特殊的行当——鸨母。元杂剧中塑造了一大批“恶、劣、乖、毒、狠”的鸨母形象，她们对金钱有强烈的追求欲望，在追求金钱的过程中，往往不择手段，不讲道德。鸨母养育和调教妓女，其实是一种投资，必然有着翻倍获利的用心，于是她们千方百计地从妓女身上榨取钱财，根本不顾妓女的死活。《金线池》中的鸨母成心要让自己的女儿“老死在风尘”，让她用镊子镊了鬓边的白发，继续觅钱。《青衫泪》中的鸨母也是个“银堆里舍命，钱眼里安身，挂席般出落着孩儿卖”的主，每天催自己的女儿早起觅钱，把女儿折磨得“形似鬼”、“瘦如柴”。《曲江池》中的鸨母则是个“吃人脑的风流太岁，剥人皮的娘子丧门，油头粉面敲人棍”，把钱看得紧，逼迫女儿去卖笑求食。《玉梳记》中的鸨母贪心不足，女儿为她“觅下的金、寻下的银、买下的锦、攒下的罗，珠和翠整箱儿盛垛”，但她还不知足，为了“二十载锦花”，赶走女儿的心上人，逼迫女儿重新接客。为了谋取更大的经济利益，她们经常破坏妓女和情人之间的感情，阻止妓女从良。《金线池》中的老鸨巧使离间计，离间女儿和韩秀才的感情。《两世姻缘》中的老鸨为了拆散女儿和韦秀才的姻缘，使用激将法，激韦秀才进京赶考，致使女儿病死。《玉梳记》中的鸨母为了拆散女儿和荆秀才的姻缘，对荆秀才冷嘲热讽，迫使他去京城应举。为了金钱，她们还可以把妓女变相卖给他人。《青衫泪》中鸨母见女儿无心接客，就以五百两银子把女儿卖给了茶商，女儿控诉她说："母亲，我是你亲生之女，替你挣了一生。只为这几文钱，千乡万里卖了我去。母亲好狠也！”《玉壶春》中的鸨母为了“三十车羊绒潞绸”要把女儿嫁给商客，逼得女儿剪发铭志。《百花亭》中的鸨母赶走女儿的心上人，勒索了洛阳巨富二万贯彩礼，把女儿嫁给了他。《云窗梦》中的鸨母见女儿不肯嫁给茶商，竟以五十两银子把她转卖给另一个鸨母。那个鸨母更加狠毒，逼得她继续接客。

鸨母是最遭人恨的，因为她们是寄生虫，靠榨取妓女的血汗钱来营生，即便这些妓女中有些还是她们亲生的女儿。她们“平生冤孽”不少，《刘行首》第三折有两段唱词集中归纳了她们的罪行：

【三煞】为钱呵搬的人爷娘恩爱忘，夫妻情分绝，典房买地将家私舍。形消骨化皆因此，家破人亡不为别。舍性命轻抛撇，则恋着星眸皓齿，杏脸莺舌。

【二煞】将郎君脑盖敲，子弟每精髓撅。怎当他转关而有百计千谋设。逼得人剜墙钻窟将金资觅，仗剑提刀将财物劫。都积攒下来生业，跟着我着你化灾变福，改正归邪。[①]

她们造了这么多孽,其中也有人怕遭到报应,企图通过宗教仪式来消除罪孽。《金线池》中的鸨母平时没事的时候就看经念佛,据她所说这几年性子淳善了许多,这恐怕就有看经念佛的功劳。但是她罪孽太深,并不能靠这样的宗教仪式来洗涤自己的灵魂,正如她的女儿杜蕊娘所说:“俺娘口孽作罪,你这般心肠,多少经文忏的过来? 枉作的孽深了也!”[②]《玉梳记》中的老鸨平时也看经念佛,但她的女儿顾玉香嘲讽她终日看的都是“昧心经”,每日念的都是“养家咒”。可见这些鸨母并不虔诚,一边看经念佛,一边继续做着伤天害理的亏心事,这样是消不了灾、免不了罪的。

(二)杀人者

杀人是罪大恶极的罪,元杂剧中塑造的人物中也有不少是犯下了杀人罪的人。这些人大多穷凶极恶,不敬天地不畏鬼神,甚至连神仙都怕了他们,比如《朱砂担》中的杀人狂徒白正就十分凶狠,地曹和鬼力都不敢靠近他,任由他在人间为非作歹。这样的人毫无宗教观念,断然也不会有赎罪的心理。然而,他们中也不乏胆小怕事的人,他们企图借助看经念佛、超度亡灵等宗教仪式来洗涤自己的罪孽,但结果证明还是徒劳的。

元杂剧中,许多剧目都涉及中医与中药,也塑造了一些医生的形象。这些医生几乎没有一个是医术高明的,都是借看病开药来坑蒙病人的钱财。《蔡顺奉母》中塑造了两个所谓的“太医”:一个叫“宋了人”,一个叫“糊涂虫”。这两个庸医自称“指上不明,医经不通”,曾“医杀了人”而被拖去吃官司。剧中写他俩给蔡婆婆看病,知是“豪富之家”,便大敲其竹杠,说什么“他有一分病,俺说做

---

① 《全元戏曲》(五),第 339 页。

② 《全元戏曲》(一),第 113 页。

十分病。有十分病，说做百分病。到那里胡针乱灸，与他服药吃。若是好了，俺两个多多的问他要东西钱钞；猛可里死了，背着药包，望外就跑"。《焚儿救母》中的太医明知张屠家"朝无夜粮"，十分贫困，却还开"直银七两"的大药方。这些庸医还只是贪财无能，还有一些庸医比他们恶劣百倍，其中最典型的是《窦娥冤》、《魔合罗》、《救孝子》三剧中的赛卢医。"卢医"本是战国时期名医扁鹊的代称，他医术高超、品德高尚，而元杂剧中这三个所谓的"赛卢医"却都是无才无德的庸医，甚至连庸医也配不上，只不过是以行医卖药为幌子，以图财害命为目的的"贼汉"。

首先，他们名为医生，却对医术一窍不通。《窦娥冤》中的赛卢医的上场诗云："行医有斟酌，下药依本草；死的医不活，活的医死了。"[①]这正是他们的真实写照。他们不会开治病之药，却会合害人之药。《窦娥冤》中的赛卢医明知张驴儿买毒药是为了害人，为了保全自己，还是把毒药卖给了他。《魔合罗》中的赛卢医自己调制毒药，亲手喂给自己的亲哥哥吃，把他毒死，为的是谋取财物、霸占嫂嫂。

其次，他们品德败坏，道德沦丧。俗话说"医有医德"，他们不仅没有一点医德，而且连一般的道德规范都没有。欠债还钱本是天经地义之事，可《窦娥冤》中的赛卢医却赖账不还，还企图把债主勒死。《救孝子》中的赛卢医品质则更是恶劣，对此他颇有自知之明，他上场诗云："我是赛卢医，行止十分低。常拐人家妇，冷铺里做夫妻。"[②]他去本府推官家行医，把人家里的丫鬟梅香拐骗出来。梅香难产而死，他毫不念旧情，把她脸皮划破、抛尸荒野，手段极其残忍。他路遇良家妇女春香，见她长得俊俏，便起歹心，把她拐回家中。春香不愿随顺他，他便朝打暮骂，"白日里五十棍，到晚也五

① 《全元戏曲》(一)，第184页。
② 《全元戏曲》(三)，第11页。

十棍”，把人往死里整。《魔合罗》中的赛卢医为了保全自己，竟然诬告自己的父亲，把所有责任一股脑儿推卸给父亲：合毒药“是俺父亲来”，主情造意“是俺父亲来”，拿银子行贿“是俺父亲来”，“并不干我的事，都是俺父亲来”，可谓人伦丧尽，禽兽不如。

再次，他们灭绝人性，丧尽天良。对于杀人，他们可谓真正“不眨眼”，想杀就杀，没有任何犹豫和迟疑。《窦娥冤》中的赛卢医把蔡婆婆骗到无人处，掏出随身所带的绳子就要勒死蔡婆婆。《救孝子》中的赛卢医威逼春香给他拐来的丫鬟梅香接生，说：“你不肯么？这里无人，我便打杀了你！”见梅香难产而死，又打起了春香的主意，说：“你跟的我去，万事皆休；不跟我去，我就夺这刀子杀了你。”《魔合罗》中的赛卢医听说哥哥卧病古庙，冒出的第一个念头不是去救他，而是去毒死他，夺了钱财，娶了嫂嫂。他们视人命为草芥，杀人就如同踩死一只蚂蚁，随意践踏别人的生命。他们的罪恶行径与那些盗贼匪徒没有什么两样。

他们品质如此恶劣，是否有所悔悟呢？也是有的，那就是《窦娥冤》中的赛卢医。他之所以会悔改，并不是真的觉悟，只是因为他胆子小，而且在做亏心事时被人抓个现行。他因无力偿还蔡婆婆的债务，便恶向胆边生，把蔡婆婆骗到无人的荒野准备绞杀了她，正在行凶的时候被路过的行人张驴儿父子呵止，吓得撒腿就跑，从此惶惶不可终日。经过这场变故，他“方知人命关天关地，如何看做壁上灰尘”，于是决定改过自新，念佛吃斋，灭罪修因，“将以前医死的性命，一个个都与他一卷超度的经文”。仅凭念佛吃斋是消弭不了以前的罪过的，只是他的结局比那两个毫无悔改之心的赛卢医略强一些，勉强保住了性命，被发配到烟瘴之地去充军。

元杂剧中这些妄图借宗教仪式来赎罪的人到头来并没有消除自己的罪孽，正说明了一个道理，神是欺瞒不了的，“未曾烧下纸钱灰，人心才动我先知”，他不在乎你念了多少经文，供了多少祭品，烧了多少香火，而在乎你是否品行端正、心地纯良。作恶之人即使有向善的心，也要为自己的犯下的罪孽付出代价，至于那些毫无悔改之人则更会遭到应有的报应。

三　丧家之犬无归路——避难者

民众接纳鬼神仙佛，祭拜神灵，并非源于对宗教的虔诚信仰，他们多是持实用态度，希望借助庄严而又随时可行的宗教仪式来满足延年益寿、消灾避祸的心理。与此相仿，许多教徒投身于佛门道观也并非源于对宗教的虔诚信仰，而是以佛门道观为栖身地或避难所，以皈依宗教来结束飘摇的生活或逃避将死的命运。

（一）无可奈何者

中国民众对家的眷恋远远大过于对宗教的信仰。在自给自足的自然经济条件下，家对于民众来说就是一切，他们生于斯，长于斯，为斯而奔波劳碌。家也是民众的感情寄托，穷困潦倒时，需要家庭成员的帮助和安慰；显达亨通时，乐于和家庭成员共同分享。家，就是中国民众的信仰，就是中国民众的教堂。有了家的依靠，很少人会想到去出家。然而，一旦家庭倾覆，无所归依，很多人可能就会选择遁入空门了。元杂剧中塑造了这样一些出家人，他们出家并非自愿，而是遭遇家庭变故后无可奈何之举。

《鲁斋郎》中张珪原本有一个幸福美满的家，妻子端庄秀丽，儿女活泼可爱，自己又是一个孔目，官职虽不大，但也可保全家衣食无忧。清明时节，他带着妻子上坟的时候遇见了花花太岁鲁斋郎。鲁斋郎看上了他的妻子，命他明日把妻子送到府上来。张珪畏惧鲁斋郎的权势，为了保全家小，只好把妻子送给鲁斋郎，这可真是“平地起风波二千尺，一家儿瓦解星飞”。后来一双儿女也不知所终，妻离子散的他只能愤然出家。第四折他身穿道服，敲着愚鼓简板上场，大谈出家人的快乐，说什么“想俺出家人，好是清闲也呵”、“俺这出家人，一年四季春夏秋冬，好是快活也呵”，看似他已然心无旁系，全心向道，其实不然，一曲《折桂令》透露出他的无奈和愤懑：

【折桂令】想当初、向清明日共饮金波，张孔目家世坟茔，须不是风月鸣珂。他将俺儿女夫妻，直认作了云雨巫娥。俺自撇下家缘过活，再无心缎匹绫罗。你休只管信口开河，絮絮聒聒；俺张孔目怎还肯缘木求鱼，鲁斋郎他可敢暴虎冯河！[①]

可见他至今对那段十五年前的往事还不能释怀。“鲁斋郎哥哥，自惹下亡身祸；我舍了娇娥，早先寻安乐窝”，直到听到作恶多端的鲁斋郎被包待制斩首，他才觉得长吁一口恶气。十五年后他遇到了妻子，妻子苦苦劝他还俗，他说：“我修行到这个地步，如何肯再还俗？”他还说：“任旁人劝我，我是个梦醒人，怎好又着他魔？”看似他道心坚固，其实也不然，他想的还是他失散的儿女。等包待制把他的儿女送还，他就不再惺惺作态了，还高歌“便是俺还俗的也不误了正结果”。

《合汗衫》中的张孝友原本也有一个殷实和睦的家庭，父母双全，妻子贤惠。由于他不辨善恶，认了恶人陈虎为义兄。陈虎觊觎他的家产和娇妻，把他推入黄河，幸而被渔夫所救。他和家人失去了联络，孤苦无依，只好到金山寺里舍俗出家。第四折他身着僧服上场，已经出家十八年了，但是他还是忘不了失散的亲人。当在寺院里做法事的时候，他看见一对乞讨的老夫妻，便觉得面善，当得知他们就是自己失散多年的父母之后不禁喜出望外，接着又遇见了自己的妻子和儿子，“一家骨肉再团圆，这快心儿不是浅，便待要杀羊造酒大开筵”。相比张珪，他还俗的心更加迫切，没有丝毫的犹豫。

---

① 《全元戏曲》(一)，第380页。

那些皈依宗教的女性有很大一部分也是因为家庭变故而走上了出家之路的。在宗教的庇护下，她们得以保持自己的贞洁，也免受颠沛流离之苦。她们比那些无奈出家的男性更加缺乏宗教的热忱，一旦遇到失散的丈夫或未婚夫，不用旁人规劝，就急不可待地还俗了，可见她们对家庭的依赖性更大。《鲁斋郎》中张珪的浑家李氏被鲁斋郎夺去，后鲁斋郎被包待制斩首，她才重获自由。她一时找不到失散的丈夫儿女，只好出家了。她出家后还是忘不了自己的丈夫儿女，仍记得为他们祈福。当巧遇自己的丈夫后，她不但忘记了自己出家人的身份，还力劝出家的丈夫一道还俗。《竹坞听琴》中的郑姑姑陪丈夫回京述职途中，路遇强匪，和丈夫失散了，于是拢起头发，舍俗出家。她规劝别人要“坚心办道，休要半路里还了俗”，但自己却口不应心。她和丈夫重逢后，便“丢了冠子，脱了布衫，解了环绦”，还说：“我认了老相公，不强如出家。”另一个年轻道姑郑彩鸾和未婚夫家失去了联系，朝廷出告示要求凡年满二十岁的女孩儿必须嫁人。她已经二十一岁了，为了逃避朝廷的强规不得已才出家。她出家前向郑姑姑保证将一心修道，绝不半路还俗。但没过多久，她遇上了未婚夫，便与未婚夫“并香肩，月下星前共指三生说誓言”，共度良宵了。

从这些人出家的经历可以看出，他们本身并没有出家的意识，只是在家庭遭到变故以后才出家的，所以也谈不上对于宗教有太多的感情。等到家庭成员重聚以后，他们便脱去了身上的缁衣道袍，放弃多年的修行，重新回归家庭的怀抱。

（二）求全保命者

佛门道观不但是那些无家可归的人的收容所，也是那些走投无路的人的避难所。《破风诗》中的贾岛恃才傲物，在妙香寺中骂了偷看他文章的宰辅韩愈，自知“这罪过无轻恕”，“便似丧家之犬无归路”，在妙香寺长老的帮助下，逃到了云盖寺，改名易姓，落发为僧，一曲《小梁州》道尽了他的无奈与辛酸：“我为甚么走入深山改姓名？我则是远害全身。我为甚么弃儒投释做僧人？怕闹市餐刀刃，险做了屈死一冤魂。”[1]对于死的恐惧使得他放弃了“攀蟾折桂求身事”，与“野草闲花作近邻”，出家作了和尚。元杂剧中还塑造了一批像贾岛一样因为畏死而出家的人，这些人有一个共同的称呼——被度者。

所谓“被度者”，就是在“度脱剧”中被神佛点化而成仙成佛的人。他们一般都有慧根仙缘，但却眷恋凡尘，执迷不悟，神佛点化他们可谓费尽心机，最后只有拿出杀手锏，把他们逼上绝路才迫使他们出家。度脱剧在元代较为繁盛，现存元杂剧作品中，“度脱剧”约占十分之一左右，它们是：《任风子》、《岳阳楼》、《黄粱梦》、《度柳翠》、《铁拐李》、《东坡梦》、《庄周梦》、《忍字记》、《竹叶舟》、《城南柳》、《金安寿》、《刘行首》、《升仙梦》、《玩江亭》、《蓝采和》、《鱼篮记》、《邯郸店》等，被度者共计二十一名，具体参见下表(表3－1)：

表 3－1

被度者	身份	角色	出处	迷障	是否受到死亡威胁
任　屠	屠夫	正末	《任风子》	家庭	是
郭马儿	店主	不详	《岳阳楼》	家庭	是
贺腊梅	夫人	旦儿	《岳阳楼》	无	否
吕洞宾	文人	外	《黄粱梦》	功名	是
柳　翠	妓女	旦儿	《度柳翠》	姻缘	是
李　岳	小吏	正末	《铁拐李》	家庭	是
苏东坡	文人	外	《东坡梦》	功名	否
庄　周	文人	生	《庄周梦》	花酒	否
刘均佐	财主	正末	《忍字记》	财产、家庭	是

① 《全元戏曲》(八)，第200页。

陈季卿	文人	不详	《竹叶舟》	功名	是
老　柳	酒保	净	《城南柳》	家庭	是
李小桃	夫人	旦儿	《城南柳》	无	否
金安寿	财主	正末	《金安寿》	家庭	是
童娇兰	夫人	旦儿	《金安寿》	无	否
刘行首	妓女	旦	《刘行首》	姻缘	是
柳　春	财主	正末	《升仙梦》	财产、家庭	是
牛　璘	财主	净	《玩江亭》	家庭	否
赵江梅	夫人	正旦	《玩江亭》	家庭	是
许　坚	艺人	正末	《蓝采和》	家庭	是
张无尽	府尹	不详	《鱼篮记》	荣华富贵	否
卢　志	文人	外	《邯郸店》	功名	是

从表中可知，被度者身份不一，阻碍他们出家的因素也各不相同。对于文人来说最大的迷障就是功名，要度脱他们就得让他们放弃对功名的执着。《黄粱梦》、《竹叶舟》、《邯郸店》都是让被度者在梦境中饱尝功名得而复失的欢乐和痛苦，最后梦醒，悟出荒诞，断绝尘念，复归仙道。对于市井小民来说，家庭是他们出家的最大迷障，要让他们觉悟就要让他们的家庭彻底瓦解。任屠贪恋妻小，马丹阳让他休妻杀子；郭马儿舍不得妻子腊梅，吕洞宾就把他妻子杀了；刘均佐放不下"万贯家缘，娇妻幼子"，布袋和尚让他全"与别人"；老柳舍不得"家缘活计、夫妇恩情"，吕洞宾就先把他妻子度脱出家了。失去了家庭，他们才舍得出家。

然而，对于被度者来说，功名和家庭这些都不是最难超越的，最难超越的还是生死，正如丘处机所说："死生之际正是着力处。"[①]要想度脱迷恋凡尘的世俗人出家，最有效的手段就是让他们直面死亡的威胁。从上表可知，直接受到死亡威胁的被度者有十四人，而另外几人也有着较浓的恋生厌死情绪。不管是科举失意的痛苦，还是妻离子散的烦恼，最终都会被死亡的恐惧所掩盖，而死亡的恐惧最终又会被宗教消解。这些被度者都是在危难关头大喊救命，表示只要度人者肯施与援手便情愿出家。所以，与其说他们是在将死的瞬间突然省悟，不如说他们把出家视为救命的稻草。这并不是深刻的宗教体验和觉悟，而是功利性格的集中体现。

中国民众虽然没有宗教的狂热，但却对潜藏在心灵深处的"死"的困扰有着同样的忧惧和惶惑，促使他们去追求永恒的生命。佛教建构的极乐世界和道教建构的神仙世界使得民众愿意放弃世俗的快乐去响应宗教的召唤。《任风子》第三折中有这样两段唱词反映出世俗人皈依宗教的心态：

> 【耍孩儿】想咱人生在六合乾坤内，活到七十岁有几？人生幻化比芳菲，人愁老花怕春归。人贫人富无多限，花落花开有几日？则是这三寸元阳气，贯串着凡胎浊骨，使作着肉眼愚眉。[②]
>
> 【二煞】一来我女色再不贪，二来香醪再不吃，堆金积玉成何济。人生一世心都爱，谁为三般事不迷？世跳出红尘内，我则寻泛游槎天浪，下烂斧柯仙棋。[③]

"酒色财气"谁人不爱，但是在永恒的生命面前它们就显得无

---

① (元)孟攀鳞：《重修真常宫碑》，见《全元文》(二)，南京：江苏古籍出版社1998年版，第262页。

② 《全元戏曲》(二)，第53页。

③ 《全元戏曲》(二)，第54页。

足重轻了。人们戒除“酒色财气”绝非对它们“不迷”，而是因为它们与长生相矛盾，为了达到长生的目的只得忍痛割爱，放弃暂时享受，其功利性昭然若揭。

总而言之，无论是借宗教祈福，还是借宗教赎罪，抑或借宗教避难，都是把宗教视为一种可以利用的工具，这反映出中国民众实用的宗教心理和淡漠的宗教情绪。

第四章 元杂剧宗教人物形象的表现特性及其成因

元杂剧塑造了大量宗教人物形象，尽管这些形象分属不同的宗教流派，在宗教特性上和人物个性上呈现出了不同的特征，但是它们却在这样几个方面呈现出了相同的特点：出现较为明显的类型化倾向；具有三教合一的宗教特性；体现出了强烈的世俗精神。元杂剧宗教人物形象所具有的这些共同特性，既与戏曲本身对人物形象塑造的要求有关，又是我国宗教文化三教合一特性以及浓郁的世俗精神对元杂剧深刻影响的结果。

第一节 宗教人物形象类型化及其成因

人物类型化是元杂剧中一个非常突出的现象。类型化人物是元杂剧中人物的基本存在状态之一，无论是主要角色还是次要角色，都有类型化的趋势，宗教人物自然也不例外。

一 宗教人物形象类型化趋势

元杂剧宗教人物形象类型化的趋势是比较明显的，无论是神祇形象还是僧道形象，都不同程度地存在着类型化的倾向。

(一)神祇形象类型化

元杂剧中的神祇形象，尤其是下界点化凡夫俗子的仙佛形象存在着较为明显的类型化趋势。试看度脱剧中对度脱者艺术形象的描写，我们不难发现在人物的言谈、行为和性格方面都呈现出明显的类型化特征。

言谈

度脱者在度脱凡人之时总是免不了对世事沧桑变化发出一番感叹。“想咱这百年人则在这捻指之间”、“觑百年浮世似一梦华胥”、“叹人间甲子须臾”诸如此类的感叹之言词在元杂剧中比比皆是，这种对世事沧桑变化的感叹反映出度脱者贪生畏死的一种情绪，而这种情绪正是人们选择皈依宗教的主要因素之一。同时，他们也不忘对世人争名夺利进行点评。《岳阳楼》中的吕洞宾说：“竞名利，为官宦；都只为半张字纸，却做了一枕槐安。”[①]《黄粱梦》中的钟离权感叹道：“假饶你手段欺韩信，舌辩赛苏秦，到底个功名由命不由人，也未必能拿准。”[②]《老庄周》中的太白金星也唱道：“名利似汤浇瑞雪，荣华如秉烛当风。”[③]《竹叶舟》中的吕洞宾也发出感慨：“叹你这千丈风波名利逐，端的个枉受苦，便做道佩苏秦相印待如何。你则看凌烟阁那个是真英武，你则看金谷园都是些乔男女。”[④]这些言谈表面上是对人们追逐功名的行为进行了否定，但从中流露出的却是度脱者对“功名难就”的不甘情绪以及无奈的心情。

行为

度脱者点化被度者的手段大同小异，不是让被度者见些“恶境头”就是让被度者在梦中历经宦海沉浮，领略沧桑变化。《任风子》中马丹阳在度脱任屠时说：“我教他眼前见些恶境头，然后点化此

---

① 《全元戏曲》(二)，第 172 页。
② 《全元戏曲》(二)，第 191 页。
③ 《全元戏曲》(三)，第 654 页。
④ 《全元戏曲》(四)，第 647 页。

人。"[1]《蓝采和》中钟离权度脱蓝采和时云:"此人若不见了恶境头,怎肯出家?"[2]他们都是采取见"恶境头"的方法才度脱了被度者。《黄粱梦》中钟离权在度脱吕洞宾时说:"这人俗缘不断。吕岩也,你既然要睡,我教你大睡一会,去六道轮回中走一遭。待醒来时,早已过了十八年光景,见了些酒色财气,人我是非,那其间方可成道。"[3]《度柳翠》中月明和尚在度脱柳翠时说:"你睡着了,我着你大睡一觉。这等人不着他见些恶境头,他可也不得省悟。"[4]《竹叶舟》中的吕洞宾在度脱陈季卿时说:"这呆汉睡着了也。我着他大睡一场。"[5]让陈季卿在梦中"一枕南柯省悟"。《刘行首》中马丹阳见说服不了刘行首,便说:"则是这般他也不省,则除是恁的。"[6]所采用的办法也是让刘行首在梦中见了轮回。《金安寿》中铁拐李让金安寿在梦中被"婴儿姹女、心猿意马"追赶,跌入深涧。《玩江亭》中面对那"便跳出您那七代先灵劝不得"的赵江梅,铁拐李也是采取梦中见"境头"的方法点化了她。《邯郸店》中吕洞宾让卢生在梦中"功名生死路上走一遭去",由此点化了卢生。这些梦中的境头和"恶境头"一样,其实就是把被度者逼上绝路,让他们畏死而出家。度脱者采取的手段并不高明,甚至有些卑劣,但是反映出的却是度脱行为的艰难。

性格

度脱者性格总是有点癫狂。《岳阳楼》中吕洞宾哭了又笑,笑了又哭,郭马儿说他"正是个风魔的哩"。《度柳翠》中月明和尚说话"风言风语",在柳翠眼里他就是个"风和尚"。《铁拐李》中吕洞

① 《全元戏曲》(二),第43页。
② 《全元戏曲》(七),第120页。
③ 《全元戏曲》(二),第191页。
④ 《全元戏曲》(二),第451页。
⑤ 《全元戏曲》(四),第650页。
⑥ 《全元戏曲》(五),第336页。

宾在李岳“门首哭三声笑三声”，李岳手下的张千也认为他是个“风魔先生”。《刘行首》中马丹阳说话颠三倒四，刘行首说他是个“不着坟墓风魔汉”。度脱者风魔的个性使人物具有别样的光彩。

此外，元杂剧中的被度者的身份特点、生活情境、结局等等，也都大同小异，呈现出明显的类型化特征。比如，被度者是文人，他们最大的迷障就是功名，要度脱他们就得让他们放弃对功名的执着。被度者是市民，他们放不下的便是“万贯家缘，娇妻幼子”，要度脱他们就得让他们妻离子散，家财散尽。而不管是文人还是市民，他们无一例外都是因为惧怕死亡而出家。

（二）僧道人物类型化

在元杂剧中，我们不难发现一些具有相同特征的出家人形象：如慈眉善目的长老，言行粗鄙的行者，思凡的道姑等等。他们虽然出现在不同剧作家创作的作品之中，但其基本的性格特征却是相似的。

元杂剧中塑造了众多长老形象，这些长老虽然来自于不同的寺院，但面目雷同，甚至可以互相取代。首先，他们的上场诗存在相互蹈袭的现象。上场诗是刻画人物的一种手段，元杂剧中上场诗类型化的特征比较明显，这在长老身上也得到了较为明显的体现。本文第二章已经详细分析过长老上场诗的特点，其中“明心”这首出现了四次，“涧水”和“积水”都出现了两次。即使上场诗的字句不一样，但内容大体都是一样的，无非就是反映禅宗“明心见性”的思想以及佛教慈悲为怀的精神。上场诗一般都反映了人物身份、地位、品行等等，所以无论长老来自于哪个寺庙，他们一般都是宅心仁厚的禅宗长老；其次，这些长老的行动也趋于一致，都以救济落魄文人为能事，比如《裴度还带》里白马寺长老、《荐福碑》里荐福寺长老、《破窑记》里白马寺长老、《竹叶舟》里青龙寺长老、《破风诗》里秀云长老都接济过时运未至的读书人。再次，长老身边总是有一个插科打诨的行者，他们总是喜欢调侃自己的师父，破坏师父的形象。

元杂剧中的行者(或行童)、道童都存在不同程度的类型化倾向。行者(或行童)大多跟在慈眉善目的长老身边,言行粗鄙,对酒肉情色有难以抑制的欲望。道童总是跟在道法精妙的道长身边,他们对酒肉情色倒没有什么过多的欲望,就是喜欢说一些大话,夸耀自己的本事。《单刀会》中司马徽身边的道童大言不惭地对前来拜访师父的鲁肃说:"鲁子敬,你愚眉肉眼,不识贫道。你要索取荆州,不来问我?关云长是我的酒肉朋友,我交他两双手送与你那荆州来。"[1]实际上他只是逞口舌之能罢了,并没有切实的行动。《大破蚩尤》中张天师身边的道童对前来拜访师父的使命吕夷简说:"使命,你休小觑我。我师父的法箓,都传授了我。"[2]但其实他什么都不会,拿着信香充当灵丹、木剑充当宝剑去骗吕夷简。

元杂剧中塑造的道姑几乎没有不思凡的,尤其是青春年少的道姑更是难抑情欲的冲动。《竹坞听琴》中的道姑郑彩鸾和《女贞观》中的道姑陈妙常身上有很多相似的地方,她们都出身官宦人家,美丽聪慧,知书达理;她们都会抚琴,并且通过抚琴引来了知音;在追求爱情上,她们表现得也十分积极主动。小道姑们对情欲的渴望表现得更为直接。《竹坞听琴》中服侍郑彩鸾的小道姑见郑彩鸾还俗去了,便也有样学样,说道:"小姐还俗去了,撇得我独自一个,在此孤孤另另,如何度日?不如也寻个小和尚去。"[3]《鸳鸯被》中的小道姑成就了小姐李玉英的好事,便央求她给自己觅个好夫婿。

二 宗教人物形象类型化趋势探因

宗教人物作为一类独特的戏曲类型人物,它的类型化现象的

---

① 《全元戏曲》(一),第 62 页。
② 《全元戏曲》(七),第 777 页。
③ 《全元戏曲》(三),第 252 页。

呈现是多方面因素造成的。就笔者看来，宗教人物形象类型化倾向既与元杂剧本身对人物形象塑造的要求有关，又与宗教人物形象自身的特殊性不无联系。

（一）元杂剧自身的原因

宗教人物形象类型化趋势与元杂剧人物形象类型化趋势是一致的。元杂剧人物形象类型化的原因主要包括两个方面，一方面是元杂剧文学体制的原因；另一方面与元杂剧的表演体制有关。

从元杂剧文学体制来说，首先，元杂剧创作的戏曲结构是固定的，所谓“四折一楔子”，同时，又规定“一人主唱”，这必然限定了作者创作才能的发挥。在有限的长度里，作者只能集中描绘一两个主要人物，对次要人物只好忽略或粗糙刻画，只在必要时才让他们出场。有限的表演空间和相对简单的行动使这些次要人物的性格特征就不能充分表现出来，成为性格单一的类型化人物。即使是主要人物，在具体的创作中，也会采用一些模式化的手段来不断强化他们类的特性。其次，剧作家创作剧本的目的基本上都不是作为案头欣赏，也不是“藏之名山，传之后世”，而是为了谋生，所以要考虑演出的实际情况，符合观众的欣赏趣味。大多数元代杂剧演员文化水平不高，其艺术才能的获得基本上是靠师傅口传心授的，而类型化的人物能把舞台演出实践经验定型化、简单化，便于演员学习和把握。再则，元杂剧演出班子人一般不多，有时候一人要分饰多角，而类型化人物，既可以让演员容易掌握角色性格特征，也可以使观众清楚地区分人物的类型。另外，类型化的人物性格突出，形象鲜明，易于给观众留下深刻的印象，引起观众的共鸣，这样他们才能心甘情愿掏钱看戏，并在其中流连忘返、乐此不疲。再次，从文化性质上说，元代杂剧属于封建市井商业文化，所以商业意识是剧作家应该具备的意识。元代演剧活动频繁，剧团之间竞争激烈，为了追求最大的商业利益，他们看哪一个题材比较火，就跟风而上，要求剧作家尽快创作出类似的剧本。剧作家写作剧本的周期越来越短，所以难以保证剧本的质量，相互蹈袭的地方也就多了。

从元杂剧表演体制来看，元杂剧人物形象类型化的原因与表演体制的程式化息息相关。程式化是中国戏曲最为突出的特征之一，它要求包括音乐、结构、角色、道具、动作等等一切戏曲活动都走向规范，有严格的标准。以元杂剧行当为例，戏曲演员的行当，是中国戏曲特有的表演体制，是戏曲表演艺术的程式性在人物形象塑造上的具体反映。元杂剧的行当经过唐代的参军戏、宋金杂剧院本，已经基本发展成熟了，基本可以分为末、旦、净、杂四类。根据性别的不同，可以划分为末与旦；根据年龄可以划分为小末、外末；根据身份可以划分为正旦、副旦、贴旦，正末、副末和杂；根据品质可以分为净、搽旦等等。在元杂剧中，各角色化什么妆、穿什么衣、走什么步、说什么话，都是有模式的，道德界限也是十分鲜明的，这可以看作是人物性格的固定化。戏曲表演所具有的规范性直接影响到剧作家对人物的塑造，使其一开始就将人物纳入既定的轨道，一出场就显现人物的特征，对主导性格极力渲染，对次要性格因素刻意弱化，写忠义之士就极写忠，写奸恶之徒则极写奸，写佳人则极描如花之貌，写才子则极赞旷世之才。

（二）宗教人物形象自身的原因

这主要包括三个方面的原因：

其一，许多宗教人物，特别是神仙人物，都不是剧作家独创的人物，而是世代积累型人物，他们在被写入元杂剧之前形象已基本定型，剧作家很难跳出原有的窠臼进行大幅度的改写和创造。比如东华帝君，他作为全真教资格最老的祖师爷出现在多部戏中，虽然在不同的剧本中言谈举止有些差别，但总体上差别不大，对这一人物的塑造主要就是根据道教典籍上对他的记载略加增删。再如吕洞宾，他也经常出现在戏中，虽然身份不完全一样，有时是作为度脱者出现，有时是作为被度者出现，有时充当主角，有时只是一个次要人物，但是他的基本特征还是保持一致的。再则，许多宗教人物都不是主角，前面说过元杂剧的篇幅有限，剧作家不可能花太多的笔墨去展开次要人物的个性，所以造成了这类人物容易出现类型化的倾向。前面提到的东华帝君主要就是指派仙人下凡度脱有仙根的人，他一般只在剧首或者剧末露露脸，所以就不可能表现出什么的性格。还有那些行者、行童、道童、小道姑等等，一般都是插科打诨的角色，角色的既定性使他们的性格不会有太大的发展。他们只是一味地胡闹，吃酒吃肉，贪财好色，破坏宗教的尊严，为观众制造笑料而已。

其二，许多宗教人物都是象征性人物。所谓象征乃是不直说本意，而以含蓄的感性存在物来暗示所要表达的意义。元代的宗教剧本来就有很浓的象征性，这种象征性也体现在剧中的人物身上。在神仙道化剧中，度脱凡夫俗子的度脱者面目就十分相似，他们一上场就对世事变化发一通感受，遇见被度者就笑三声再哭三声，以佯狂的行为吸引人的注意，然后再苦口婆心规劝被度者出家。所以这些度脱者身份虽各不相同，但却是可以互换的，他们是同一原型上的不同变体。我们再看那些被度脱出家的感悟者，不管他们省悟之前的身份如何，一旦省悟后就变得趋于一致了，即使是《任风子》中的屠夫任屠说起话来也变得文绉绉。当代著名的美国文学批评家雷·韦勒克和奥·沃伦在《文学理论》一书中指出："一个'意象'可以被转换成一个隐喻一次，但如果它作为呈现与再现不断重复，那就变成了一个象征，甚至是一个象征(或者是神话)系统的一部分。"[①]这些宗教人物在不同的剧本中反复出现，他们不完全代表自己，而是代表一类人出现，这样难免会失去了人物应有的个性。

---

① [美]雷·韦勒克、奥·沃伦：《文学理论》，北京：三联书店1984年版，第204页。

其三，人们对宗教人物的偏见。一个民族的文化氛围和传统习惯造就了这个民族的“深层集体心理”，这种“深层集体心理”是一种潜在的，无意识的定向思维，它影响着观众对文艺作品的接受心境。“物以类聚、人以群分”，这是一种习惯心理，在这种心理下，元杂剧中的人物难免会按照大类型塑造，因为这样的塑造更符合观众的惯常思维，便于理解接受。人们对于宗教人物，尤其是对僧道人物有一定的偏见。这种偏见与某些僧道人物不自重有关，也与人们对僧道人物的不理解有关。为了迎合人们的这种观念，剧作家们杜撰出各种类型的宗教徒，诸如好色的和尚，思凡的道姑，茹荤的行者，吹牛的道童等等，借以表达对宗教的世俗理解和揶揄戏弄。

第二节 宗教人物形象世俗化及其成因

元杂剧中的人物，是以元杂剧的接受群体——市民观众的审美趣味为标准而塑造的。为了迎合大众的审美趣味，即使是相对严肃的宗教人物也免不了被剧作家抹去神圣的光环，变得世俗起来。

一 宗教人物形象世俗化趋势

在元杂剧中，无论是神佛形象，还是僧道形象，他们大都染上了一种浓郁的世俗色彩，沉溺在“酒色财气，人我是非”的欲望之中。

(一)神祇形象人性化

元杂剧中的神佛形象往往都是人格化的，三分像神，七分倒像人。有的原本就是凡人，经过一番修炼才得道成仙，如钟离权、吕洞宾、铁拐李等，都曾经历过尘寰的变幻和物欲的享乐，也受到人我是非、贪嗔痴爱的磨难。当他们成仙以后也保留了做凡人时的品行：钟离权还是散漫不拘，喜欢疯言疯语；吕洞宾还是做儒生打扮，喜欢喝酒舞剑；铁拐李还是又丑又怪，喜欢长歌短唱。有的原来就是神仙，却以人的形貌、动作、语言出现在舞台上，而且充满着人的思想感情，如东华帝君、太白金星、观音菩萨、龙女等等。要之，戏曲中的神佛形象实际上都是拟人的想象的形象，他们是凡人的思想感情和超人的神性佛力的组合体。他们关心世间俗事，有着凡人的喜怒哀乐以及人性的弱点。

元杂剧中的神仙特别关心世间的俗事，凡人成仙的事情他们要管，凡人姻缘的事情他们要管，就是那些家长里短的芝麻小事他们也要管。以前凡人要想得道成仙，要自己去“求仙访道”、“朝山拜佛”，其中所经历的辛劳困苦难以计数。但在元杂剧中，凡人再也不需自己劳动筋骨了，因为神佛们会主动上门来点化他们。这些神佛们，就是去赴个蟠桃宴会，也要眼睛向下，把人间溜索一遍。一旦发现那些有慧根仙缘的凡人就不惜屈尊下凡来点化他们。在点化的过程中，神佛们充分发挥了不怕苦不怕累的精神，晓之以理，动之以情，穷追不舍，苦口婆心地劝凡人出家，即使被抢白、被殴打也毫不在意。

神仙既然已经成仙，就应该忘怀世事，心如止水，但元杂剧中的神仙却有凡人的喜怒哀乐。当人们对他们有恩，他们会感恩戴德、念念不忘。例如，在《刘弘嫁婢》剧中，因为刘弘收留了春郎与兰孙，并将他们婚配为夫妇，因此，他们在天的两位亡父，居然也彼此攀认成了亲家。刘弘本来是要短寿和绝嗣的，为了报答恩人的恩情，他们竟然在天庭玉帝殿前为他求情，叩头叩出血来，诉奏刘弘每事皆善，请求上帝再赐他“二纪之寿”和一个男嗣。当人们对他们不敬，他们也会恼羞成怒、斤斤计较。例如，在《荐福碑》剧中，张镐因为命运不济迁怒于龙神，在龙神庙里咒骂龙神。龙神恼羞成怒，追在张镐后面去报复他，把他逼得走投无路。在《竹叶舟》

中，吕洞宾作秀才时屡试不第的经历被陈长卿嘲笑了一番，他瞬时就没了好脾气，对陈长卿大声斥责。他们在宗教说法中还时时迸出愤世嫉俗的火星。例如，在《黄粱梦》中，钟离权劝吕洞宾说："假饶你手段欺韩信，舌辩赛苏秦，到底个功名由命不由人，也未必能拿准。只不如苦志修行谨慎，早图个灵丹腹孕，索强似你跨青驴踯躅风尘。"①他劝诫吕洞宾并不完全是从宗教义理出发，而是掺杂着"世间人好不识贤愚"的不满。

神仙虽不食人间五谷杂粮，但是却有七情六欲。思凡的仙人在元杂剧中也不少。比如，《张天师》中的桂花仙子，被人间陈世英的一曲瑶琴所打动，私下凡间和他相会，惹出一段风流韵事来。《张生煮海》中的东海龙女和张生一见倾心，主动要求张生八月十五中秋节来东海上门提亲。《柳毅传书》中的洞庭湖龙女一心要嫁给见义勇为的柳毅。她们的痴情与人间女子并无两样。

神仙也具有人性的弱点。他们接受贿赂，贪恋钱财。例如，《桃花女》中的北斗星官就接受了人间的贿赂，不得不为凡人做事。当彭大依桃花女之计，"办些素果斋食，香花灯烛"，乞求北斗星官延寿时，七位星官果然心安理得地接受并享用了这些祭品："今夜吾神当降临凡世，纠察人间善恶，来到此处。不知什么修善之人，虔心敬意，安排下七分香纸花果，明灯净水，接待吾神，合该领受他供养波。"②但是，吃了人的嘴短，"买福卖福，如持左契，交手相付"，所以，当彭大跳出来讨要阳寿时，星官们也只能一一照办。在这里，神仙的赐福变成了与世人的一种交易。他们欺软怕硬，胆小势利。例如，《朱砂担》里的地曹听了王从道被歹徒白正所杀的冤词后，反而说："既是死了便罢，告他怎的？"更直言不讳地坦白："凭着我也成不的。你且这里伺候者，等天曹来呵，你告他。不争你着

① 《全元戏曲》(二)，第191页。

② 《全元戏曲》(五)，第247页。

我去拿他，我怕他连我也杀了。”王从道愤然怒斥道：“我不曾见你这等神道。”①一个胆小怕事，善于审时度势、明哲保身的神仙形象跃然纸上。

（二）僧道形象世情化

元杂剧中的出家人大多并不恪守清规戒律，他们耽溺酒色，纵情享乐，迷失在世俗生活的五光十色中。

喜好酒肉，几乎成了元杂剧对出家人进行描写的一种基本模式。那些道行疏浅的行者、道童姑且不论，就是那些“义僧”、“真僧”也难断酒肉。《西厢记》中那位见义勇为的义僧惠明和尚平时就喜欢“吃酒厮打”；《度柳翠》中那位第十六尊罗汉下凡的月明和尚，更是断不得荤腥。别人请他做法事，他说有酒有肉便去。贪婪势利的出家人在元杂剧中也不少。在《看钱奴》中，当长大成人的贾长寿在寺庙欺辱已经沦为乞丐的亲生父母时，庙祝上演了一幕轻视贫贱、谄媚富贵的活剧。为强占庙中的休息之地，贾长寿命跟班兴儿将周荣祖夫妇从已经住下的地方赶走。这时的庙祝似乎还是疾恶如仇的正义化身，他对兴儿的无理进行了一番义正词严的训斥：“这厮无礼，什么钱舍，家有家主，庙有庙主，他老子那里做官来，叫做钱舍？徒弟，拿绳子来，绑了他送官去。”但是，当兴儿向他贿赂了一个银子之后，这位庙祝立刻像换了一个人，对这位有钱人卑躬屈膝，极尽讨好之能事，并为虎作伥，责骂周荣祖夫妇：“我正骂那老弟子孩儿，你便让钱舍这里坐一坐儿，自家讨打吃。”继而厚颜无耻地要求两位风烛残年的老人让出位置：“他是钱舍，你两个让他些便了，俺明日要早起，自去睡也。”为了一两银子便驱逐孤苦伶仃的老人，真是贪婪势利的小人。

对于世俗情欲，他们更是不能舍弃。无论在佛教还是道教，修行者抛弃世俗情欲，彻底断绝淫念，都是一条起码的戒规，但是，元

---

① 《全元戏曲》(六)，第209—210页。

杂剧中形形色色的出家人，却鲜能遵循这条戒规。他们对于世俗情欲怀着一种强烈的欲望，并时时寻找机会要将它释放出来。

他们乐于替人保亲做媒。例如，在《望江亭》里，白姑姑是位幼年间便舍俗出家，在清安观里做主持的道姑，就是这样一位道行高深的住持，竟以无限的热情、刁钻的手段，为侄儿成功地做成了大媒。在《西厢记》中，普救寺长老自诩为张生做了一门好亲事，在送张生赶考时说："此一行别无话儿，贫僧准备买登科录看，做亲的茶饭少不得贫僧的。先生在意，鞍马上保重者！从今经忏无心礼，专听春雷第一声。"在《鸳鸯被》中，尽管刘道姑是在刘员外的利诱和威逼之下才答应替他做媒的，但是在劝说李玉英的过程中，却表现出了她作为虔婆的十足手段。她先是假意的体贴关心、循循诱导；接着又试图以自己的可怜、无辜来博得小姐的同情。当她见这两种手段都没有效果，便使出杀手锏，露出冷酷无情的面目。她抓住了官宦小姐注重名节的弱点，冷酷地说道："小姐，若真个打起官司来，出乖露丑，一发不好。"最终，在她的威逼之下，李玉英被迫答应了她的要求。高兴得手舞足蹈的她，此时全然忘记了自己道姑的身份，忙不迭地道："既是小姐肯从，今晚夜间，你到我庵中，我请将刘员外来，成了这椿亲事。"竟将清净、圣洁的道观变成了风月场。

他们直截了当地表达出对于世俗情欲的强烈愿望。元杂剧中的许多出家人，往往赤裸裸地道出了他们对于人间情欲的强烈渴望。例如，在《度柳翠》中，当月明和尚度脱柳翠白日飞升后，庙里的行者也有样学样，道出了自己被压抑已久的心声："我如今也不吃斋了，也学他吃酒吃肉，寻个柳翠来度他去。"在《竹坞听琴》中，当被迫出家的小姐在遇见自己的未婚夫而还俗成亲之后，观里的小姑也按捺不住寂寞，急急地说道："小姐还俗去了也，撇得我独自一个，在此孤孤另另，如何度日？不如也一寻个小和尚去。"在《鸳鸯被》中，当李玉英要在道观里成就亲事时，给她铺床准备的道观小姑对她说道："我今日成就了你两个，久后你也与我寻一个好老公。”如果说这番话还有调笑意味的话，那么，当李玉英与张瑞卿在观里亲热之时，这位小道姑也坐不住了：“我如今等不得师傅回来，自做个主意，只在庵前庵后，寻一个精壮男子汉去来。”如果说这些人还停留在口头上的话，那么还有些人是已经落实在行动上了。《竹坞听琴》中的道姑郑彩鸾和书生秦修然暗通款曲；《女贞观》中的道姑陈妙常和书生潘必正暗结珠胎；《东坡梦》中的小和尚和牡丹共赴巫山云雨。更有淫滥粗鄙、作奸犯科者，《勘头巾》中的道士王知观为了满足自己的私欲竟然犯下杀人的罪行。

二　宗教人物形象世俗化趋势探因

宗教人物形象世俗化是元杂剧中一道独特的风景。下面将从元代的宗教现实、民众的宗教心理以及戏曲艺术本身的特质三个方面来分析形成这一文学现象的原因，力求揭示其中蕴涵的历史文化意义。

(一)元代宗教现实的反映

艺术来源于生活。元杂剧宗教人物形象世俗化与元代宗教现实状况密切相关。蒙古族统治者自成吉思汗伊始，就对宗教实行兼容不拒、免去差税的优待和宽容政策。成吉思汗以后，历代蒙古族统治者虽因其本人对某些宗教的好恶而略微有些差别外，基本上承袭了成吉思汗的优待和宽容的宗教政策。宽容的宗教政策，造就了元代极其发达的宗教文化。诸如美轮美奂的萨迦南寺，卷帙浩繁的手抄金字经典，不可胜计的碑碣、石刻、壁画、雕塑等等令后世叹为观止的建筑、文献、文物，无一不是其绚丽夺目的宗教文化之折射。朝廷对宗教的种种优待政策和异乎寻常的荣宠，固然使得宗教发展的整体环境和外部条件大大提升，但同时也导致了一些事与愿违的结果：某些本来就未具正知正见、实际践履的功程又极其肤浅的出家人，不仅没有利用外部的优越条件去通达宗教义理，刻苦进修，反而走上了贪图享乐、谋求官职、追逐利禄之歧途,甚至不惜为此残害平民,殴打命官,纵恣跋扈,横行不法,“气焰熏灼,延于四方,为害不可胜言”①。

其一、治生求利,唯利是图

元代寺院经济特别发达。元朝每个新上台的皇帝都要创建寺院,赐给这些寺院大量土地、劳动力和其他各种财产。对原有的寺院,他们也不时加以赏赐。此外,通过私家捐赠和巧取豪夺,寺院占有的土地不断扩大,甚至危及国家的经济安全,因此元代中后期朝廷屡次颁布法令,禁止僧、道购买民田。寺院的经营本是为了满足日常生活的需要,但在元代已经发展到唯利是图的地步。除了租赁土地收取地租以外,寺院还普遍经营商业和发放高利贷。较大的寺院开起了商铺,作起了买卖,经营浴室、榻房、碾磨、药局等,并且在朝廷的支持下公然发放高利贷牟利。如元仁宗曾赐大乾元寺钞万锭,“俾营子钱,供缮修之费”。② 许多中、小寺院也都经营高利贷,收取利息。当时所谓的大德高僧,往往就是增殖财产的能手。寺院选举主持并不是唯贤是举,而是看他是否会善于殖产。谁能为寺院挣的更多的财产,谁在释林中就越有地位,各地寺院都会抢着请他去当住持。元代后期最有名的禅宗僧侣、被封为“释教宗主兼领五山寺”的禅师大诉,就以善于殖产著名。在他的主持下,毁于灾祸的杭州大报国寺和中天竺寺在很短的时间内就“尽复其旧”了。所以,元文宗在为新建的大龙翔集庆寺挑选住持时,第一个就想到了他。寺院中的上层僧侣,其实就是披着袈裟的地主,他们利欲熏心、唯利是图,其对于劳动人民剥削和掠夺的残酷程度,往往还超过了世俗地主。

其二、娶妻生子,纵情声色

出家人本不能娶妻,但是元代宗教戒律松弛,比如至元十九年

① (明)宋濂等撰:《元史·释老传》,北京:中华书局1976年版,第4521页。

② 《元史·仁宗纪》,第589页。

(1282)忽必烈“敕河西僧、道、也里可温有妻室者，同民纳税”。[1]这就是说，只要“同民纳税”，“有妻室者”也可为僧为道，因此出家人娶妻者比比皆是。道教首领张天师即以“纵情姬妾”闻名于时；佛教头领杨琏真加“受人美女宝玉无算”[2]；必兰纳识里家藏“妇人七宝装具”[3]。元人朱德润有一首题为《外宅妇》的诗，写的就是僧人妻“金珠翠玉堆满头，又有肥膻充口腹”。[4] 元朝政府曾下令罢免“僧官有妻者”，但是那些“有媳妇孩儿的和尚”只要向宣政院和各级僧司衙门送上贿赂，就可以平安无事。有些僧侣还公然诱奸妇女。浙江永嘉僧录、江心寺住持祖杰，仗势迫奸依附于寺院的良家妇女，后因被害者企图逃脱他的控制，便令手下党徒将其全家七口残酷杀死。元人孔齐在其《至正直记》中也记载了当时民众流行在坟墓边上建庵舍，请僧人或者道士主之。这些僧道之徒以此便利出入于民宅，诱奸民家女子。还有不少信佛之人“度僧为义子”，这些僧人“往往皆称义父义母，师兄弟姊妹之属，所以情热易狎，渐起口心，未有不为污乱者。或妇女辈始无邪僻之念，则僧为异姓，久而本然之恶呈露，亦终为之诱矣”。[5]

其三、结交权贵，争权夺利

“沙门不敬王者”，“道义重则轻王公”，出家人本不应该谄媚权贵，结交官府，但是在元代出入官场的出家人不计其数。佛、道两家为了巩固和扩充自己的势力，竞相在蒙古统治者和贵族官僚面前献媚争宠，企图以他们为后台打击对方。那些理应看破红尘的出家人，在争权夺利方面也与世俗人无异。为了争夺住持的位置，他们使尽浑身解数，难怪元代虞集《送吉上人序》说：“所谓住山者，

---

① 《元史·世祖纪》，第 247 页。

② (明)陈邦瞻：《元史纪事本末》，北京：中华书局 1979 年版，第 147 页。

③ 《元史纪事本末》，第 148 页。

④ 《元诗选》，北京：中华书局 1987 年版，第 1624 页。

⑤ (元)孔齐：《至正直记》，上海：上海古籍出版社 1987 年版，第 12 页。

古人或坚不肯出,或勉强应世,如甚不得已者。今皆攘臂争席者相望矣。”①

元杂剧对宗教人物形象世俗化的描写在某种程度上是元代宗教现实的反映。元朝的统治者不仅提倡佛教,甚至已到了佞佛的地步;对于道教也恩宠备至。佛道二教的贵盛,自然吸引了众多教徒,但是这些教徒的素质良莠不齐。佛门充斥着“不谙经教、不识斋戒,不曾谙练寺务”②的僧人,道门也不免有“惰窳之徒,溷入其中,以谋衣食”。③ 这些充斥在佛堂道观的出家人和世俗人并没有太大的区别,他们和世俗人一样迷恋酒色,追名逐利,贪图享乐。这些特质必然在文学作品中得到反映,因此元杂剧中的宗教人物形象也就变得和世俗人无异了。

(二)民众宗教心理的折射

中国民众大多秉持着重视现世、淡漠来世的人生哲学。普通民众情愿沉浸在繁琐的日常生活偶尔带来的小小幸福里,也不愿去憧憬那虚无缥缈的来生世界。但是,中国民众还是有一定的宗教信仰需求的,只不过他们对宗教的真正要求并不在于其高深的哲理体系、玄妙的彼岸境界和缜密的逻辑思维,而只是希望通过一定的渠道和可行的仪式满足延年益寿、消灾避祸的心理,显示出了中国民众宗教意识中极强的实用风格。

中国民众实用的宗教意识首先体现在他们只关心宗教信仰中和日常生活关系密切的那部分。与此相应的,他们信奉的是那些能够解决他们实际生活问题的神灵。在民间香火最盛的不是释迦牟尼或太上老君,而是财神、药王、送子娘娘、灶神、土地等等能够

① (元)虞集:《道园学古录》卷四五,见影印文渊阁《四库全书》(第1207册),第645页。

② 《大元圣政国朝典章》,第1224—1225页。

③ 《南宋初河北新道教考》,第76页。

保佑人们平平安安、多子多福的诸神。元杂剧中的诸神也大多是和人们利益休戚相关、职位品级不高的小神。比如增福神，他的职责是纠察人间善恶，赏善罚恶。虽然他品级不高，但却出现在多部杂剧中，因为他的职责事关人们的福利。元杂剧中的诸神也不远人，而是杂处人间，时刻为民众排忧解难，解决各种生活实际问题。度脱凡人出世本是他们分内之事，这无需多言，但是他们表现出来的热情实在令人瞠目结舌。此外，他们还管人间的各种俗事，哪家缺少子嗣继承香火他们会管；哪家有人生病他们会管；哪家无故受难他们也会管；甚至还管起了人家的婚姻大事。

中国民众实用的宗教意识其次反映在他们认为神灵是可以为人的愿望服务的。中国民众习惯用世俗的逻辑来对待神灵，他们像看待世俗事物一样地看待超自然的神灵，因而他们与神灵之间的关系便不仅仅是被动地屈服于神灵，受制于神灵，而是从自己的感情、心理和实际需要出发，以在现实生活中对待俗人的方式来换取神的帮助。他们相信通过某些可以操作的方式，能够祈求或摆布神灵为人的愿望服务。他们对神灵的供奉是以人们自身喜爱的物化形式来进行的。他们认为神灵和人一样，对美食、美酒、美言有特殊的偏好，于是以此来向神灵邀福。在这个过程中，人们会不自觉地在世俗精神的引导下去改造神灵，使超自然的力量在人情、人性感染下与人混为一体，以至于模糊了神圣与世俗的界限。民众将各式各样的世俗人情附会到了他们身上：他们也思凡，也贪财，也势利，也讲究人情，总之世俗人所具有的一切缺点和恶习在神灵们身上都得到了鲜活的表现。元杂剧中的诸神也难免受此影响，所以在他们身上也体现出浓厚的世俗色彩。

中国民众实用的宗教意识还反映在对宗教的不信任和对神灵的不尊敬。在广大民众眼里，神“依人而行”，因人而存在，它的灵验与否影响到香火的盛衰。争气的神灵受到人们的顶礼膜拜，不争气的神灵只好委屈在破庙中，受到冷落、怠慢。而在供奉神灵没有收到实际效果的情况下，人们就开始折磨神灵，希望通过使神灵痛苦的方式达到目的，例如干旱时举行的“晒龙王”的仪式。至于其它因祈神不灵验而斥责神灵则更是民众对待神灵的一种常见的态度。这样一种以极其功利的态度对待神灵的方式彻底打破了宗教和世俗的界限，破坏了宗教的神圣和权威，因此人们敢于肆无忌惮地在舞台上公然亵渎神灵，揶揄僧道。看戏的观众也在不知不觉中逐渐接受了舞台上这种世俗化的宗教人物形象，并且还十分乐意看到这些被抹去神圣光环而充满人情趣味的宗教人物形象。

不可否认，中国戏曲对宗教宣传是有积极的作用的。对于普通民众来说，戏曲几乎就是他们所能获知的一些佛教和道教知识的最主要渠道。但戏曲里所反映的宗教意识总是浮泛和浅薄的。讲佛法，无非说个苦海无边、回头是岸，大慈大悲，善恶有报；说玄机，不外乎炼丹养气、打醮斋天，神仙度世，得道逍遥；即便是一些以宣传宗教思想为中心内容的戏，所表达的义理，也不过就是那么几句人们熟知的套话而已。也许这种浅薄正是通俗的宗教宣传和通俗的戏曲艺术所必须选择的方式和品位，但这反过来又加深了民众对于宗教的误解，稀释了民众的宗教感情。这使他们不去深究剧中到底蕴涵了多少佛理禅机，只是关注涂抹在佛祖道圣脸上滑稽可笑的油彩。

（三）戏剧艺术的审美要求

戏剧是大众娱乐样式，要靠吸引观众来获得生存，尤其是元杂剧本就是“场上之文学”，这一特点决定了它的审美特征——以俗为美。前人曾用“蛤蜊风味”和“蒜酪风味”来概括元杂剧这一审美特征。元人钟嗣成在《录鬼簿序》中说：“若夫高尚之士，性理之学，以为得罪于圣门者，吾党且啖蛤蜊，别与知味者道。”[1]“蛤蜊”是一种极其平常的水产品，这里借“啖蛤蜊”，来指元杂剧的审美趣味别

① 《中国古典戏曲论著集成》(二)，第101页。

具不同，追求的是一种平民化的审美风格。明人何良俊在评价《琵琶记》时说："高则诚才藻富丽，如《琵琶记》'长空万里'，是一篇好赋，岂词曲能尽之！然既谓之曲，须要有蒜酪，而此曲全无，正如王公大人之席，驼峰、熊掌、肥腯盈前，而无蔬、笋、蚬、蛤，所欠者，风味耳。"[①]"蒜酪"是一种风味独特的调味品，带有辛辣刺激性，以此比喻元杂剧特有的泼辣诙谐、痛快淋漓的风情，这也是民间风味的一种体现。"蛤蜊风味"和"蒜酪风味"可以说是很形象地揭示出元杂剧"以俗为美"的审美特征。这使得那些涉及宗教内容的戏曲，也不得不反映出贴近生活的情趣和世俗的趣味。

早在孕育阶段，戏曲就是面向世俗生活，充满世俗趣味的。远古时期的歌舞，即使是为了祭祀而演出，在"娱神"的同时，也绝对忘不了"娱人"的作用。汉代的角抵戏和歌舞节目也特别讲究声色之娱。唐代的参军戏和歌舞戏表现的多半是令人捧腹的世相。宋金杂剧更是"全以故事世务为滑稽"。戏曲进入成熟阶段以后，仍然是以悲欢离合的世俗生活为主要对象，特别热衷于表现男女私情和家长里短，充满着世俗情趣。即使是浸染宗教意识的剧目，也表现出浓郁的世俗风情。譬如，《度柳翠》写的是月明和尚度脱妓女柳翠的故事，宣扬的是佛教出世的思想，应该算是比较严肃的宗教剧。但这部严格意义上的宗教剧却充满了世俗的审美趣味。首先，一个和尚和一个妓女的故事就暗含了风情意味，况且这个和尚还是一个不断荤腥而又"多情"的花和尚。其次，度脱本是一件严肃的事情，但在此剧中被演绎得具有世情喜剧的色彩。月明和尚度脱柳翠的过程中夹杂着很多调情的成分，比如月明和尚把度脱柳翠这件事说成是去"成就俺那姻缘大事"；还说自己是"和尚中为头的一个子弟"，是纠缠妓女"缠头"。再譬如，《误入桃源》写的是太白金星点化刘晨、阮肇成仙的故事，宣扬的是人生如梦的思想。

---

① 《中国古典戏曲论著集成》(四)，第 11 页。

此剧虽弥漫着浓郁的道教仙家色彩，但反映的却是世俗生活的内容。所谓的桃源只不过是人间富贵的象征，在这里可以满足人们所有的欲望；而太白金星也不过是促成了桃源洞二仙子和凡人的姻缘的月下老人。可见，即使是在宗教色彩浓郁的剧目中，宗教人物形象也不可避免沾染世俗的气息，变得世俗化起来。

至于出现在那些世俗化色彩浓郁的剧目中的宗教人物则更加世情化了。譬如，《西厢记》中的长老就很富有世情色彩，他一会儿被崔莺莺的美貌弄得不能自持；一会儿又被孙飞虎吓得没有了主意；一会儿又去拍崔母和张生的马屁。再譬如，《鸳鸯被》中的刘道姑成了能说会道的“虔婆”，她劝说李玉英随顺了刘员外那一番说词真可谓精彩绝伦。像刘道姑这样的“虔婆”在元杂剧中也不是个案，只要是个道姑总是要做出一些出格的事情，如果不是这样反倒让人觉得不正常了。这种情况发展下去，宗教人物世俗化就成为元杂剧中一个惯常套路。

总而言之，“以俗为美”的审美特性要求元杂剧中的人物形象要具有世情美，即使是相对严肃的宗教人物也不能例外。那些一本正经、道貌岸然的宗教人物形象是不受观众欢迎的，因此剧作家总是要为他们增添一些人性的光彩，哪怕是在他们身上赋予一些人性的弱点，只有这样才能使他们变得鲜活灵动起来，从而受到观众的喜爱。

第三节　宗教人物形象杂糅化及其成因

元杂剧中涉及宗教的剧目往往不是纯粹的佛教剧或道教剧，它们大多呈现为佛道混杂，其间还夹杂着宗教迷信观念和儒家伦理观念，因而具有杂糅化的思想特征。同样的，元杂剧中的宗教人物虽隶属于不同的宗教流派，但在他们身上呈现出来的宗教特性却并不纯粹。

一 宗教人物形象杂糅化趋势

无论是佛教人物还是道教人物，他们在元杂剧中往往呈现出一种“你中有我，我中有你”的特性：佛教和尚往往满口道教术语，道教神仙则是向往着佛家境界，而无论是谁，又都摆脱不了儒家伦理纲常的束缚。

(一)佛教人物道教化

所谓佛教人物道教化，即是佛教人物形象身上表现出道教色彩。在元杂剧所描写的佛教人物形象里，体现道教色彩最为明显的则是《忍字记》中的布袋和尚。他在度脱刘均佐时身边居然带着婴儿、姹女。我们知道，所谓的“婴儿姹女”，它们原为道教外丹物质铅、汞的别称，铅为“婴儿”，汞为“姹女”，后来道教内丹派借指为“情”与“性”。它们或指外丹的铅汞烧炼，或指内丹修炼中的阴阳配合，完全是典型的道教术语，而佛家并无烧炼、阴阳之说。因此，布袋和尚领着道教的“婴儿姹女”，实在有些不伦不类。师父如此，弟子亦是如此。刘均佐在第四折中唱到：“将此事都参破，人生几何，恰便似一枕梦南柯。……呀，那裹也脱空神语浪舌佛，我倒做了个庄子先生鼓盆歌。”[①]从哀叹人生如“一枕梦南柯”、自比道教庄子先生这些行径上哪里看得出来他竟然是佛教弟子。而且，更奇怪的是，最后布袋和尚对刘均佐说：“你非凡人，乃是上界第十三尊罗汉宾头卢尊者，你浑家也非凡人，他是骊山老母一化。”[②]宾头卢则是十六罗汉之首，而骊山老母是道家传说中的女仙。在这里，这位白头长眉的罗汉竟与骊山老母超越了万千时空，在中土结为伉俪，实在是荒唐可笑。

---

① 《全元戏曲》(四)，第86－87页。

② 《全元戏曲》(四)，第87页。

我们知道,贵生主乐,是道教最为根本的理论核心,长生久视,则是其最高的追求目标,而佛教的最终目标则在于通过修行,彻底摆脱生命轮回,达到涅槃境界。可见,道教和佛教两者在宗教理论和修行观上,是存在着巨大的差别的。然而,元杂剧中的神佛们竟然拿起了道教"出离生死,长生不老"的理论武器来诱使世俗凡人出家修行,而被度者之所以会皈依佛门最主要的原因也是为了"出离生死"。例如,在《度柳翠》里,月明和尚度脱柳翠的过程中最为有力的理由就是:"我着你发心修行,出离生死。"①而柳翠皈依佛门后所得到的则是"撇下这人相我相众生相,出离了生况死况别离况",②彻底超越了人间的生死。《忍字记》中的刘均佐出家心本不坚定,屡次想半途还俗回家。但当他回到老家时,才发现世间已过了百十余年了,于是彻底醒悟,情愿出家,再也不必担心"光阴似水,日月如梭",生命老去了。这令他幡然醒悟的"小境头"和道教度人出家的"境头"是何其相似呀,《误入桃源》和《蓝采和》中都出现过这样的境头。他皈依佛门的原因也不过是为了获得永恒的生命,能够长生不老,这体现的是道教出世的思想。在《来生债》中,庞居士信佛修行所获得的结果竟然是"着俺平地升天",这反映的是道教所宣扬的"白日飞升"的理想。更有趣的是,他的女儿、儿子以及庞婆婆也都能够和他一起共同飞升。道教"一人得道,举家飞升"的理想在这里得到了充分的展示。

（二）道教人物佛教化

所谓道教人物佛教化,即是道教人物形象身上表现出佛教色彩。鉴于自身理论的简陋,道教在其发展过程中不断向佛教学习和借鉴,至宋元全真教,对佛禅理论的借鉴更是达到了一种公开的程度,正如全真教的创立者自己所说:"释道从来是一家,两般形貌

---

① 《全元戏曲》(二),第450页。

② 《全元戏曲》(二),第466页。

理无差”。[1] 举凡原始佛教的忍辱苦行、禅宗的明心见性等等，都能够在全真教的理论体系里找到影子，可以说，佛教文化已经深深地融入了道教文化的血液之中。这样，在元杂剧中，佛教对于道教人物形象所产生的深刻影响往往在全真教义理的掩盖之下而得更为隐晦。但尽管如此，元杂剧中的道教人物形象往往还是在“不经意”中透现出了佛教的影子。

首先，在他们身上竟然穿着佛教徒的“百衲衣”。《刘行首》中的马丹阳这样描述自己的扮相：“我身穿着百衲衣，腰缠着绿簌绦，头直上丫髻三角，任东西散诞逍遥。”[2]穿着和尚的百衲衣，却留着道士的发髻，真是僧不僧、道不道，又亦僧亦道。更有趣的是，他还派“六贼”去捉拿阻止刘行首出家的林员外。在《任风子》中，马丹阳也指派“六贼”去魔障任屠。“六贼”是佛教教义中重要的理论概念，所谓“六贼”，是佛教色、声、香、味、触、法六尘的比喻说法，泛指现实中阻拦人心向佛的种种世俗诱惑。道教圣徒马丹阳居然指挥起佛教的“六贼”来了，这就像布袋和尚带着婴儿姹女一样显得不伦不类。

其次，在他们的语言中，也不时崩出佛教的术语。例如，在道教神仙的口中，经常会出现这样的话语：“我是个吕纯阳，度你个绿垂杨。……则怕你滋生下些小业种，久已后干撇下你个老孤桩”，[3]“你是个寡妇，领着无爷的小业种”，[4]“当日死了你那老太公，怎么生下你这个小业种”，[5]“他二十年冤业都还彻”[6]……我们知道，“业”，是佛教义理的一个专有概念，意思是生命的行为（造

① 《重阳全真集》卷一，《道藏》（第 25 册），第 691 页。

② 《全元戏曲》（五），第 331 页。

③ 《全元戏曲》（二），第 163 页。

④ 《全元戏曲》（三），第 136 页。

⑤ 《全元戏曲》（五），第 302 页。

⑥ 《全元戏曲》（五），第 338 页。

作)，将作为一种潜在的力量，“业”将一直延续下去，并能引出该生命现在或未来的结果。前世的善恶业力，会引出现世的果报，而现世的行为所形成的业力，又必将引起未来的果报，可见，“业”是佛教义理最为核心的一个概念。但是，这样一个具有强烈佛教色彩的概念，却从道教神仙们的口中极其自然地说了出来，由此，我们不能不惊叹佛教义理对于道教形象影响之深刻。同样，“六道”、“六贼”、“贪嗔痴爱”、“苦海无边，回头是岸”这些佛教术语也是他们的惯常口语。例如，在《黄粱梦》中，钟离权说：“这人俗缘不断。吕岩也，你既然要睡，我教你大睡一会，去六道轮回中走一遭。”[①]东华帝君也说：“你既省悟了，一梦中十八年，见了酒色财气，人我是非，贪嗔痴爱，风霜雨雪。前世面见分明，今日同归大道，位列仙班，赐号纯阳子。”[②]在《铁拐李》中，吕洞宾不仅来到了佛教的地狱去救李岳，而且还说：“油镬虽热，全真不傍。苦海无边，回头是岸。李岳，你省也么？”[③]还嘱咐李岳还魂后“休恋着酒色财气、人我是非、贪嗔痴爱”。[④] 全真术语和佛教术语夹杂在一起使用，确实使人佛道难辨。

再次，他们用佛教的“地狱巡游”和“六道轮回”来迫使世俗凡人出家。生前造业之人死后受地狱之苦本是佛教的思想，这里却成为促使凡人出家修道的动因。《任风子》中马丹阳自我介绍：“初蒙祖师点化，不得正道，把我魂魄摄归阴府，受鞭挞之苦。忽见祖师来救，化作天尊，令贫道似梦非梦，方觉死生之可惧也。”[⑤]《铁拐李》中的李岳生前“瞒心昧己，扭曲作直，造业极多”，死后魂魄被摄入地府要受油锅之苦，才“晓得人有生死”，幡然醒悟。而“六道”，

① 《全元戏曲》(二)，第191页。

② 《全元戏曲》(二)，第202页。

③ 《全元戏曲》(三)，第154页。

④ 《全元戏曲》(三)，第154页。

⑤ 《全元戏曲》(二)，第38页。

则指被无明所覆的有情众生，在主体善恶业力的作用下，不断轮回转生的六个不同的生命阶段：天、人、畜生、饿鬼、地狱和阿修罗，在这“六道”中，有情众生生死相继、因果相依，如车轮运转。这样一个典型的佛教概念，也成为道教神仙度脱世俗凡人的理论武器。例如，在《任风子》中，任屠道出他修道的原因是害怕受六道轮回之苦。在《刘行首》中，马丹阳以“六道”轮回来威吓刘行首：“你只怕官人叫，令史叫，怎不怕阎王叫？……你道他走的慢连催了两遭，哥哥也，你便做行的快也跳不出六道。”①

（三）佛道人物儒教化

无论是佛教人物形象还是道教人物形象，他们的身上都有着一种强烈的儒教气息。作为与中国宗法伦理社会最为契合的思想，儒教在三教融合中占据着一种当然的主导地位，有着远远高于佛教和道教的意义和价值。佛、道人物形象的儒教气息主要表现在以下三个方面：

首先，他们多为儒士出身。例如，《竹业舟》里的终南山青龙寺的惠安和尚“自幼攻习儒业，中年落发为僧”；②《东坡梦》里的佛印，原为苏轼的同窗故友；《破风诗》里在云盖寺出家的贾岛“幼习儒业，颇看诗书”③；而在道教剧中最为活跃的道教神仙吕洞宾，也原是一“自幼攻习儒业”、醉心于功名的儒生，等等。

其次，他们的儒家气息更主要还是表现在，尽管他们是置身世外的高士或为上界神仙，但是他们仍然不能完全忘怀于现实社会，在他们身上时刻表现出了一种强烈的儒家情怀。他们面对黑暗现实难以按捺心中的不平。在《黄粱梦》中，钟离权愤怒地唱道：“我想世间人好不识贤愚也呵。……〔油葫芦〕你看这紫塞军、黄阁臣，

---

① 《全元戏曲》(五)，第333页。
② 《全元戏曲》(四)，第643页。
③ 《全元戏曲》(八)，第181页。

儿时得个安闲分……〔醉中天〕假饶你手段欺韩信，舌辩赛苏秦，到底个功名由命不由人，也未必能拿准……〔一半儿〕如今人宜假不宜真，则敬衣衫不敬人。提起修行耳怕闻，直恁的没精神，一半儿应承一半儿盹。"①在《岳阳楼》中，吕洞宾借骂墨来讽世："这墨瘦身无四两，你可便消磨他有几场。万事皆如此，则你那浮生空自忙。他一片黑心肠，在这功名之上。敢糊涂了纸半张。"②他们喟叹历史的兴亡，同情百姓的疾苦。《陈抟高卧》中的陈抟"因见五代间世路干戈，生民涂炭，朝梁暮晋，天下纷纷，隐居太华山中"，但他并没有高蹈尘世，而是时刻关注着天下苍生，寻找能人志士"救那苦恹恹天下生灵"。《岳阳楼》中的吕洞宾则更多地表现出对于历史兴亡的感慨："自隋唐，数兴亡，料着这一片青旗，能有的几日秋光。对四面江山浩荡，怎消得我几行儿醉墨淋浪。"③"你看那龙争虎斗旧江山，我笑那曹操奸雄，我哭呵，哀哉霸王好汉。为兴亡笑罢还悲叹，不觉的斜阳又晚。想咱这百年人则在这捻指中间。"④这里的吕洞宾，已不再是遗世独立、逍遥尘外的神仙，而是有着强烈的入世精神，不能忘怀现实人生、社会历史的儒士。

再次，他们对儒家的道德，尤其是"孝道"特别推崇。《看钱奴》中的灵派侯认为，人最大的功德并非在于对神灵的敬重，而是在于现实生活中的孝心："不孝谩烧千束纸，亏心空爇万炉香。"⑤而判断人功德的标准，也是他在现实人生中的道德表现，正所谓"亏心折尽平生福，行短天教一世贫"。⑥贾仁之所以"当受冻饿而死"，除了"不敬天地"、"毁僧谤佛"以外，还有一条主要罪状就是"不孝

① 《全元戏曲》(二)，第188—191页。
② 《全元戏曲》(二)，第160—161页。
③ 《全元戏曲》(二)，第160页。
④ 《全元戏曲》(二)，第167页。
⑤ 《全元戏曲》(四)，第132页。
⑥ 《全元戏曲》(四)，第135页。

父母”。孝顺的人自然也能得到神灵的庇护。《蔡顺奉母》中的孝子蔡顺就得到了众多神灵的帮助，在隆冬时节采摘到了桑椹，医好了母亲的疾病。《焚儿救母》中的小张屠也是因为孝顺得到了神灵的帮助，不仅救得了母亲，还保住了孩子。而王员外之所以会失去儿子，就是因为他“瞒心昧己”，德行有亏，纵然他“香焚满斗香”，也赎不了罪，得不到神灵的宽恕。

二　宗教人物形象杂糅化趋势探因

元杂剧宗教人物形象杂糅化与中国宗教文化“三教合一”的特性是息息相关的，也与中国民众的多元信仰以及元剧作家的创作心理不无关系。

(一)“三教合一”的宗教文化

所谓“三教合一”，指的是佛教、道教和儒教[①]，在思想、义理等方面存在着一种相互涵摄和借鉴。佛教在其艰难的中国化过程中，深受儒教重视道德伦理的影响，不仅将自身固有的伦理思想予以放大，并以自己的因果报应、生死轮回之说极大地强化了儒教的伦理性；另一方面，佛教又积极吸收道家思想，广泛地渗入到士大夫精神生活之中，同时，为了合乎流俗风尚，又在佛教寺院供奉道教神祇。道教本是思想十分贫乏的宗教，其传播只依赖于鬼神信仰和神仙方术。为了弥补先天不足，道教一方面在其发展历史、神灵谱系和教义仪轨的建构诸多方面向佛教学习、借鉴甚至抄袭；另一方面又主动向老、庄思想回归，注重精神和生理修炼，积极吸收儒教重视伦理的思想，以自己的鬼神信仰和巫仪方术极力地张扬社会道德，显示出了越来越强的伦理性。

在中国宗教文化史上，三教合一的宗教思潮很早就出现了。

---

① 按本文的观点，儒家就总体而言，和标准的宗教还是有一定差距，不能算严格意义上的宗教。本文以三教为通称，仅是为了客观叙述的行文方便。

就现有资料看，最迟在三国时，社会上已出现了儒佛道三教一致论，这在成书于汉末或三国时的牟子《理惑论》中有清楚的记载。牟子针对当时社会上大多数人对外来佛教所表示的怀疑与反对，站在佛教的立场上广泛引证老子、孔子等人的话来为佛教辩护，论证佛教与传统儒、道并无二致，并提出："尧舜周孔修世事也，佛与老子无为志也"，[①]它们"金玉不相伤，精魄不相妨"，可以并存。至于佛教倡导的出家修行的生活与儒、道在形式上的不同，牟子的回答是"苟有大德，莫拘于小"，出家人的生活表面上不敬其亲，有违仁孝，实际上，一旦成就佛道，"父母兄弟皆得度世"，这就是最大的孝。

魏晋南北朝时期是三教融合的第一个阶段。这是一个分裂、割据、纷争的混乱时期，旧有的思想文化体系发生了变化，两汉经学让位于魏晋玄学，儒学独尊的局面被打破。面对经学的衰落、玄学的流行、佛教的兴起以及道教的成熟，思想家们不得不重新审视儒学的地位和作用，权衡儒释道思想对维系和巩固封建社会统治秩序的利弊得失，思考的结果便是融释道思想以弥补儒学理论思辨之不足，促进儒学的深入发展，巩固其封建统治思想的地位。这一时期三教之间虽然纷争不断，但在相互斗争的同时又流行着三教调和论。以慧远、葛洪、道安为代表的本末内外论，主张三教均在本教为主的前提下，承认他教的地位，以此来调和三教矛盾。慧远在《沙门不敬王者论》中大讲佛、儒殊途同归，他写道："求圣人之意，则内外之道可合而明矣。常以为道法之与名教，如来之与尧、孔，发致虽殊，潜相影响，出处诚异，终期则同。"[②]葛洪虽讲"道者，儒之本也；儒者，道之末也"，[③]但也赞成三教并存。僧人道安虽认

---

① 《理惑论》，《弘明集》卷一，上海：上海中华书局四库备要本。

② 《沙门不敬王者》，《弘明集》卷五，上海：上海中华书局四库备要本。

③ 《抱朴子·内篇》卷十，第167页。

为儒道粗糙低劣、佛教精细优良，但也赞同三教同善。其他名士、佛徒和道士，都从不同的角度提出了三教一致、三教融合的思想。东晋名士孙绰著《喻道论》，提出"周孔即佛，佛即周孔，盖外内名之耳。……周孔救极弊，佛教明其本耳，共为首尾，其致不殊。……故逆寻者每见其二，顺通者无往不一"。[①] 晋宋之际的隐士宗炳在所著的《明佛论》中提出，"孔、老、如来，虽三训殊路，而习善共辙也"，[②]从社会教化的角度提出了三教一致论。南齐时的道教信徒张融临终时遗命"左手执《孝经》、《老子》，右手执《小品》、《法华经》"，[③]表明他至死仍坚持三教并重的思想。针对当时佛道之间的争论比较激烈，张融在其所著的《门律》中特别提出："道也，与佛逗极无二，寂然不动，致本则同，感而遂通，达迹成异"，认为佛与道"殊时故不同其风，异世故不一其义"[④]，两者迹异而本同，故不应相互攻击。有"山中宰相"之称的道士陶弘景也大力宣扬"百法纷凑，无越三教之境"，[⑤]提倡三教融合，并努力施行。梁武帝则以皇帝的身份提出了"三教同源"说，认为老子、周公和孔子等，都是如来的弟子，儒道两教来源于佛教。

隋唐时期是三教融合的第二个阶段。唐朝国力强盛、文化繁荣，是中国封建社会的鼎盛时期。经济的昌盛为宗教的繁荣提供了有力的物质基础，道教进一步壮大，而佛教的中国化也达到了新的高度。大一统的政治局面需要统一的意识形态，隋朝的王通就提出了以儒学为中心的"三教合一"说。在唐朝统治者中，虽也有人在三教中有所偏好，如太宗尊儒，武则天崇佛，玄宗尚道，但有唐一代总的宗教政策是三教并存，提倡"三教合一"，也形成了在唐朝

① 《喻道论》，《弘明集》卷三，上海：上海中华书局四库备要本。
② 《名佛论》，《弘明集》卷二，上海：上海中华书局四库备要本。
③ （梁）萧子显撰：《南齐书》，北京：中华书局1972年版，第729页。
④ 《门律》，《弘明集》卷六，上海：上海中华书局四库备要本。
⑤ 《茅山长沙馆碑》，《茅山志》，北京：北京图书馆出版社中华再造善本。

的文人士大夫中研习三教典籍的风气。统治者的提倡、学子士人的研究,大大地促进了三教融合的深入发展,三教融合也成为各界人士的共识。儒者柳宗元在其《送僧浩初序》中认为:“浮图诚有不可斥者,往往与《易》、《论语》合,诚乐之。其于性情奭然,不与孔子异道。”①名僧神清认为,“释宗以因果,老氏以虚无,仲尼以礼乐,沿浅以洎深,籍微而为著,各适当时之器,相资为美”。② 名僧宗密也提出,“孔、老、释迦,皆是至圣”,故“三教皆可遵行”。③

宋元时期,三教合一的宗教思潮得到了更进一步的发展。这一时期,儒学纳佛容道而系统化、理论化,形成了新形态儒学,从形式到内容都更加完整;佛教也竭力倡导三教同流;道教繁衍出众多教派,各教派虽在义理及具体的修炼方法上各有偏重,但都自觉和不自觉地突出了三教合一这一时代趋势。元杂剧中以道教神仙度人、乐道隐居为内容的神仙道化剧十分繁荣,其内容和旨趣大多与全真教密切相关,而全真教正是集中体现三教合一思想的典型道派。全真道祖王重阳秉承道教之传,却不囿于道教一家,而以“识心见性”、“独全其真”、“三教圆融”树宗立教,教人诵《般若心经》、《道德经》、《清静经》和《孝经》。其关于三教合一的言论颇多,如他在《金关玉锁诀》中说:“三教者,如鼎三足,身同归一,无二无三。三教者,不离真道也,喻曰:似一根树生三枝也。”④《孙公问三教》诗云:“儒门释户道相通,三教从来一祖风。”⑤在成仙信仰和修炼理论上,放弃肉体成仙,强调性的修炼,追求“真性”解脱和“阳神”升天。王重阳的这种思想,被他的弟子及全真道徒们全面继承,并

① (唐)柳宗元:《送僧浩初序》,《柳宗元集》(二),北京:中华书局 2000 年版,第 673 页。

② 《大正藏》(第 45 册),第 578 页。

③ 《大正藏》(第 52 册),第 708 页。

④ 《重阳真人金关玉锁诀》,《道藏》第 25 册,第 802 页。

⑤ 《重阳全真集》卷一,《道藏》第 25 册,第 693 页。

加以发展，将儒、释、道三家思想从理论上乃至实践上加以融会贯通。如马钰《赠李大乘兼呈净公长老》诗云："虽有儒生为益友，不成三教不团圆。"①谭处端《三教》云："三教由来总一家，道禅清静不相差。"②刘处玄《上敬奉三教道众并述怀》云："三教归一，弗论道禅。"③丘处机谓："儒释道源三教祖，由来千圣古今同。"④并根据王重阳"吾将来使四海教风为一家"⑤的观点，提出"推穷三教，诱化群生"。⑥ 七真的徒裔继续高唱宣扬三教同源、三教平等、三教同功。尹志平《劝世》云："道显清虚妙，释明智慧深，仲尼仁义古通今，三圣一般心。"⑦侯善渊《刘老仙问三教归一》云："老子如来孔圣同，世人不晓斗争风，假名三教云何异？总返苍苍一太空。"⑧王丹桂《咏三教》谓三教"玄玄同一体，谁高谁下？谁后谁先？共扶持邦国，普化人天，浑似沧溟大海，分异派，流泛诸川，然如是周游去处，终久尽归源"。⑨

由于全真教是高倡三教合一的，而且援佛、儒入道，尤受禅宗影响较大，所以元杂剧中道教人物难免受到佛教的浸染；而全真教在元代尤受知识分子的青睐，因此他们笔下的佛教人物自然而然会沾染全真教的气息。

（二）中国民众的多神崇拜

元杂剧宗教人物形象杂糅化在很大程度上与中国民众的多神

① 《洞玄金玉集》卷三，《道藏》第25册，第580页。
② 《水云集》卷上，《道藏》(第25册)，第849页。
③ 《仙乐集》卷三，《道藏》(第25册)，第438页。
④ 《磻溪集》卷一，《道藏》(第25册)，第815页。
⑤ 《金莲正宗仙源像传》，《道藏》(第3册)，第372页。
⑥ 《磻溪集》卷五，《道藏》(第25册)，第835页。
⑦ 《葆光集》卷中，《道藏》(第25册)，第520页。
⑧ 《上清太玄集》卷八，《道藏》(第23册)，第806页。
⑨ 《草堂集》，《道藏》(第25册)，第481页。

崇拜有关。

中国民众的多神崇拜源远流长。在原始社会中,人们就在对自然力量的崇拜与自身力量的菲薄之中,树立起了神的权威,萌发了对神的幻想。天上的日月星辰,地上的山川河流等等都成了自然崇拜的对象,连同风雨雷电、奇山怪石、鱼虫草木等等构成人们“万物有灵”的多神系统。从古代到近代,民间祠祀一直不断。民间祠祀的对象既多且杂,又代有革新,沿革不一。既有日月山川等自然之神,又有神化了的圣贤英雄,还有神话传说中的异人智者,使得民众宗教意识中多神崇拜特征更加明显。尽管以积极入世、排斥玄虚的儒家理念在中国长期占有主导地位;原始的多神谱系确实在很大程度上由于农业文明的日益成熟而衰落;宗教自身的发展也在不断整饬民间纷乱的鬼神系统,但是民众的多神信仰并没有发生太大的改变。中国民众自身所具备的文化素养,也没有为他们提供分辨混乱纷杂的信仰对象的可能,所以他们的信仰不能彻底改变多神并存的状况。一切与人们生活有着或显或隐各种关系的神灵都有可能成为崇拜的对象,再加上他们“唯灵是信”的宗教观念,使他们不会去深究信仰的对象到底源自何方,属于哪个宗教派别,只要能够应验,便毫不犹豫地信奉。

在日常生活中,中国民众“与圣贤仙佛各种偶像,不分彼此,一例崇拜”①的现象十分突出。中国民众向来都是一视同仁的对待各种神灵,或许他们刚刚从寺院出来,转身又进入道观;或许他们刚刚拜倒在观音娘娘脚下,旋即又匍匐在送子娘娘跟前。所有超自然力量在中国民众的宗教世界中是共存的,共同分享着广大民众的顶礼膜拜。在中国民众看来,佛道二教并没有实质性的区别,他们喜欢佛道混合的庙宇,喜欢和尚道士都来助兴的仪式。民间很多小庙都是佛道混合式的,各路神仙都可以在此容身,接受民间

① 梁漱溟:《中国文化要义》,北京:学林出版社 1987 年版,第 69 页。

的香火。众多的寺庙道观也并不在意多供奉一两个异教神灵，只要他们能够招徕更多的信众就行了。平日里人们遇到什么事情，也总离不开佛道配合，无论是佛还是仙，无论是水陆道场还是斋醮大会，似乎都可以同时接受。

佛道二教为了争取更多的信众，无不千方百计地扩充各自的群神谱系，以此来满足民众多神崇拜的宗教心理。道教在建立自己的谱系的过程中不断向佛教窃取偶像，把他们改头换面变成自己信仰的对象。比如，道教引进佛教龙王并加以改造，形成自己的龙王信仰。凡有水之处，无论江河湖海，渊潭塘井均有龙王。大江南北，龙王庙林立。道教还把属于佛教的阎王信仰演变成具有汉化色彩的十殿阎罗。佛教也不甘示弱，他们把道教的神仙拿来变成自己的部下。比如用道教的神来冒充诸天。诸天指的是佛教的护法诸神，又可称为“诸天鬼神”。自古列十六天像，各有所主，以其有呵护佛法之功。后增日神、月神、娑竭龙王及阎摩罗王，因日可破暗，月可照夜，龙则秘藏法宝，阎摩掌管幽冥，故加此四为二十天。后又将“天龙八部”之紧那罗王及道教神祇紫微大帝、东岳大帝、雷神增入其中，最终形成二十四天。佛教还把深受民众喜爱的道教神仙吕洞宾收入佛门，封为佛教大护法。佛道二教还不断从民间诸神中抢夺资源。他们看哪一路神仙香火旺盛就把他们纳入自己的旗下。比如中国民众十分崇拜关公，佛教就封之为伽蓝神之一，于常见的十八罗汉旁塑像供奉，天台宗的经典《佛祖统纪》还清楚地记载了关羽显圣的故事；道教封之为“关圣帝君”，借他的威名，炮制出《关帝觉世真经》、《关帝明圣经》。佛道二教这样不顾自身信仰体系、盲目扩充偶像队伍的行为，又进一步加深了民间信仰的混乱。

民众的多神信仰使得元杂剧中“僧不僧，道不道；亦僧亦道，非僧非道”的现象不会受到诘难。《竹叶舟》中全真教真人吕洞宾可以去青龙寺度脱儒生陈季卿，而寺中长老却不以为怪。《忍字记》

中布袋和尚带着道教的婴儿姹女去度脱财主刘均佐，而刘均佐只是嘲笑他的肥硕，而不笑他收错了徒弟。至于观音菩萨说“酒色财气，人我是非”，吕洞宾说“苦海无边，回头是岸”，观众也不会去计较他们的荒唐，反而乐意看到他们不分彼此，携手共舞于戏剧舞台之上。

（三）元剧作家的创作心理

余秋雨先生说：“神仙道化剧的作者首先不是从道教徒、佛教徒的立场来宣扬弘法度世的教义和方法的，而是从一个苦闷而清高的知识分子的立场来鄙视名利富贵、宣扬超然物外的人生态度的。”[①]这种观点无疑是比较中肯的。元剧作家塑造宗教人物形象的目的并不仅仅是为了宣扬宗教思想，表达宗教理念，更多的是为了宣泄内心情感，表达心理诉求。

孔子云：“士志于道。”[②]（《论语・里仁》）儒学是中国古代社会的主流意识，并一直占据着统治地位，它确立了中国文人的基本思想观念和道德标准，因而古代文人大多都有着以道自任的强烈的使命感。而行道的途径必须是参与政治、通过最高统治者君主而得以实现。所以，孟子又说：“士之仕也，犹农夫之耕也。”[③]（《孟子・滕文公下》）一般的书生就把“齐家治国平天下”作为人生的终极目标。虽然这条行道之途既艰难又渺茫，但是在传统意识的作用下，这种人生模式成了中国历代文人的宿命般的必由之路。始于隋朝的科举考试，为读书人提供了实现自身价值的机会。诚然，三年一试的科举并不能改变所有读书人的命运，但是至少每个人都有可望而可及的机会。唐宋为封建时代的科举盛世，读书人一批批地进入统治集团。因此，整个社会对于文人都高看一眼。文人

① 余秋雨：《中国戏剧文化史述》，长沙：湖南人民出版社1985年年版，第168页。

② 《四书》，北京：中华书局2007年版，第14页。

③ 《四书》，第194页。

们也非常自诩,动不动就以“济苍生”、“安社稷”作为人生目标。即使不能辅佐君王,行道天下,也要入仕为官,为生存之计。就算眼前还是白衣秀才,在社会上的地位也高于其他人,属于清流雅士,吟诗作赋,发发牢骚,也尚有精神寄托,尚有人格自信。

然而,由蒙古贵族建立的元朝在中国历史上是一个最特殊的朝代,来自草原的原始粗犷的“马背上的民族”,用他们的金戈铁马攻破了拥有千年文明史的“礼仪之邦”,成了中原的主人。他们打掉了汉人的自尊,也毁掉了文人的自信。他们恃力轻文,多年不兴科举,使得元代文人的政治理想成为泡影,有些人连生计都出现了困难。陶宗仪《南村辍耕录》载:“宋士之载羁旅者,寒饿狼狈,冠衣褴褛”。[①] 为寻求出路,有些文人袖诗去求见达官贵人,却常常受到嘲笑和侮辱;有些文人“或习刀笔以为吏胥,或执仆役以事官僚,或作技巧贩鬻以为工匠商贾”;[②]也有些文人去做书会才人,沉沦到市井下层社会。

读书失去了实用价值,读书人在世人眼里也就急剧地贬值了。在世人眼里,他们已经不再是“白衣卿相”,倒成了十足的“穷酸饿醋”。这种价值的陡然失落让他们中大多数人转向宗教寻求安慰。他们贬低现实、贬斥功名、否定现实价值标准,为重新拾起自尊找到了理论依据;把自己求之不得的无奈转换成主动放弃的潇洒,为自己心理的平衡找到了精神支撑。但实际上,绝大多数文人并没有真正从宗教中得到解脱,做到超然一切。他们表面上散漫逍遥,骨子里却还眷恋着功名,难以忘怀“兼济天下”的责任。这种复杂的心态使得他们笔下宗教人物形象往往不那么纯粹。貌似觑透一切的神仙们,目光总忍不住流连于凡尘俗世;隐逸山林的出家人,言语中表现出来的超脱也极不自然,夹杂着太多的愤懑、嘲弄和不恭。

---

① 《宋元笔记小说大观》(第六册),第 6221 页。

② 《元史・世祖纪》,第 2017 页。

第五章 元杂剧宗教人物形象的功能

元杂剧中的宗教人物形象虽然大都是剧作家虚构的，但是表达的人物精神和社会见解却是真实的，他们在宗教、社会和艺术三方面发挥着稳定而有效的影响。元杂剧宗教人物形象的“宗教”属性，寄托着剧作家的宗教理想，反映了当时的宗教生活，宣传了宗教思想，强化了宗教精神。元杂剧中理想的宗教人物形象是宗教信徒修道成仙的榜样，他们的思想和理念也影响着社会的价值判断。元杂剧宗教人物形象作为艺术的载体，在戏曲艺术的系统中发挥着独特而持久的艺术效用。

第一节 宗教人物形象的宗教功能

中国古典戏曲和宗教的渊源相当深厚，在戏曲中常常融汇着浓郁的宗教精神，所以戏曲时时承担着传播宗教文化功能。元杂剧宗教人物形象的“宗教”属性使他们义不容辞地充当传播宗教文化的使者。通过他们的行动，在舞台上展示着宗教生活图景，演绎着宗教规范仪式，从而把宗教文化的种子广泛地散播在每一位老幼妇孺的心田，达到“润物细无声”的效果。

一 反映宗教生活

元杂剧中塑造的宗教人物必然要参与一些宗教活动，履行一些宗教仪式。这些宗教活动和宗教仪式反映了我国封建社会的宗教生活。归纳而言，主要表现在以下几个方面：

其一，修仙学道。元杂剧中塑造了大量度脱俗人出家的仙真圣徒，也塑造了大量被度成仙成佛的凡夫俗子，从中可以反映出宗教人士布道和悟道的生活状况。

在以往那些文学作品中，修仙学道者都要历经重重磨难，到万里之外、云海深山去寻师求道。这种修行者主动"寻师"的修行模式来自于神仙列传和禅师传记的启发。神仙列传里的神仙们都住在蓬莱、昆仑等这样的杳渺之处，求仙问道者往往要跋山涉水才能寻访到这些异人。禅师传记里的圣徒们也要历经艰辛才能到佛法圣地去寻求真经。但在元杂剧中，这种"寻师"模式演变成"寻徒"模式。神佛们不再守在天界居高临下俯视众生，而是屈尊降格主动去亲近俗人。正如"寻师"的过程充满艰辛一样，"寻徒"的过程也不容易。首先，布道者没有自由选择徒弟的权利，一般都是奉上仙的法旨来度脱预先选定的对象。其次，布道者在度脱的过程中说破了嘴皮也无济于事，还要忍受被度者的嘲笑、谩骂、殴打甚至杀戮。再次，布道者最后并不完全是以道法服人，而是使用法术，让被度者入梦，在梦中见恶境头，迫使被度者就范。布道者传道的艰难在某种程度上反映出元代社会民众对于宗教的淡漠与疏离。

布道的艰难是不是意味着悟道就变得轻而易举了呢？也不完全是这样，"苦修成道"还是元杂剧情节之一，只是到了后期这一情节才被慢慢淡化，甚至被完全取消了。"苦修"在佛教修行中具有很重要的作用，佛教徒认为通过肉体的劳苦能够消除欲望，从而达到心灵的解脱。佛教始祖释迦牟尼在成佛之前就曾在雪山经历了六年的苦修生涯。中国僧人的悟道，也大多经历了"面壁十年"的苦修过程。据《指月录》记载，初祖达摩，在少林寺面壁九年；二祖慧可在香山"终日宴坐"八年；三祖僧粲曾"深自韬晦，居无常处，积十余载,人无能知者";[1]四祖道信一生坐禅,"摄心无寐,胁不至席者六十年"。[2] 自六祖慧能后,传统的坐禅苦修的模式被突破,很多禅师都提倡"一语顿悟"。这种新的悟道模式和苦修成道并不截然对立,因为大部分禅师在顿悟之前都有长期闭关、多年坐禅的经验。如果没有这些苦修的积累,也就难有"顿悟成佛"的解脱。金元时期的全真教也有苦修的传统,全真教提倡"自食其力",所以全真教徒一般都要自己耕田种地、挑水砍柴,把这当作一种修行的方式。元遗山说全真教徒"若枯寂头陀",头陀即苦行僧,他们一般远离人居,常行乞食,一日一食,着弊衲衣,但坐不卧,过着极其清苦的生活。早期元杂剧中的被度者都经历过这么一段苦修的生活才终成正果。《任风子》中的任屠被马丹阳点化以后,并没有马上飞升成仙,而是在菜园子里修行了一段时间。马丹阳吩咐他说:"将你俗衣尽都去了,身穿着道袍,腰系着杂彩绦,每日在菜园中修行办道。早晨打五百桶水,日中打五百桶水,天晚打五百桶水。缴辘轳,偎陇儿,拔畦儿,打勤劳,受辛苦。"[3]任屠依照师父的吩咐,每天在菜园里打水浇畦,后来终于功德圆满,位列仙班。中后期元杂剧中的被度者几乎都没有经历过苦修的生活就直接得道成仙了,即使在成仙之前跟着师父在人间修行了一段时间,那日子也变得逍遥快活了。《玩江亭》中的牛璘是这样描绘自己出家后的修行生活:"自从跟的师父出了家,真个快活也。俺出家人闲来坐静,闷来游访;寻仙问道,餐松啖柏;游山玩水,簪冠披氅;惜气养神,饮风吸露。"[4]值得注意的是,牛璘出家后的生活其实还是保持了苦修生活的一些特点,他吃的还是百家饭,行的还是万里路,睡的还是破芦席,但是他却不以为苦,反而觉得"倒大来快活也"。可见剧作家

---

① (明)瞿汝稷:《指月录》,成都:巴蜀书社 2005 年版,第 98 页。

② 《指月录》,第 102 页。

③ 《全元戏曲》(二),第 47 页。

④ 《全元戏曲》(七),第 13 页。

是有意冲淡苦修生活给观众造成的不快，使人们不至于因为畏惧苦修而对宗教望而却步，从而吸引更多的人入教。

其二，度亡驱邪。宗教信仰的核心内容是坚信灵魂不灭和鬼神的存在。敬天明鬼是我国的一个古老传统。《礼记·表记》说："殷人尊神，率民以事神，先鬼而后礼。"[①]巫觋为事鬼奉神而设；《墨子》有《明鬼》篇；孔子也说"敬鬼神而远之"。佛道二教亦崇信鬼神。佛教有"八部鬼众"和"十殿阎罗"。道教也虚构了聚集和管理宗教人物的处所"酆都山"。为了让死去的灵魂得到安息和慰藉，人们请和尚道士来做法事超度亡灵。若是家有不幸，或是家人生病，他们首先想到的是鬼怪作祟，也会请和尚道士来降妖驱邪。元杂剧中有不少宗教人士都从事超度亡灵、降神伏鬼等宗教活动，从中展现的是民间丰富而广阔的宗教生活。

元杂剧中最著名的一场法事活动就是《西厢记》中普救寺众僧为崔相国做好事。众所周知这不是一场严肃的法事活动，但它在程序上还算是比较严谨的。首先是"众僧动法器"，佛堂"瑞烟笼罩"、"幡影飘摇"；然后是死者的亲属焚香祷告，且听张生的祷词："惟愿存在的人间寿高，亡化的天上逍遥。为曾、祖、父先灵，礼佛、法、僧三宝。"[②]这样的祷词很有代表性，一般人们在追荐亡灵的时候都会祈祷逝去的亲人在另一个世界里过得逍遥自在，从而保佑活着的亲人在人间安康幸福。崔莺莺的祷词没有写出来，但是通过张生的视角写出她在默念祷词的时候"哭声儿似莺啭乔林，泪珠儿似露滴花梢"，可见言辞是十分悲切的。在祷告的过程中，行者要不断添香，保证灯烛香火不灭。一切完毕后，由住持摇铃宣布法事结束。

《度柳翠》中也有一场法事，这场法事的规模比《西厢记》中的

---

① 《礼记译解》(下)，第 813 页。

② 《全元戏曲》(二)，第 234 页。

法事要小的多，是在追荐者家里做的法事，一共只有十个僧侣，但做法事的过程描写得比《西厢记》要详细，从中可以窥见普通人家是怎样为死者做法事的。法事主要分为三段，每段由长老启祝，其他僧人附和并转动法器。第一段长老唱西方赞："莲池海会，弥陀如来，观音势至坐莲台，接引上金阶，大誓弘开，唯愿离尘埃。"①行者一边转动法器，一边连念三声："香云盖，菩萨摩诃萨。"第二段长老念真言云："解结解结解冤结，解了杭州施主老柳前生今世冤和业。洗心涤虑发虔心，今对佛前求解结。南无药师佛，药师佛，消灾延寿药师佛，南无消灾延寿药师佛。"②行者附和道："愿以此功德，普及於一切，唱愿保平安，消灾增福寿。增福寿，菩萨摩诃萨。"连念三声，转动法器。第三段长老念咒云："唵，齿临金吒金吒僧金吒，我今为汝解金吒，终不为汝结金吒。唵，强中强，吉中吉，波罗会上有殊力，一切冤家离我身，摩诃般若波罗蜜。"③行者一边转动法器，一边连念三声："摩诃般若波罗蜜。"这三段的程序是一致的，只是每段的内容不同。第一段是高唱赞歌，彰显西方圣灵的伟大；第二段是消除逝者的冤业，保护生者的平安；第三段是驱除缠绕家宅的怨灵冤魂。法事完毕后，追荐者要付给参加法事的僧侣一定的报酬。

除了度亡，驱邪也是元杂剧中常见的宗教活动。古人遇到一些解释不了的怪事，或者医治不了了疾病，会认为是妖邪作怪，小则请符镇邪，严重的时候就要请法师作法驱邪捉鬼。法师驱邪首先要查明是何方妖孽作祟，考校其过失才作出处罚，这就称之为"考召"。《正一修真略仪》收录有"太上三五正一盟威考召箓"曰："世有云中鬼子，九丑众精，及土水木石，隶形异质，变化诸妖，有类

① 《全元戏曲》(二)，第 443 页。
② 《全元戏曲》(二)，第 445 页。
③ 《全元戏曲》(二)，第 446 页。

魑魅，为生民害，当以三五考召符吏追而问之。”[①]此箓不独为正一派专有，各符箓派都行此法。《张天师》和《碧桃花》都搬演了考召之法，虽是舞台表演，但是仪式的程序中规中矩，具有相当的专业水平。不管是正一天师还是神霄派，二者做法的方式基本相同，都是先上天入地将各路神仙请来，接着是击令牌，然后是画符咒水，去除妖气，最后仗剑做法，步虚踏斗，把要捉的妖孽拿到。

其三，卜卦占课。普通的宗教人士既没有“涅槃”和“飞升”的奢望，也没有“降妖驱邪”的本事，他们只能借助宗教的外衣大肆进行看相、算命、卜卦、解梦等迷信活动。由于我国古代宗教——特别是道教为了最大限度地争取信徒，大量揽入民众普遍信从的迷信成分，使宗教活动与迷信活动难分难解，所以，求神问卜就是民众“宗教生活”的主要内容。

元杂剧中有很多描写江湖术士替人看相算命的故事。《裴度还带》中有一个道士叫赵野鹤，他上场诗云：“睹物观容知福祸，相形风鉴辨高低；道号皆称无虚子，肉眼通神赵野鹤。”[②]所有的江湖术士都会吹嘘自己“断人生死无差，相人贵贱有准”，很多人往往都会自食其言，但是元杂剧中的江湖术士却很少有失手的时候，即使偶尔失手也会有合理的解释，这样无形之中就加深了民众的迷信思想。赵野鹤给裴度看相，断言他“明日巳时前后，你在那乱砖之下板僵身死。”[③]裴度年轻气盛，认为赵野鹤是以衣冠取人，但是山神庙倒了以后，他也不由叹道：“阴阳有准，祸福无差，信有之也！”[④]不过这里还存在一个缺陷，那就是山神庙虽然倒掉了，但是裴度却没有死于碎砖瓦之下，因此赵野鹤会被行者嘲笑：“你这阴

① 《道藏》(第 22 册)，第 177 页。
② 《全元戏曲》(一)，第 266 页。
③ 《全元戏曲》(一)，第 267 页。
④ 《全元戏曲》(一)，第 281 页。

阳不济事了,你也是多里捞摸。”[①]为了弥补这个缺陷,赵野鹤把它解释为裴度“阴骘太重”。他说因为裴度有“活三四人性命的阴骘”,所以气色有了转变,“他那福禄纹眉梢侵鬓,阴骘纹耳根入口;富贵气色,四面齐起”,日后必定官拜宰相。后来裴度果然高中状元,这又一次印证了赵野鹤的预言。

《陈抟高卧》中的陈抟道行高深,但他也在汴梁竹桥边设摊卖卦。他卖卦不是为了谋财,而是为了“与人间结福缘”。他算命的手法和赵野鹤有些区别,赵野鹤是看人面相,他是看人八字。他看了赵匡胤的八字便说:“这命干是丙丁戊己庚,乾元亨利贞。正是一字连珠格,三重坐禄星。你休道俺不着情,不应后我敢罚银十锭,未酬劳先早陪了几瓶。”[②]又说:“到这戌字上呵,水成形火长生,避乖龙大小运今年并;后交的丙辰一运大峥嵘。日犯空亡为将相,时逢禄马作公卿。你是南方赤帝子,上应北极紫微星。”[③]赵匡胤听了自然心里欢喜,允诺“今日之言,他年倘或应口,必须物色,以共富贵”。陈抟却婉言谢绝,这与他前面所说看相不为求财相呼应,显示出他超然的一面。

《风云会》中也有一个道士叫苗光裔,他和陈抟一样会断风云之气,望帝王之相,他上场诗云:“先天成数九精通,八卦循环掌握中。岁在庚申天下定,乾元九五见真龙。”[④]他相赵匡胤说:“主公乃九朝八帝班头,四百年开基帝王。”他相郑恩说:“这个丑人是一个凶神太岁,不过是一路诸侯。”他相潘美说:“这位君子也是上界星象,一路诸侯之命。”后果一一应验。但是他没有陈抟那么超然,到了第二折他就脱去道袍,穿上儒服,“货与帝王家”了。

---

① 《全元戏曲》(一),第 284 页。
② 《全元戏曲》(二),第 5 页。
③ 《全元戏曲》(二),第 6 页。
④ 《全元戏曲》(五),第 274 页。

《魔合罗》、《朱砂担》和《盆儿鬼》中都有描写剧中人到街上卜卦，卜卦先生说他们有百日“血光之灾”，最后都一一应验了。《桃花女》中的周公也是一个当街卖卦的阴阳先生，“阴阳有准，祸福无差”，三十年来，没有一卦失算。后来他屡次失算，并不是以此否定卦不应验，而是桃花女道高一筹，因此从某种意义上来说还是肯定了术数的可信。

二　演绎宗教仪规

演绎宗教仪规，是元杂剧宗教人物形象的宗教功能的第二层面。元杂剧中宗教人物形象当众演绎宗教的仪规其实也是一种阐道布教的手段，可以加深民众对于宗教的理解，唤起民众对宗教的热情。

元杂剧中佛教信徒对佛教仪规的演绎主要形式有机锋和棒喝。在禅宗修行方法中，机锋和棒喝是使人顿悟佛理的两种基本方法。机锋也称为话头公案，侧重以迅捷锐利、不落迹象、含义深刻的语言来使人启悟；而棒喝则侧重于以意料之外的行为举动来使人猛醒。祖师接待初学者常常或当头一棒，或大喝一声，提出问题令其回答，藉以考验其悟境，即为棒喝。在元杂剧中，机锋、棒喝这两种禅宗修行方法得到了广泛的表现。

机锋最主要的目的，就在于将平常的世俗生活情景与精妙的佛理联系起来，使它们在这种联系里激荡出佛法的光芒，从而使人启悟。这样，比喻和象征就成为机锋所最常运用的技巧，而这些方法的运用，也使得禅宗机锋超越了理性思维原则而具有一种非逻辑性。可以说，佛祖“拈花微笑”的故事便是禅宗机锋的最早滥觞，《来生债》中就曾叙述到此事：“释家拈花露本心，迦含微笑遇知音。”[1]正是这些在外人眼中玄妙莫测、近于信口雌黄的语言，却往

① 《全元戏曲》(五)，第 420 页。

往蕴涵着精妙的禅机佛理。元杂剧涉佛剧目中常有佛教人士进行机锋对决的片段，这些机锋和插科打诨混在一起，显得不是很严肃，但却很有喜剧色彩。《度柳翠》第一折中月明和尚和柳翠有一场机锋：

(旦儿云)敢问师父，从哪里来？(正末云)我来处来。(旦儿云)如今那里去？(正末云)我去处去。(旦儿云)这和尚倒知道个来去。(正末云)噤声！道马非为马，呼牛未必牛，两头都放下，终到一时休。①

又，该剧第四折长老、行者和柳翠都来向月明和尚问禅。行者和柳翠的问禅都带有调笑的意味，长老的问禅却很有深意：

(长老云)甚的明来明如日？(正末云)佛性本来明如日。(长老云)甚的暗来暗如漆？(正末云)众生迷却暗如漆。(长老云)甚的苦来苦似檗？(正末云)噤声！苦是阿鼻地狱门。(长老云)甚的甜来甜似蜜？(正末云)甜是般若波罗蜜。②

据记载，禅宗五派师徒之间平时的提问和解答，最频繁的莫过于“如何是祖师西来意”和“如何是佛法大意”两大问题。上面所引这些机锋文字中就涉及了这两大问题，也给出了一种回答。

《东坡梦》中也有机锋，它的格局和《度柳翠》一样，主要出现在第一折和第四折。第一折的机锋很有趣，问答者之间有个传话的小和尚，这个小和尚资质愚钝，不懂禅机，所以闹出很多笑话：

---

① 《全元戏曲》(二)，第444页。
② 《全元戏曲》(二)，第463页。

（东坡云）借你口中言，传俺心间事。你道有个客官，不言姓名，有两句禅语，又叫做偈语。你道："眉山一块铁，特地来相谒"。（行者云）老官，小和尚心笨，一本心经念了三年零六个月，还记不得。再说一遍。（东坡云）这个笨和尚！（行者云）敢是姓铁？（东坡云）不姓铁。（行者云）不姓铁就姓锡。（东坡云）不姓锡。（行者云）不姓铁不姓锡就姓铜罢。（入报科，云）师父，外面来到一个主儿，不言姓名，道两句禅语，又叫做偈语：眉山一块铁，特地来相谒。（正末云）急急上堂来，炉中火正热。（行者云）着手，他便是铁，我师父是火，架起炉来烧他娘。老官，我师父着我烧伤你哩。（东坡云）怎么说？（行者云）叫你急急上堂来，炉中火正热。（东坡云）这也是禅语。再进去说：我铁重千斤，恐汝不能挈。（行者云）你不怯我师父，我师父也不怯你。师父，他又道两句：我铁重千斤，恐汝不能挈。（正末云）我有八金刚，将汝碎为屑。（行者云）着手！我师父道：我有八金刚，将汝碎为屑。（东坡云）再进去说：我铁类顽铜，恐汝不能爇。（行者云）罢了，软了，（东坡云）怎么软了？（行者云）爇的软了。师父，他又道两句：找铁类顽铜，恐汝不能爇。（正末云）将你铸成钟，众僧打不歇。（行者云）着手！我师父要打你哩。（东坡云）怎么要打我？（行者云）将汝铸成钟，众僧打不歇。（东坡云）再进去说：铸得钟成时，禅师当已灭。（行者哭入科）（正末云）行者为何哭起来？（行者云）他道：铸得钟成时，禅师当已灭。（正末云）大道本无成，大道本无灭。心地自然明，何必叨叨说。[①]

① 《全元戏曲》（三），第351－352页。

此处把禅宗的机锋和杂剧里的插科打诨巧妙地揉为一体，真是让人拍案叫绝。该剧第四折也是众人向佛印问禅，佛印对答如流，无一人能难倒他。苏东坡被他的睿智所折服，“情愿拜为佛教弟子”。相信观剧的民众也和苏东坡一样，不得不被玄妙的禅理所折服。

佛教认为，佛性无所不在，悟禅无所不可，密宗甚至采取“欢喜佛”男女性交的方式。禅宗启发禅机的方法有：扬眉，瞬目，擎拳，竖拂，叉手，推倒禅床，踢翻净瓶，画圆相，拨虚空，斩蛇，杀猫，放火，斫手指等，禅师以各种象征暗示的方法启发学人，表达禅境中的独特体验。棒喝发生在语言禅机之中，它是对语言禅机的回答，它与语言相辅相成，有不说之说之功和促成参悟之用。热棒快喝成为痛激性灵的禅机，常收棒到截流、喝下顿悟之效，具有超语言的作用。《五灯会元》中西禅守净禅师说：“文殊普贤谈理事，临济德山行棒喝。”[1]棒喝与禅师谈禅理一样，成为启发禅思的重要方法。元剧作家吸取禅宗棒喝之法，常用皮棒槌（也叫磕瓜）为道具，让一角色在演出时击打对方，作为插科打诨的手段，借以增强戏剧的动作性和演出效果，从而博得观众哄笑，调节剧场气氛。在戏谑之中，也把佛禅义理传扬了出去。《来生债》中就有一个棒喝的片段。丹霞禅师佛心不纯，用“言语嘲拨”灵兆，受到了灵兆的当头棒喝：

> （灵兆云）你参空禅仔细追求，怎生见真佛昂然不拜？（禅师云）得悟时拈起放下，拜佛也有何耽待。（合掌做拜，灵兆打禅师头科，云）掌拍处六根清净，这笊篱打捞苦

① 《五灯会元》卷二十，第1334页。

海。(禅师云)方信道色即是空,果然的空即是色。[1]

通过这一棒喝,使丹霞禅师凡心顿消。

要之,机锋和棒喝都是禅宗的交流方式,指向的都是禅宗义理。元剧作家巧妙将其融入剧中,即有戏剧效果,又有舞台效应,而且为禅宗进行了广泛的宣传。

元杂剧中道教信徒对道教仪规的演绎则更富有表演性和观赏性,主要有传唱道情和表演科仪两种形式。和佛教有俗讲宣传自己的理论一样,道教也有一套演说方式称为"道情",最初是道士们布道、化缘时所唱,正如朱权所说:"道家所唱者,飞驭天表,游览太虚,俯视八纮,志在冲漠之上,寄傲宇宙之间,慨古感今,有乐道徜徉之情,故曰'道情。'"[2]后来逐渐发展成为一种民间的说唱曲艺形式。元杂剧中很多道教人士在登场的时候一般就手执愚鼓简板,唱些"道情曲儿"。《岳阳楼》中的吕洞宾就是唱着道情出场的:

(正末愚鼓简子上)(词云)披蓑衣,戴箬笠,怕寻道伴;将简子,挟愚鼓,闲看中原。打一回,歇一回,清人耳目;念一回,唱一回,润俺喉咽。穿茶房,入酒肆,牢拴意马;践红尘,登紫陌,系住心猿。跨彩鸾,先飞到,西天西里;驾青牛,后走到,东海东边。灵芝草,长生草,二三万岁;娑罗树,扶桑树,八九千年。白玉楼,黄金殿,烟霞霭霭;紫微宫,青霄阁,环佩翩翩。鹦鹉杯,凤凰杯,满斟玉液;狮子炉,狻猊炉,香喷龙涎。吹的吹,唱的唱,仙童拍手;弹的弹,舞的舞,刘衮当先。做厮儿,做女儿,水煎火燎;或鸡儿,或鹅儿,酱炒油煎。来时节,刚才得,安眉待

① 《全元戏曲》(五),第421页。

② 《中国古典戏曲论著集成》(三),第49页。

眼;去时节,只落得,赤手空拳。劝贤者,劝愚者,早归大道;使老的,使小的,共结良缘。人身上,明放着,四百四病;我心头,暗藏着,三十三天。风不着,雨不着,岂知寒暑;东不管,西不管,便是神仙。船到江心牢把柁,箭安弦上慢张弓。今生不与人方便,念尽弥陀总是空。①

《竹叶舟》第四折也有道情的演唱:

(列御寇引张子房、葛仙翁执愚鼓、简板上,诗云)昨日东周今日秦,咸阳灯火洛阳尘。百年一枕沧浪梦,笑杀昆仑顶上人。贫道列御寇的便是,因为纯阳子要度陈季卿,央贫道和张子房、葛仙翁三人劝他入道,只他尘心太重,一时不得回头。那纯阳子显其法力,别做一个境界与他看见,必然省悟了也。如今陈季卿尚未来,我等无事,暂到长街市上,唱些道情曲儿,也好警醒世人咱。(张子房云)如此最好,仙长请。(列御寇唱)【村里迓鼓】我这里洞天深处,端的是世人不到。我则待埋名隐姓,无荣无辱,无烦无恼。你看那蜗角名,蝇头利,多多少少。我则待夜睡到明,明睡到夜,睡直到觉,呀,早则似刮马儿光阴过了。【元和令】我吃的是千家饭化半瓢,我穿的是百衲衣化一套。似这等粗衣淡饭且淹消,任天公饶不饶。我则待竹篱茅舍枕着山腰,掩柴扉静悄悄。叹人生空扰扰。【上马娇】你待要名誉兴,爵位高,那些儿便是你杀人刀。几时得舒心快意宽怀抱,常则是焦,蹙损两眉梢。【胜葫芦】你则待日夜思量计万条,怎如我无事乐陶陶。我这里春夏秋冬草不凋,倚晴窗寄傲,杖短筇凝眺,看海上熟蟠

① 《全元戏曲》(二),第177—178页。

桃。(列御寇云)这道情曲儿还未曾唱完,纯阳子早来了也。(张子房云)我等且退下一壁者。(下)[①]

剧中人传唱道情的目的就是为了“警醒世人”。元杂剧作家在写戏时把演唱道情加入剧情中,这既符合人物的身份,又可以活跃观剧气氛,并借此可以向观众灌输道教思想。

除了传唱道情,科仪表演也具有传道的意义。我们知道,中国戏曲的起源与原始的巫觋有一定关系,巫装神弄鬼,其实有很强的表演成分在里面。古今中外的戏剧家经常把设坛做法当成戏剧中的重要情节来表现,因为它既能引起观众视觉上的注意,又能让观众体验到宗教的神秘。元剧作家借助剧中人的表演把这些宗教仪式化入剧情当中,让观众被这些繁复而神秘的仪式所震动,也就在不知不觉中被这种宗教所折服。

元杂剧中穿插着大量的道教科仪表演,这是一个不争之事实。此前已经介绍过考召仪式,在此就不再赘述,我们来看看其他的科仪表演。斋醮也是元杂剧中常见的科仪,“斋醮的内容有清洁身心、设坛摆供、焚香、化符、存想、念咒、掐诀、叩齿、上章、诵经、赞颂,并配以音乐、烛灯和禹步等仪范程式。斋醮的目的是使人与神灵沟通,祈祷神仙保佑,赐福消灾度厄”。[②] 元杂剧中可以看到各类斋醮仪式的插入表演,但一般描述得较为简略,唯有《桃花女》中的拜北斗仪描述得颇为详细。中国北斗信仰渊源已久,道教形成初期即有拜北斗之法。道教认为人各有命星主宰,而本命之神是由北斗七星所主,所以拜北斗可以延寿。《桃花女》将拜北斗仪搬上舞台,而且经过戏剧性的处理,使仪式过程更加形象化和趣味化。彭大被周公预言“后日午时,合该土炕上板僵身死”,于是闷闷

① 《全元戏曲》(四),第662—663页。

② 张泽洪:《唐宋元明时期斋醮述略》,《中华文化论坛》1994年第2期。

不乐，桃花女便告诉他了一个延寿之法，她说："明日晚间正当北斗星官下降，你买七分儿香纸花果，明灯净水供养着，等到三更三点，那七位星官下降之时，受了你香纸花果，明灯净水，再要一领净席，做一个席囤，你悄悄的躲在那里头，等星官每临去，你就跳出那席囤来。你休害怕，不拣那个星官扯住一个。他问你要官呵，你便道我不要；他问你要禄呵，你便道我不要。他道你都不要，你可要甚么？你便道物品则要些寿岁。恁的呵，便好救你的性命，不死了也。"[①]彭大按照桃花女的指点，备好香纸花果、明灯净水，开始拜告星官。在道教的仪式中，北斗七星只在道士的存想中降临，但在戏剧中七个星官出现在舞台上，还带着一个小星儿。他们受了供养便要离去，彭大扯住一个星官要了三十年寿辰，又从桌子底下揪出小星儿再要了一年寿辰。整个场面虽颇为滑稽，但在程序上还是比较严谨的。

占验术也是一种常见的道法。《礼记·中庸》曰："至诚之道，可以前知。国家将兴，必有祯祥。国家将亡，必有妖孽。见乎蓍龟，动乎四体。祸福将至，善必先知之，不善必先知之。故至诚如神。"[②]古代道士多精通此术。《马陵道》中鬼谷子看见徒弟孙膑气色有异，料其必有灾难，于是登坛招将，飞剑预测吉凶。剧中描写得非常细致，让我们了解了整个法事的程式。首先设起坛场，缚个草人；然后由鬼谷子登坛作法，烧香，鸣法鼓，招来诸天神将；再踏罡、咒水、练剑、飞剑；最后法剑落在草人脚上，鬼谷子据此预知孙膑会有刖足之灾。

宗教仪式本质是宗教教义思想的仪式化演绎，一次宗教仪式的表演，就是一次宗教教义思想的传播宣讲。在元杂剧中，宗教人物演绎的宗教仪式，有些和剧情结合得比较紧密，有些纯粹是插入

① 《全元戏曲》(五)，第244—245页。

② 《礼记译解》(下)，第791页。

性的表演。但不管怎样，都对宗教思想的传播发挥着有益的功效。

三　宣扬宗教思想

宣扬宗教思想，是元杂剧宗教人物形象的宗教功能的最深层面。戏曲艺术以其雅俗共赏、美善兼宜的审美形式，起到了登坛讲经所难以起到的宣传教化作用。宗教人物形象作为戏曲艺术中最为形象和最具有感染力的艺术形象，在宗教信仰、宗教道德、宗教感情诸方面，对宗教思想作了普遍而深入的宣扬。通过宗教人物形象的艺术感染力，激发人们产生对神灵的崇拜、信赖、祈求、敬畏等宗教感情，从而把宗教精神薪火传承下去。

宗教信仰是建立在有神论的基础之上的。通过塑造大量的神祇形象，元杂剧把有神论的观念通过生动鲜活的艺术形象传递给观众。人们通过对元杂剧中神祇形象的直观印象，感受到仙佛的存在，从而坚定自己的宗教信仰。

为了加强仙佛对民众的感召力，还必须竭力渲染仙佛世界的美好和仙佛日子的逍遥，元杂剧中的仙佛总是向凡人夸耀自己所生活的环境的美好。《黄粱梦》中钟离权这样描述他所生活的仙境："俺那里自泼村醪嫩，自折野花新。独对青山酒一尊，闲将那朱顶仙鹤引。醉归去松阴满身，冷然风韵，铁笛声吹断云根。……俺那里地无尘，草长春，四时花发常娇嫩。更那翠屏般山色对柴门，雨滋棕叶润，露养药苗新。听野猿啼古树，看流水绕孤村。"[①]如果说这样的仙境在人间尚可寻觅，那么《庄周梦》中太白金星所描绘的仙境就只能存在于天上了："俺那里灵芝常种，蟠桃初红；云鹤翔空，白云迎送；玉女金童，紫箫调弄；香霭澄澄，紫雾濛濛；瑞气腾腾，罩着这五云楼观日华东。俺那里有神仙洞。"[②]佛教的极乐世

---

① 《全元戏曲》(二)，第190页。

② 《全元戏曲》(三)，第657页。

界也丝毫不逊于道教的仙境，杂剧《西游记》中唐僧师徒一行历经千辛万苦来到了灵鹫山，展现在他们眼前的是这样一幅场景："与诸天相见，有狮座鸾舆，凤车象辇，金灿烂五色霞鲜。薝蔔幽花落满前，拥幢幡云雾相连。有衔花的斑鹿，立树的玄鹤，献果的白猿。"[①]如果觉得这样的仙境和天堂还不够有吸引力的话，那么《误入桃源》中的桃源洞可以满足世俗人所有的欲望，那里住的是"光闪闪贝阙珠宫"，吃的是"炮凤烹龙"，饮的是"琥珀醲"，还有美女轻歌曼舞，"殷勤捧玉钟"。为了说服世俗人舍家成仙成佛，仙佛们在他们面前大谈自己过的日子是如何逍遥自在。他们不受时空的约束，可以上天入地，任意而行，"上昆仑，摘星辰。觑东洋海则是一掬寒泉滚，泰山一捻细微尘"；他们超越生死轮回，"食紫芝草千年寿，看碧桃花几度春"。

仙佛所居之处是美好的，仙佛所过的日子也是逍遥的，但假如仙俗殊远，浊身凡胎无法登临仙界成仙成佛，那么，宗教信仰也就成"镜中月"、"水中花"，可望而不可即，失去了普遍的感召力。元杂剧中的仙佛们不像奥林匹斯山上的众神那样对于凡人漠不关心，而是表现出相当大的热情，主动帮助他们踏上成仙成佛之路。那些修成正果的凡夫俗子们虽有"半仙之分"，但是大都资质平庸，这说明仙佛无种，人人可学而得之。

神佛的感召力可以吸引更多的民众信教，神佛的威慑力也可以使民众匍匐在他们的脚下，成为宗教的俘虏。元杂剧中登场较为频繁的"增福神"和"太白金星"，他们的职责都是"纠察人间善恶"，"执掌人间赏善罚恶录料长短之事，行善者增添福禄，作恶者减算除年"，这表明人们的一言一行都在神的严密监视之下。为了更好地监视人们的言行，天庭还派了一干小神进入每一个家庭。《蔡顺奉母》中就有这些小神的集体亮相。剧演蔡顺孝感动天，上

① 《全元戏曲》(三)，第 493 页。

帝派增福神下界来到蔡家赐福。增福神叫鬼力唤蔡氏门中家宅六神来问话，这家宅六神依次是：门神、户尉、土地、井神、灶神和厕神。这些小神虽然地位卑微，但是却和人们的日常生活紧密地联系在一起，使人们无法摆脱他们的监视。元杂剧中的神灵经常像念紧箍咒一样念叨“人间私语，天闻若雷。暗室亏心，神目如电”、“湛湛青天不可欺”、“莫瞒天地昧神祇”等等诸如此类的话，无疑给观众造成了一种心理上的震慑，让他们不能不对自己的言行有所警惕，对神灵的威力有所敬畏，更加虔诚地笃信宗教。

在神灵面前，人们必须温顺谦恭、卑躬屈膝、安分守己，如果胆敢怀疑神灵、怠慢神灵、辱骂神灵，必将受到严惩。元杂剧中就有很多不敬天地不敬鬼神的人因此受到了惩罚。《潇湘雨》中的张天觉带着女儿翠鸾去江州赴任，途经淮河。淮河排岸司告诉他要祭过神道，得到淮河神灵的允许才能过河。张天觉不以为然，他说：“老夫是国家国臣，他是国家正神，何必要什么祭礼？岂不闻‘非其鬼而祭之，谄也’。”[①]态度十分傲慢。结果船到半途就被风浪打翻了，弄得父女失散数年。《荐福碑》中的张镐在龙神庙辱骂龙神，受到龙神的报复，差点丢了性命。《看钱奴》中的周荣祖之所以穷困潦倒、流落街头、卖儿乞食就是因为他的父亲为了修理宅舍，拆了佛院，对佛祖不敬。最惨烈的是《小张屠》一剧。剧中的王员外经营祭神用品，“将人上了神灵的纸马，又将来卖与别人还愿”，触怒了神灵；而孝子张屠为了给母亲治病，发愿将三岁儿子喜孙送到东岳庙，做一炷香焚烧了，感动了神灵。于是东岳神灵派遣急脚鬼送回张屠的儿子，取走王员外的儿子，丢在火池里烧死了。“莫瞒天地莫瞒神，远在儿孙近在身”，这种报应如此神速，又如此惨无人道，不能不让人们感到战栗和恐惧。

元杂剧中神灵可以支配人的命运，而人无论怎样努力，都逃不

---

① 《全元戏曲》(二)，第378页。

脱命运的安排。“万事已分定，浮生空自忙”，人只能顺从命运的安排，而顺从命运是一切宗教教义的重要内容，也是一切宗教竭力培养的人生态度。元杂剧中常常有所谓“血光之灾”的情节模式，大致的情节是主人公在长街上算命时，得知自己“有一百日血光之灾，千里之外可躲”。于是背井离乡，到外地去做买卖，想逃脱死亡的命运，但无一例外在九十九天的时候他们就忍不住往回走，于是落入了死神的手中。如《魔合罗》、《盆儿鬼》、《朱砂担》等剧皆是如此。在这里，命运之神如影随形地追踪着主人公，主人公之死印证了命运的无比威力。这就是剧作家极力宣扬的神明主宰、命运前定的宗教信仰。当人们为这些人的命运叹息的时候，也就不知不觉地为这种宗教信仰所慑服了。

神祇形象的感召力和威慑力能够强化宗教精神，僧道形象的示范性也有利于对宗教思想的传播。元杂剧中塑造了一些品行高洁、志趣高雅的僧道人物，比如陈抟、佛印等等，这对那些文人志士是很有吸引力的；而元杂剧那些慈眉善目、古道热肠的长老形象也极易博得普通民众的好感。当然，我们可以看到宗教人物形象的宗教功能并不完全是正面的。元杂剧中那些败德坏行的宗教人物形象，以及那些世俗味很浓的宗教人物形象对于宗教的传播有极其负面的影响。然而，无论是强化宗教精神的正极功能，还是弱化宗教精神的负极功能，在本质上与中国人的宗教精神并不相悖。中国人的宗教信仰本来就表现为精神上的广博和形式上的单薄的不和谐统一。以世俗的戏曲来培育民众的宗教感情本来就是一个难以完成的任务，戏曲中的宗教人物形象在这方面已经发挥了他们应有的功效，释放了他们最大的能量。

第二节　宗教人物形象的社会功能

元杂剧中塑造了一系列理想的宗教人物形象，他们不仅是宗教信徒的榜样，也对普通民众具有道德示范作用。由此对社会产生了一些积极的因素，这些因素主要表现在劝善、济世、稳定社会等方面。

一　劝善功能

元杂剧中塑造了大量监视人们言行的神灵形象，这些神灵一般有两个功效，一是调整人与神的关系，维护对神的绝对忠诚和信仰，凡人如敢亵渎神灵，毁佛谤道，将对他们严惩不贷；二是调整人与人的关系，整顿世俗社会人伦秩序。他们对于善良的、利他的道德行为给予肯定、褒扬和奖赏，以此激励世人向善；对于非道德行为予以否定、贬斥和惩罚，使世人产生自我警戒、自我监督的结果。

宗教常常把世俗道德准则作为自己的道德准则，宣扬违背了这些原则就会遭到报应，而这些报应绝大多数是假借鬼神之力给予实施。《看钱奴》中的贾仁因为前世"扭曲作直，抛撒净水，作践五谷"，今生"不敬天地，不孝父母，毁僧谤佛，杀生害命"，因此注定了他"一世儿不能够发迹的"，并"当受冻饿而死"。他在神灵面前赌咒发誓改过自新，希望神灵给他一点福力。神灵借给了他二十年福力，但他却没有好好珍惜改过自新的机会，得到财富以后就忘记了自己的誓言。所以他后半生虽然拥有巨大的财富，但却过着一种可笑而滑稽的贫穷生活。这种结果的出现，既是他自己咎由自取，也是神灵的暗中安排，正如剧中神灵所说："天若不降严霜，松柏不如蒿草；神明若不报应，积善不如积恶。莫瞒天地莫瞒心，心不瞒时祸不侵。十二时中行好事,灾星变做福星临。”[①]《小张屠》中的王员外之所以会失去唯一的儿子,不仅仅是因为“恼神灵惹祸生灾”,更是因为“祸因恶积”。他平时作恶太多,才遭此报应。剧中执行神谕的急脚鬼说:“据着他心平心善心宽大,何须你烧香火蘸钱财。”[②]如果王员外平时行善,哪会有这样的报应呢?《朱砂担》中的杀人贼白正凶残狠毒,地曹都怕他三分,凡人就更奈他不何了。但是“天网恢恢,疏而不漏”,东岳太尉无惧强暴,亲自带领鬼兵去擒拿白正,并把他押往酆都,“受诸苦恼,永为饿鬼”。他正告世人:“休将奸狡昧神祇,祸福如同烛影随。善恶到头终有报,只争来早与来迟。”[③]剧中还通过东岳太尉向地曹勘问案卷的场面来展示作为监察和审判机关的冥府,完全掌握阳间每一个人的善恶言行,这无疑对世人有震慑的作用。

在迷信思想弥漫的社会里,恶有恶报的思想对于抑制邪恶确实有一定的作用。但若只此一端,还不足以导人向善。宗教在对人施以惩戒的同时,又加之以利诱:行善可以得到神灵的眷顾,获得福报。以出世为基本诉求的宗教本来是不注重甚至是悖逆血亲伦理观念的,所谓“六亲”、“孝”等概念在宗教思想体系里并不具有任何特别的意义和价值。但在“夫孝,德之本也”的中国传统伦理社会中,“孝”则是传统道德中高于一切的伦理核心,“孝”就是最大的善。因此,行孝之人是可以得到神灵的庇佑的。《蔡顺奉母》中的蔡顺和《小张屠》中的张屠就是因为奉行孝道而感动神灵,在神灵的帮助之下,使他们的母亲解除了病痛的折磨。多行善事,神灵也会使其添福增寿,甚至获得子嗣。《刘弘嫁婢》中的刘弘听从神谕,广施恩德,终得善报。当刘弘为自己寿不过五旬、乏嗣无儿的

---

① 《全元戏曲》(四),第138页。
② 《全元戏曲》(六),第80页。
③ 《全元戏曲》(六),第207页。

命运感伤不已之时，太白金星给予他及时的指点："婚姻死葬，邻保相助。行好事，积阴功。"此后，刘弘不仅将这诀念的颠倒烂熟，时时铭记于心，而每每在他收留春郎母子、兰孙，安葬他们的亡父之时，他所想到的就是神灵的提示。如当春郎来相求时，他对妻说："婆婆，市尘中那老先生道什么来，他道着俺行好事，积阴功，今日般善事上门，咱不可以不行也。"当将兰孙买回家中，他感叹道："市尘那老先生，说的那言语，甚是好的也呵。"将兰孙陪嫁与了春郎。正是神灵的指引，才使他积累下了善因，也最终决定了他获得的善果：添子增福。刘弘最后得到的善报也是神灵的帮助，春郎和兰孙的亡父死后成神，他们在玉帝面前经过"展腰舒脚，叩头出血"的力争，为刘弘求得寿命和子嗣。这一切说明，只要肯做善事，广施仁义，神灵自然会倾力相助。

除了神灵以外，元杂剧还塑造了一批理想的僧道人物，他们本身就具有道德示范作用。元杂剧中的长老大多是有德之人，他们收留落魄的文人，救助落难的平民，为病人赠药，替忠臣雪冤；元杂剧中的武僧舍生忘死，行侠仗义；元杂剧中的道士品行高洁，志趣高雅；元杂剧中的法师刚正不阿，为民除害。

总之，宗教人物形象的劝善功能和宗教教义是密切相关的。劝善是一切宗教的积极因素之一。道教在引导世人向往仙境、修道成仙的过程中，十分强调与人为善、积功累德。《太上感应篇》曰："积德累功，慈心于物。忠孝友悌，正己化人，矜孤恤寡，敬老怀幼，昆虫草木，犹不可伤。"[①]《抱朴子内篇·对俗》曰："人欲地仙，当立三百善；欲天仙，立千二百善。若有千一百九十九善，而忽复中行一恶，则尽失前善，乃当复更起善数耳。"[②]又云："积善事未

① 唐大潮注译：《劝善书注译》，北京：中国社会科学出版社 2004 年版，第 38－39 页。

② 《抱朴子·内篇》，第 47 页。

满，虽服仙药，亦无益也。”①均把行善作为成仙之因，把成仙作为修道之果。《太上洞玄灵宝本行宿缘经》认为行善必得福报，福报的最高层次就是“飞仙”。道教在宣扬神仙思想、劝人为善的同时，还倡导承负信仰，鼓吹后人要承受先人的过失之恶果、先人积累善行亦可造福后代。中国人最重视血亲关系，报应在子孙身上比报应在自己身上更让他们觉得恐惧。元杂剧中就借神灵之手把报应报在了儿孙身上，借此警示那些作恶之人要三思而后行。佛教也向众生承诺“今生修善德，可来生至天界；今生造恶行，来生堕入地狱”，劝诫众生“诸恶莫作，众善奉行”，这有助于唤醒人们对自身命运的积极关怀，使人乐于从善而畏惧作恶。

二 济世功能

宗教人物形象是人们共同塑造的宗教幻象，反映的是人们的主体意志。人们赋予他们神圣的权威和非凡的神力，是企盼他们能够救济苦难、匡正人伦、主持公道、伸张正义。元杂剧中的宗教人物，不管是神佛人物还是仙道人物，普遍都有济世的情怀。

“人生皆苦”是佛陀对人生的价值判断，也是其济世思想产生的必要条件。大乘佛教认为，众生沉溺在苦海之中，不帮助众生脱离苦海到达涅槃彼岸，个人也不能真正解脱而成佛。因此，大乘佛教发“救苦救难”、“普度众生”的誓愿。这种气度恢宏、舍身入世、干预生活的主张在元杂剧佛教人物身上得到了明显的体现。《度柳翠》中的月明和尚本是第十六尊罗汉，为了点化执迷不悟的匪妓柳翠，不惜屈尊降临凡尘，在蒿亭山显孝寺做了一名“香积厨下烧火的腌臢和尚”。《东窗事犯》中的呆行者本是地藏菩萨，为了不使忠臣无辜屈死，他化身灵隐寺中一个烧火的和尚，每天“打勤劳山寺里”，直等着当面痛斥“上瞒天子下欺臣”的奸相秦桧。《西游记》

① 《抱朴子·内篇》，第47—48页。

中的西天毗卢伽尊者“救度众生发明愿”,托身中土大唐海州弘农县陈光蕊家为子,长大出家为僧,历经八十一难到西天取得真经。《鱼篮记》中的观音菩萨为了度化恶人张无尽,化身渔妇嫁与他,在他家受尽磨难。这些菩萨罗汉本都已成正果,但却不舍众生,甘愿在尘世继续受苦受难。这种牺牲的精神不能不令人感动,也让沉浮于无边苦海的民众看到了希望。

中国传统道教的基本精神是为己而非利他的,无论是外丹烧炼服食,还是南宗内丹修炼,皆以遁世隐居的方式来实现一己生命之解脱,而鲜有积极入世、济世利他精神的闪耀。但是,这种传统至金元时期的全真教而有了极大的改变。尽管全真教仍然是以心性内丹修炼为理论核心的,但自其创立之日起,全真教就没有被一己之自我解脱所束缚,相反,全真教时时以普救天下芸芸苍生为念,表现出了一种积极入世、垂慈接物的博大胸怀。这从在民族危难时刻,全真教挺身而出,救万民于水火的大无畏行动中,就能充分地看出来。同时,这种“垂慈接物,以期善俗”的入世、济世行为,并非是在特殊历史条件下全真教所实行的一种为扩大其教派影响的权宜之计,而是其宗教理论的一种必然体现。《清和真人北游语录》载:“长春师父言:俺与丹阳同遇祖师学道,令俺重作尘劳,不容少息,而与丹阳默谈玄妙。一日,闭其户,俺窃听之,正传谷神不死调息之法。久之,推户入,即止其说。俺自此后,尘劳事毕,力行所闻之法。”[①]由此可见,在王重阳创教的最早期,全真教就已确立了两条最基本的修炼途径:一是“默谈玄妙”,二是“作尘劳”。那么,所谓“作尘劳”的真正含义是什么呢?对此,丘处机有明确的说明:“往昔栖山时,终日杜门,不接人事十有余年,以静为心,全在功行,向没人处独坐,无人触着,不遇境,不遇物,此心如何见得成坏?便是空过时光。若夫天不利物则四时不行,地不利物则万物不生,不

① 《清和真人北游语录》卷三,《道藏》(第33册),第170页。

能自利利他,有何功德?故长春真人曰:动则安人利物,盖与天地之道相合也。"①可见,"作尘劳"不仅仅是劳动筋骨,更是入世去做"安人利物"、"利他"的"功行"。全真教以"济世利他、垂慈接物"为得道功行的理论和实践,体现出了一种强烈的救世度人的利他精神,这种精神在中国宗教史上有着极其重要的意义和价值。它不仅使传统道教从遁世隐居完成了入世有无的转向,为仅关注一己之所得的传统道教增加了利他精神,同时,这种精神也与以天下为己任的儒家思想和饶益众生的佛家大乘菩萨行观念相呼应,为有着强烈世俗性的中国文化注入了一种弥足珍贵的利生无我的精神,在中国文化史上留下了值得大书特书的光辉的一笔。

全真教救世度人的利他精神在元杂剧道教人物形象身上也有集中的体现。在元杂剧中,道教人物的普世精神和济世情怀主要表现在这样两个方面:一是表现出了一种不舍人间的入世精神;二是呈现出了一种"众生平等"的平民色彩。在中国的文学传统中,道教形象大都是清虚孤傲、高蹈尘世的。尽管在黑暗不平的社会中,这种形象具有不与世俗同流合污的进步意义,但他们身上也缺少了一种宝贵的济世利生的无我精神。这种状况在元杂剧中得到了彻底的改观:元杂剧中道教神仙,一反传统道教不食人间烟火的冷寂形象,表现出了一种热切关注世俗人生的入世精神。这种精神是通过神仙们热切地度脱众生得道成仙的行动才得以体现出来的。

在道教度脱剧中,举凡出现的道教神仙们,并没有高蹈于尘世,逍遥于世外,对现实人生不闻不问,相反,他们时时处处都表现出了对于世俗人间的热心、关切:尘世中无论是有着仙缘之分的凡人,还是被贬罚至下界的神仙,甚或是花木之妖、鬼仙精灵,都无不牵动着神仙们的心灵。帮助他们脱离凡尘牢笼、世间苦海,成为神

① 《盘山语录》,《道藏》(第4册),第832页。

仙们的主要的任务。我们从“恐他迷失正道……”这样充满关爱之情的语言中,从神仙们对世人两次、三次的不懈度脱行动中,能够真切而充分地感受到他们关心世人命运的细心、耐心和热心。这样的描写,能够使我们很自然地联想到全真教大师们在朝代交替的特殊历史时期,救万民于水火的伟大壮举,联想到全真教理论里所透现出来的那种弥足珍贵的垂慈接物、救世度人、饶益众生的利他精神,而这些,正是道教神仙具有不舍人间的度脱精神这一文学现象在道教剧中出现的真正原因。

元杂剧道教人物垂慈接物的普世精神还表现在:被度者呈现出了一种鲜明的平民色彩。在传统道教文学中,凡涉及成仙悟道形象者,或为企慕长生不老的帝王贵族,或为失意之文人,透现出了一种浓郁的贵族文人气息。但在元杂剧中,神仙们并没有对权贵们另眼相看,反而对那些所谓的贱民青睐有加,屠夫、匪妓、优伶都是他们热切度脱的对象。神仙形象的塑造上这样一种平民化色彩的出现,也是全真教文化对于杂剧艺术影响的表现。在全真教的眼中,“利物”的对象绝没有高低贵贱之分别。在传道的过程中,全真教首先想到的也是社会中下层的民众,例如,在王重阳的文集中,存有大量的以平民为对象的诗词,如《张姑求问》、《训愚鲁》、《赠王十三郎》、《赠打车》、《钓翁》等,他希望通过其教化而让他们摆脱愚昧和困苦。在朝代更替,战乱不已的历史时期,全真教对于所有流离失所者的救助是一视同仁的,无论官宦之人,业儒之文人,还是贫贱的民众,都得到了他们同样的救助和关照。可以这么说,全真教所具有的普世精神正是道教剧神仙形象平民化色彩得以产生的根本原因。

三 稳定功能

这里所说的稳定是指社会的稳定。元杂剧宗教人物形象宣扬的隐退、忍耐、顺从这些思想虽然未免有些消极,但恰恰是稳定社会的有利因素之一。

元杂剧中的宗教人物形象不乏愤世嫉俗之士,但他们不是劝人们揭竿而起,奋起反抗,而是劝人们远离世俗的纷纷扰扰,归隐山林或者遁入空门。《陈抟高卧》中的陈传虽身居山林,但不忘生灵涂炭之苦,他感叹"这五代里胡厮杀,不曾住程",奉劝赵匡胤"休则管埋名隐姓,却教谁救那苦恹恹天下生灵",要他以天下苍生为念,救百姓于水火之中,其用世之心明晰可见。但赵匡胤功成名就之后,以高官厚禄为诱,邀他出山相助,他却又极力推却。这时的他变成了一个彻头彻尾的隐士,以"死无那葬身之地"为警示,奉劝大家"绝名利",归隐山林。《黄粱梦》中的钟离权感叹"假饶你手段欺韩信,舌辩赛苏秦,到底个功名不由人,也未必能拿准。……如今人宜假不宜真,则敬衣衫不敬人",奉劝世人"不如苦志修行谨慎,早图个灵丹腹孕,索强似你跨青驴踯躅风尘"。

忍耐也是元杂剧宗教人物极力宣扬的思想。在度脱剧中,那些度脱凡人的仙佛就充分发挥了"打不还手,骂不还口"的忍耐精神。《忍字记》更是一部散播忍耐思想的典范。布袋和尚上门来度脱刘均佐,因他体形肥硕而受尽了刘均佐的嘲笑,但他一点也不恼,还和刘均佐一唱一和,体现出"忍"的精神。他在刘均佐手上写了一个"忍"字,并送他一首偈子:"你得忍且忍,得耐且耐;不忍不耐,小事成大。"[①]奉布袋和尚之命来督促刘均佐修行的首座也宣扬:"忍之一字岂非常,一生忍过却清凉。常将忍字思量到,忍是长生不老方。"[②]应该指出的是,佛教的忍辱观和世俗的忍辱观是有本质区别的,但在元杂剧中已经混为一谈了。世俗的忍辱观虽有其消极、阴暗、颓废的一面,但有利于减少争端,和谐人与人之间的关系。

① 《全元戏曲》(四),第70页。

② 《全元戏曲》(四),第78页。

顺从天命的思想也像洪水般泛滥于元杂剧中。“为善的受贫穷更命短，造恶的享富贵又寿延”，这种不公平的社会现象很容易激起人们的愤愤不平，以至造成社会的动荡不安。宗教以“因果”解释了这一切，并且让恶人不得善终平息了人们的愤懑，从而使人们安于现状，心甘情愿地把一切交给命运去安排。

《冤家债主》里，主人公张善友一生修善，但无端遭遇“两个孩儿死了，两个媳妇儿又归宗去了，我婆婆又亡了，则敝下老业人独自一个”的悲惨命运，因此愤愤不平，去城隍庙告状。能断阴府之事的崔子玉向他解释这是命中注定的结果：因为他的两个儿子乞僧和福僧的前生，分别是偷盗了张员外的银子的赵廷玉和被张员外的浑家赖下了十个银子的五台山僧人，因此，他们一个“披星戴月，早起晚眠”，加倍填还了宿债；一个“每日则是吃酒赌钱，不成半分儿器”，让张家加倍还他的，一旦债利算清，便夭亡而去。发妻也是因曾经造下的罪孽而归阴。张善友明白了其中的缘由后，不禁感叹道：“再休提世上无恩怨，须信道空中有鬼神……总不如安贫，落一个身困心无困。这便是修因，也免的钱亲人不亲。”[①]于是变得心平气和，接受了这个悲惨的命运，并且还跟崔子玉出家去了。

《来生债》里，磨博士罗和为庞居士做工，为了做完每天的工，起早贪黑地干活，又怕因睡着误了做工，便在眼上支着两根棒儿，口里“唱歌唱曲”穷快活。庞居士见后不仅免了他的工，还送给他一个银子。然而，罗和得了银子后，却怎么也睡不着，整整一夜将这个银子东藏西掖，恶梦频生。苦思冥想了一夜，他终于得到了这样的结论：“想庞居士老的家有千千万万，大箱小柜无数的银子，我想他来是有福的，可便消受得起。罗和，我那命里则有分簸麦、拣麦、淘麦、打罗磨面。我可也消受不的这个银子。”[②]而庞居士也对

① 《全元戏曲》(六)，第650页。

② 《全元戏曲》(五)，第409页。

此感慨道："这银子呵原来分定也是前生注。"[①]在这里，现实中的贫富贵贱原来是天生命定的，富人之所以富，因为他"有福"，而穷人之所以穷，这是他的"命"薄，即使他得到了财富，也无缘"消受"。《小张屠》里，急脚鬼也宣扬"富和贫天地载排"，人们就应该"守分休贪不义财，命中合有自然来。若将巧计干求得，人不为仇天降灾"。[②]

不仅生死富贵都是命中注定的，而且得道成仙也是命中注定的。那些命中没有这种仙缘的凡夫俗子们，即使他们向神仙主动"申请"，苦苦哀求，也都无济于事。例如，《刘行首》中林员外也羡慕神仙生涯，他向马丹阳哀求道："师父，我到来年，跟师父出家去学道。"马丹阳即对他正色道："林员外，俺明说与你知道：刘行首有神仙之分，他再不思凡了，你早回去罢。"将他一脚踢出了仙界之外，断绝了他那份非分之想。《蓝采和》中的蓝采和的浑家见蓝采和成了神仙，于是要求蓝采和度脱自己出家去，蓝采和却说："你出不的家……你且与我安乐守分随缘过。"也断然拒绝了她出家的要求。他们出家修行的要求之所以会受到神仙的断然拒绝，并不是神仙的偏心，只是因为他们没有这样的宿命，而这种宿命则是先天注定的，是人力所无法改变的。

元杂剧宗教人物形象一再向民众宣扬"万事已分定，浮生空自忙"的宿命论思想，使这种思想变成了他们的自觉，就连富有反抗精神的窦娥在遭受一连串不幸之后，她感叹道："莫不是八字儿该载着一世忧，谁似我无尽头！……莫不是前世里烧香不到头，今也波生遭祸尤？劝近人早将来世修。"[③]把一切归于命运的安排，为了来世脱离苦海，只能逆来顺受。"宿命论"让凡夫俗子不再有非

① 《全元戏曲》(五)，第413页。
② 《全元戏曲》(六)，第97页。
③ 《全元戏曲》(一)，第186页。

分之想，从而维护了社会的稳定，虽然这种稳定在很大程度上阻碍了社会的进步。

第三节　宗教人物形象的艺术功能

“宗教幻想是形象化的，饱含着主体情感的，它创造了有意志有情感的超自然物——精灵和诸神。这不仅使作家和艺术家可以把宗教意象直接‘移植’到作品中来，而且作家和艺术家还可以从宗教幻想中获得一种上天入地、纵横驰骋的想象‘潜能’，从而使艺术品染上传奇色彩”。[①] 元杂剧宗教人物形象有很大一部分都是宗教幻象，具有超自然力量和神秘主义色彩。这些宗教人物形象作为一种独特的艺术形式使戏曲的剧情发展和结构布局不必拘泥于对现实的摹写，而可以通过他们的“神通”使剧情发生“突转”和“发现”。另一方面，这些宗教人物虽然多是剧作家虚构的非现实人物，但是他们作为一种表现主体的情感、精神和观念的载体，成为剧作家“以幻写真”的表意符号，在塑造戏曲形象上独具特色。此外，这些宗教人物往往不受时空的约束，他们可以任意穿行在不同的时空之中，从而使戏曲呈现独特的时空之美。

一　结构剧情，以虚用实

戏曲作为一种“以歌舞演故事”的综合性艺术，具有情节结构和矛盾冲突是戏曲之所以称为戏的重要因素。李渔就主张戏曲创作应该“独先结构”，亚里士多德在《诗学》中也指出“事件，即情节是悲剧的目的”。事件必然是由人物的行动来完成的，因此可以说，情节就是剧中人物的一系列行动的有机组合。在古典戏曲中，

① 郑传寅：《传统文化与古典戏曲》，长沙：湖南人民出版社 2004 年版，第 97 页。

所有的情节展开，矛盾冲突的产生和解决也同样是通过一个个人物的行动来完成的。作为古典戏曲中一类独特的人物形象，宗教人物形象同样具有这种艺术功能。宗教人物形象，尤其是那些超凡入圣的宗教人物形象具有其他人物形象所不具备的超自然力，因此借助超凡人物行动来组织剧情又使得这些剧作的情节结构体现出一种“以虚用实”的艺术特点。

（一）谋篇与布局

元杂剧剧本结构通常分为四折一楔子。既定的剧本结构使得元杂剧情节组织有模式化的倾向，宗教人物形象在以下三种模式起着主导作用。

其一，度脱模式。度脱模式是元杂剧中最常见的一种叙事模式，而且表现得最为单纯而精粹。度脱模式的一般构成是：某个贬谪下凡的仙佛或者带有仙根佛缘的凡人受到仙佛的眷顾，经过仙佛再三点化，最终参得正果。在这个模式中，起关键作用的就是飘逸神奇的仙佛。

度脱模式中的仙佛一般而言有两类，一类是度脱行为的安排者；一类是度脱行为的执行者，也有些剧中两者合二为一。作为度脱行为的安排者，一般只出现在剧首，戏份很少，有的甚至不直接出现，只是在执行者的说词中被提到而已。即便如此，他们在全剧的结构布局中起的作用不容小觑，没有他们剧情将无法顺利展开。他们在剧末一般还会再次登场，向被度者细说前因后果，有时候还带着众仙一起登场，一一点出众仙的姓名，让被度者认识神仙家族中的成员，为全剧画上一个完满的句号。充当安排者的仙佛都不是普通的角色，他们在群仙中一般地位较高，拥有一定的权威。具体到元杂剧作品中，担此大任的有道教的东华帝君、王母娘娘、南极仙翁、钟离权以及佛教的释迦牟尼、观音菩萨、阿难尊者等。其中，当属东华帝君出现的频率最高。他被封为全真教资格最老的祖师爷，又掌管着群仙籍录，所以出场的次数自然比别的仙佛多。

在第一章我们已经详细分析了这一人物形象，在此就不再累赘，我们再来看看其他仙佛的具体表现。在《金安寿》中，王母娘娘在剧首指派铁拐李下凡度脱金童玉女，在第四折她引众仙再次登场，向省悟了的金童玉女说明前因后果，并且还让金童玉女演绎人间的歌舞，描绘人间的富贵。在《度柳翠》中，观音菩萨在剧首指派第十六尊罗汉月明尊者下凡，“直至人间点化柳翠，返本归元，同登佛会”，在剧末领着善才童子再次登场，向省悟了的柳翠说明前因后果，并做了一首偈子：“出人寰脱离灾障，拜辞了风流情况。三十年堕落尘缘，忙追遣月明和尚。再休题舞依依袅娜轻盈，翠巍巍娇柔模样。毕罢了爱欲贪嗔，同共到灵山会上。”[①]短短一首偈子，把所有的剧情都涵盖进去，更可见这一角色在结构布局上的重要程度。在《鱼篮记》中，释迦牟尼差遣了观音菩萨、弥勒世尊、文殊菩萨和普贤菩萨下界点化有菩萨正果之因的张无尽，可谓声势浩大，遗憾的是他并没有在剧末再次登场，而把这一殊荣让给了观音菩萨。

作为度脱行为的执行者，一般贯穿在整部戏中，戏份很足，直接引导剧情的发展。在元杂剧中，最为频繁地充当执行者的仙佛是吕洞宾，他在《岳阳楼》、《铁拐李》、《竹叶舟》、《城南柳》、《升仙梦》和《邯郸店》等六部剧作中都有不错的表现。因此在元杂剧中他的形象最为丰满。钟离权分别在《黄粱梦》、《升仙梦》和《蓝采和》三剧中充当度脱者的角色，他是元杂剧中仅次于吕洞宾、知名度颇高的神仙。

度脱模式的核心情节是险恶人生的展示。这种展示一般是通过仙佛的神力，借助梦境或者幻境来展示的。这从形式上来说是虚幻的，但是其中奔泻湍流的现实精神和批判意向却是真实的。这正体现了宗教人物形象在结构剧情上“以虚用实”的艺术特点。

其二，命定模式。

---

① 《全元戏曲》(二)，第 466 页。

命定模式和我国命相文化息息相关。命相，是通过人的生辰八字和观察身体的各个部位及其相关的变化以确定人的富贵穷通、福祸寿夭。命相文化较早的记载出现在《左传·文元公年》："元年春，王使内史叔服来会葬，公孙敖闻其能相人也，见其二子焉。叔服曰：'谷也食子，难也收子，谷也丰下，必有后于鲁国'。"① 通过面相，叔服预言将来祭祀供养公孙敖的是儿子谷，安葬公孙敖的是儿子难，并且谷的下颌饱满，将来一定子孙兴旺，后果如其言。此后，关于命相应验的事迹在历史文献和笔记小说中比比皆是。

命相文化引进元杂剧，主要不是为了展示命相文化的玄妙神术，而是出于布局谋篇的考虑。命相文化在元杂剧情节发展中一般充当"楔子"的作用，使剧情流畅自然，圆转自如，其一般的叙事模式是：主人公从相士那里得知了自己未来的命运，面对命运的安排他们会作出不同的选择，有人甘于顺从，有人选择逃避，有人提出质疑，结果也因此有所不同。

根据情节的设计和安排，元杂剧命定模式又可以分为两类结构：一类为对称结构，一类为准对称结构。前者指后文结构基本按命相大纲发展；后者指后文开始沿着命相大纲发展，结果却刚好与之相反。前者在元杂剧中占绝大多数，比较典型的剧作有《生金阁》、《魔合罗》、《硃砂担》和《盆儿鬼》。他们的基本套路是主人公上街算命，得知百日之内有"血光之灾"，只有到千里之外才能免灾。为了避难，他们远走他乡，忍受着随时面临死亡威胁的精神折磨，在困境中艰难地挣扎。但不管他们如何抗争，就是无法摆脱冥冥中天意的操纵，反而在命运的泥潭里越陷越深。他们最终还是死于歹徒、权贵之手。此外，《陈抟高卧》和《风云会》中也是对称结构，主人公被预言有帝王之相，他们选择顺从天命，承担起救万民于水火的重任，最后终成霸业。后者见于《裴度还带》和《桃花女》。

---

① 《春秋三传》，第213页。

剧中的人物被算定有将死的命运，但最终他们都化险为夷。从某种程度上来说，这是对命相文化的一种反驳，但是并未从整体上否定超自然、超现实的天命的存在。

宗教人物形象在命定模式中发挥重要的作用。他们充当命运的预言者，或直接出现在剧中，如《裴度还带》中的赵野鹤，《陈抟高卧》中的陈抟，《风云会》中的苗光裔，《桃花女》中的周公；或通过剧中人的讲述间接出现，如《生金阁》、《魔合罗》、《硃砂担》和《盆儿鬼》。不管他们的预言最终是否应验，他们在结构布局中所起的作用是十分重要的。通过他们的预言引出了剧情，而且剧情的发展也被他们的预言所牵制。可以这么说，他们的预言奠定了故事的基本框架和剧情走势。

命定模式的核心情节应该是宿命论的理念展示。然而，元杂剧中对“宿命论”的展示并不是完全僵化的，虽然大多数人逃脱不了命运的安排，但是也有少数人通过自己的努力和他人的帮助改变了命运。即使那些没有逃脱冥冥天意、幽幽命运的可怜者，最终也在神灵或清官的帮助下，使凶手得以伏法。

其三，果报模式。

中国人相信善有善报，恶有恶报。这种观念成为戏剧构筑情节的思想基础之一。元杂剧中果报模式的构成一般为：人们的善举或恶行没有得到相应的回报，最终在神的操纵摆布下，使这种状况在现世或者阴间得到逆转。

果报模式根据实现的机制不同可分为两类。一类是阳报，也就是所谓的现世报。比如在《焚儿救母》一剧中，王员外瞒心昧己，却家财万贯，还有一个儿子；小张屠孝心一片，却穷困潦倒，还要失去唯一的儿子。这中不公平难免让好人寒心，恶人猖狂，因此王员外得意洋洋地说：“行好的倒无钱，又无儿女；但我瞒心昧己，倒有钱又有儿。我看来除死无大灾。”[①]神自然不会对此坐视不管，他们被塑造出来主要的职责就是惩恶扬善，维护世间的公平秩序。所以神拿王员外的儿子替换小张屠的儿子，丢到火盆里焚化了。另一类是阴报，就是好人死后得以成神仙，比如元杂剧中有很多神仙就是“由人成神”的；恶人死后下地狱成恶鬼，比如在《东窗事犯》中，秦桧派虞侯何宗立去捉拿当面揭露他罪行的呆行者，何宗立却亲眼目睹了秦桧在地狱受苦以及岳飞等三人飞升的情景。阴报还有一种形式，就是轮回。比如《看钱奴》中的贾仁“前世里奢华”，今世就该“冻死饿死”。《来生债》中前世欠了钱的今世变做畜生来还债。《冤家债主》中前世偷了张家银子的小偷今世变成张家的儿子，“披星戴月，早起晚眠”，为张家挣钱，是来还债的；前世被张家短了银子的和尚今世也变成张家的儿子，整天吃喝玩乐，也是来讨债的。

果报模式和命定模式不同之处在于，神插手了人间事务，干预了命运安排。在命定模式中，神对于人物悲惨的命运是冷眼旁观的。《魔合罗》、《朱砂担》、《盆儿鬼》描写李德昌、王文用、杨国用在庙里或者有神的地方被害，李德昌虔诚地祈求五道将军保佑，可是李文道给李德昌下毒时，五道将军无动于衷；东岳殿前太尉眼睁睁地看着白胜杀死王文用；窑神目睹盆罐赵杀害杨国用。实际上这些神是有能力制止罪恶发生的，但他们都选择作壁上观。这并不是他们不近人情，而是因为即使是神，也不能违抗命运的意志。然而，在报应模式中，神的权力被无限扩大了，他们可以改变人的命运。比如在《刘弘嫁婢》一剧中，洛阳巨富刘弘本来命中注定活不过五旬，而且没有子嗣。太白金星为此特地下凡嘱咐他“婚姻死葬邻保相助，行好事，积阴功”。他牢记神仙的嘱咐，关典铺，散资财，葬旧友，养遗孤，嫁婢女，感动了上苍，改变了命运。

① 《全元戏曲》(六)，第75页。

在报应模式中，宗教人物所起的作用是显而易见的。若不是他们明察秋毫，暗中相助，好人是不能得到补偿的，恶人也难以受到制裁。虽然这只是借助虚幻去实现人们的愿望，但是至少抚慰了人们的心灵。

（二）“突转”与“发现”

“发现”与“突转”，是亚里士多德对古希腊戏剧家在结构布局、安排情节方面所成功使用的两种独特技巧的准确把握与精辟界定。尽管中国古典戏曲理论中没有“发现”与“突转”的专门术语，但它们作为中国古典戏曲剧作家们惯用的结构布局、安排情节的重要技巧之一，却又是一个无可辩驳的客观存在。元剧作家实际上早已在自觉或不自觉地运用着这种技巧，并且也已取得了相当良好的艺术效果。

何谓“发现”？亚里士多德对它的解释是“指从不知到知的转变”[①]，并举出了《伊菲革涅亚在奥利斯》、《俄狄浦斯王》两剧为例证。前者主要剧情是描写伊菲革涅亚不知俄瑞斯特斯的底细，险些误杀了他。后来她发现了他的真实身份——原来竟是自己的亲弟弟：这一特殊人物关系的“发现”使得一场流血悲剧得以避免。后者的关键性情节则在于报信人无意中披露出俄狄浦斯的身世，导致“杀父娶母”内幕的昭然若揭：这一事件真相的“发现”，便无情地将悲剧主人公俄狄浦斯推至毁灭的绝境。在亚里士多德看来，“发现”主要是对某种特定人物关系的发现，但在笔者看来，也可以引申为对某种事件端倪的发现。

元剧作家在结构布局、安排情节时经常使用“发现”这一技巧。对人物关系的“发现”在元杂剧中比比皆是，比如，在婚恋剧中，经常有一个“洞房花烛”的情节，一般男方在高中状元以后被迫娶了权贵之女，而他此前已经有了心上人。当他极不情愿揭开新娘盖

---

① ［古希腊］亚里士多德：《诗学》，北京：商务印书馆 1999 年版，第 89 页。

头时，才发现原来所娶之女正是心仪之人。在《裴度还带》中就有这么一个情节，裴度已经和韩琼英定了亲，他高中状元之后又被韩相国招为女婿，其实韩相国的女儿就是韩琼英，但裴度并不知情，所以他百般推辞。但韩相国请了圣旨，裴度只能无奈接了“丝鞭”，但他内心是极不情愿的。直到他拜见高堂时才知道真相，于是悲剧变成了喜剧。还有因为“发现”使得喜剧差点变成悲剧的，如在《秋胡戏妻》里，离家十年的秋胡衣锦还乡，在桑园调戏采桑女，受到采桑女的痛斥。等回到家中，他才知道那个采桑女便是自己的妻子，而采桑女也发现了刚才调戏自己的无赖竟是自己苦等十年的丈夫，于是坚决不认这个丈夫。最后在婆婆以死相逼的情况下，采桑女才勉强接受了这个丈夫。再比如，在度脱剧中，被度者一般都对自己的身份不自知，所以百般不肯出家修道，然而一旦发现了自己的真实身份，立刻就矢志出家了。在《刘行首》中，刘行首在梦中知道自己二十年前是个鬼仙，一心想跟王重阳修道成仙，王重阳命她“下人间托生做女子”，二十年后遇马丹阳便可成道。她发现自己的身份后，立刻跟随马丹阳修道去了。

对事件端倪的“发现”则更加普遍。比如，在文人剧中，总有这么一个情节，主人公本才高八斗，学富五车，但是因为贪图安逸或者沉迷美色无意于考取功名，于是他的亲人或者好友冒着被误解的风险故意设一个局来激发他的志气。当主人公发现真相以后，自然对这位亲人或者好友感恩戴德。《裴度还带》和《破窑记》中都有这种情节。再比如，在果报剧中，主人公对自己的命运不自知，所以埋天怨地，愤愤不平，后来经过神的解释，才豁然开朗。此类剧作最为典型的就是《冤家债主》。在《冤家债主》中，张友善的妻子和两个儿子都先后亡故了，撇下他一个人孤零零地生活在世上。他自认为自己一生修善，妻儿也“不曾做下甚么罪过”，不该被命运如此对待，于是去“日理阳间，日理阴间”的崔子玉那儿告状。经过崔子玉的指点，他才知道这一切都是因果报应而已。

亚里士多德认为在情节的发展进程中依循可然律自然而然地产生出来的“发现”是最好的，如《俄狄浦斯王》中“杀父娶母”真相的“发现”。元杂剧中的“发现”多是偶然性，凭“标记”发现是常见的一种情形，如《看钱奴》中，周荣祖从银子上凿着“周奉记”的标记发现原来贾仁“二十年用心把钥匙”，看守的竟是自家祖上的金资；也有是通过剧中的仙佛之口道出来的，元杂剧中的被度者不知道自己为什么会被选中去修道，对度脱者的百般纠缠也不胜其烦，最后由仙佛点明缘由，他们才发现自己是被贬谪下凡的仙佛或者是有仙根的凡人。可见，没有仙佛的全知全能，“发现”无法产生，剧作家也不能推进情节的发展。

“突转”也是元剧作家惯用的结构布局、安排情节的重要技巧之一。何谓“突转”？对此亚里士多德解释为：“指行动的发展从一个方向转至相反的方向……此种转变必须符合可然或必然的原则。”[1]因此，所谓“突转”，是指剧情在其发展进程中，依循可然律或必然律的内在逻辑，而产生的“由顺境到逆境、或由逆境到顺境”的突然变化与重大转折。在决定性的“突转”之前，还存在一些分量不等，但均能起到铺垫过渡、推波助澜作用的转变。这些大大小小的“突转”可造成戏剧情节的曲折多变、跌宕起伏、一波三折，并获取某种出奇制胜的强烈戏剧性效果。《荐福碑》一剧就是合理地运用了“突转”使得剧情跌宕起伏、扣人心弦。剧中主人公张镐博学广闻，但时运不济，沦落在张家庄当个教书的先生，勉强混一口饭吃。他的朋友范仲淹给他三封信，让他带信去投靠三个人，他的衣食功名全在这三封信上。看来处于逆境的他将要走向顺境了，但是这条道路却布满了荆棘，从情节上来说也就是充满了大大小小的“突转”。他投靠的第一个人害急心疼亡了，这是第一个小“逆转”；他投靠的第二个人也突然去世，这是第二个小“逆转”；如果他

① 《诗学》，第 89 页。

接着再去投靠第三个人，就可以实现由逆境到顺境的大“突转”了，但是他却改变了主意，这使得他还要继续在逆境中打转，也使得剧情更加曲折多变。两次受挫使他决定先回张家庄等候消息，因为范仲淹先前把他的万言长策送到京里去了，也许会给他谋个一官半职。但是，他还是晚了一步，已经有人冒名顶替他去当官了，并且还派了杀手来取他性命。从程度上来说，这是一个中“逆转”。杀手出于怜悯，饶过了他的性命，这可算是大“顺转”之前的一个中“顺转”。逃过一劫后，荐福寺长老收留了他，并且准备把寺中的颜真卿书写的碑文拓下来制成法帖，卖一点钱，以此资助他进京应考。眼看他要渐入佳境了，剧情却突然急转直下，因为他不慎得罪了龙神，龙神把荐福碑击碎了，也击碎了他进京应考的美梦，逼得他要撞树自杀。这可说是一个比较大的“逆转”。如果他因此而死，那就是一个大“逆转”，也就是一个彻头彻尾的大悲剧。但是在这危急时刻，范仲淹突然出现，及时制止了他自杀，这就是“从逆境到顺境”的大“突转”，也使悲剧变成了喜剧。可见，“突转”对于建构剧情是十分重要的。没有“突转”，那情节就会变得平淡无奇、索然无味。

由于亚里士多德本人十分推崇悲剧，因此他认为单一的“由顺境到逆境”是最好的“突转”。但中国古典戏曲在传统的尚圆习俗的影响下，其情节结构往往是“离合环生，悲喜沓见，把两种相反的成分完美地统一在一个剧目之中，造成一种圆满之美”①。这就使得“从逆境到顺境”和“从顺境到逆境”都会同时出现在一部作品中，其运行轨迹一般是善人“从逆境到顺境”，恶人“从顺境到逆境”，而这种“双重的结构”有时候需要超自然力量来实现，也就是说需要具有超自然力的宗教人物来参与。比如《焚儿救母》中，炳灵公命城隍手下的急脚鬼采用“调包计”，使善人小张屠的儿子得

① 《传统文化与古典戏曲》，第97页。

到保全，恶人王员外则失去了自己唯一的儿子，实现了“善有善报、恶有恶报”的理想结局。

李渔说：“全本收场，名为‘大收煞’。此折之难，在无包括之痕，而又团圆之趣。”[①]“团圆”是观众的审美崇尚和心理需要。但是黑暗的现实使得要实现大团圆的结局十分困难，剧作家只能求助于上天或幽冥。“神，聪明正直而一者也，依人而行”，[②]神会依据人们的愿望，主持公正，维护正义。神祇形象的出现填平了人们现实和理想之间的鸿沟，在理想性的角度上完成了戏剧矛盾冲突的解决，使正义和自由获得了形式上的胜利，满足了观众“善有善报，恶有恶报”的心理诉求。这样，戏曲借助虚构的神祇形象的行动来取得圆满的结局不但没有使剧中的现实悲剧性褪色，而且体现出人民不屈的抗争精神和对美好理想的追求。虚幻的神祇形象为古典戏曲的剧情结构和冲突解决提供了更多的可能性，使得这些戏曲的情节发展和结构布局在实情和幻物的结合中呈现出独特的艺术魅力。

二　塑造形象，实幻相生

在古典戏曲中，宗教人物形象之所以深受戏曲家的青睐，常常搬演于舞台之上，不仅因为其在结构剧情方面为戏曲家提供了更大的自由度，而且也因为它在塑造戏曲形象方面独具特色。宗教人物形象的大量涌现，不仅丰富了戏曲的艺术形象，而且对于人物形象的整体塑造也产生着重要的作用。

（一）人神合体

中国古代的艺术思维和美学原则从来不主张单纯地“写实”，也不主张单纯地“写虚”；从来不把实和虚、有和无、幻和真完全对

① （清）李渔：《闲情偶寄》，上海：上海古籍出版社2000年版，第83页。

② 《春秋三传》，第139页。

立和割裂开来。历来成功的作品无不贯彻阴阳相抱，相及相成的精神。复合体艺术形象比单一体艺术形象更多的体现了虚实结合、实幻相生的特点。因此复合体艺术形象的创造大大开阔了艺术的表现能力，使艺术显现出神骛八极、万态毕具、绚丽多彩、变化无穷的景象。

所谓复合体艺术形象，即多位一体的形象结构，可以导源于古代神话。例如古埃及的狮身人面像；古希腊的半人半羊神；印度的半人半象神。中国古代神话中这种复合形象尤为突出：女娲人头蛇身；伏羲龙身人头；炎帝神农氏人身牛首。元杂剧中的宗教人物形象也是复合体艺术形象，集中表现为人神合体。人具有神性使得形象更完整，神具有人性使得形象更丰满。

受宗教观念的影响，人死后或为神或为鬼。鬼魂作为剧中人物行动的超现实延续，它的出现对于人物形象的整体塑造有着重要的作用。试想如果没有杜丽娘、张倩女、李慧娘、岳飞、祢衡等“人魂”的出现，这些脍炙人口的戏剧形象所具有的艺术魅力将会大为削弱。同样的，神仙作为剧中人物死后另一个身份，对于人物形象的整体塑造也产生着重要的作用，也就是说，剧中人物在舞台上是由“人”和“神”两种艺术表现来完成的。在《刘弘嫁婢》中，李逊“在生之日，与人水米无交；死归冥路，今以正直为神，上帝点检人间善恶文簿”，他感念刘弘在他死后仗义照顾他的妻小，因此在玉帝面前“展脚舒腰，叩头出血”，为刘弘求得子嗣；裴使君“在襄阳为理使，所行事有法，治百姓无虞。不与薄幸之人相跟，不与邪僻之人游径。……死归冥路，皇天不负吾德，正直为神”，他为了感谢刘弘的帮助，也在玉帝面前“展脚舒腰，叩头出血”，为刘弘延寿。可见，他们死后成神并没有割断和生前的联系，这使他们的形象保持连贯性和一致性。如果他们死后不再作为超现实的神出现，人物形象就显得不够完整，剧情也难以为继。

神仙体现出凡人的特性则更加普遍。从形象上来说，他们已经完全摆脱了兽形，变得与人无异。比如西王母，本来是人首豹身的形象，而元杂剧中的西王母已经是一个慈祥富态的妇人形象；龙女本来也未完全摆脱龙的戾气，而元杂剧中的龙女却完全是一个端庄秀丽的小姐形象。从性格上来说，他们被赋予了真实的人性，包括人性的优点和缺点。他们古道热肠，热心帮助凡人脱离困境；他们敢爱敢恨，积极追求爱情幸福；他们诡计多端，设下种种陷阱诱逼凡人出离尘世；他们斤斤计较，对冒犯他们的凡人进行残酷的报复；他们贪利虚荣，对谄媚他们的凡人施以恩惠。这些真实而具体的个性使得超现实的神仙形象显得更加丰满。

(二)以幻写真

人类现实的思想感情，难以完全以现实的形式来表达。正如汤显祖所说，“人世之事，非人世所可尽”①。于是，人类求助于艺术。艺术的迷人之处在于，它不仅能用实际存在的现实的形态，而且能用实际不存在的超现实的形态来表达人类的思想感情。在艺术创作中，艺术品往往不是对某个或某些对象的真实描绘，而是借对象来表达主体精神。对于由宗教信仰衍生出来的神祇人物而言，自身的虚幻身份和超自然力一方面为创作主体带来更大的想象空间和创作自由度，另一方面也使得此类形象的艺术塑造不同于一般人物形象的塑造，其可以超越现实的束缚，而不必拘泥于那种忠于现实生活的艺术要求。在戏曲艺术中，剧作家往往借助这类精神幻体进行艺术虚构和假想，来表达主体真实的精神和情感。

《黄粱梦》、《岳阳楼》、《竹叶舟》、《升仙梦》、《邯郸店》等戏中的宗教人物形象主要是剧作家个人情感的载体。如在《岳阳楼》中，吕洞宾虽已然是个神仙，但却仍然逡巡人间。他叹世，喟叹历史的沧桑变幻；他讽世，讽刺世人汲汲于名利；他恨世，痛恨世道不平，有才之人陷于沟渠。吕洞宾的叹世、讽世、恨世，其实就是剧作家

① 《汤显祖集》，第1093页。

的个人情感的自由抒发。

宗教人物形象不仅是剧作家个人情感的载体，也是民众愿望的载体。“虚幻的特征和心理冲突的特征是相连的。一个人有了一种不能满足的欲望，常借了幻想来满足，于是养成了虚幻的概念。幻想的世界，常是因为要满足一部分不能实现的欲望而产生的”，[①]在中国自古就流传着像精卫填海、梁祝化蝶等借助动植物意象来表达人民情感的神话传说，而古典戏曲的宗教人物形象与此类神话传说中的意象是同质的，他们同样都是运用幻想中的超现实超自然的力量来表现作者在运用其他题材所不能表现的东西，达到现实生活中依靠人的现实能力所不可能实现的目的和欲望，由此表达出主体的精神和情感。《蔡顺奉母》、《东窗事犯》、《刘弘嫁婢》、《焚儿救母》、《朱砂担》等戏中的宗教人物形象多是民间道德的体现，借助他们的超自然力量来主持公道，维护正义，满足“善有善报，恶有恶报”的民众愿望。

综上所述，宗教人物形象的艺术塑造凝聚着剧作家的思考，它既立足于观众的宗教信仰，又体现了剧作家的人生体验。剧作家善于把实情和幻情融合为一体，创造的宗教人物意象既有着现实的亲切感，又有着虚幻的神秘美；既充满浓郁生活气息和人情味，又越出正常的生活轨道之外，富有想象力。

三　建构时空，亦真亦幻

戏剧既是时间的艺术，也是空间的艺术。戏剧的剧情必须具有一定的长度，剧中人物必须有行动的空间。在我国古典戏曲舞台上，人物控制着事件时间或疾或迟的律动、流逝，场景随着人物行动的变化而自由转换。人物对于戏剧时空的建构有重要的意

① [美]乌格朋：《社会变迁》，费孝通译，《费孝通译文集》，北京：群言出版社 2002 年版，第 166 页。

义。天赋异禀的宗教人物本就可以超越时空的限制，借助他们的神力和行动力，使得戏剧时空转换变得更加行云流水、挥洒自如。

（一）时间处理，收放自如

我国古典戏曲中的时间是时徐时疾、自由转换的非均衡性的流动过程，剧中生活事件的时间跨度通常不受演出时间的限制，两三个小时的表演可以是捻指一瞬，三五分钟的表演可以是斗转星移。宗教人物的参与更加扩大了时间的表现力和自由度，他们可以把长达百年的时间压缩为短短一瞬，也可以把捻指一瞬的时间幻化为沧桑百年。

其一，压缩时间：梦境一生，人间须臾

亚里士多德在其《诗学》第五章中说过这样一句话："就长度方面，悲剧尽量把它的跨度限制在'太阳的一周'或稍长于此的时间内。"[①]对这句话的理解成为西方戏剧学界的一桩"公案"。有些学者认为，亚里士多德所说的"长短"只是指悲剧的篇幅。剧作的长度应以"太阳的一周"，也就是十二小时内上演完毕为限。更多的西方学者则认为，亚里士多德这句话是指剧情的时间跨度不要超过一天，是对"时间一律"的具体要求。16 世纪的意大利学者钦提奥和卡斯特尔维屈罗均持此见，卡斯特尔维屈罗在诠释《诗学》时指出："表演的时间和所表演的事件的时间，必须严格地相一致。"[②]表演的时间和所表演的事件的时间大体上相一致这是西方戏剧所表现的时间意识的基本特征。但是，将几桩不同而巨大的事变硬压缩在短短的几小时之内，不但会造成剧情的严重挤压，而且令人难以置信。以《熙德》一剧为例，观众很难相信一个追究杀父之仇的人竟然在短短的几个小时之内又同意和他的仇人结婚。

---

① 《诗学》，第 58 页。

② ［意］卡斯特尔维屈罗：《亚里士多德〈诗学〉的诠释》，《西方美学史资料选编》（上卷），上海：上海人民出版社 1987 年版，第 283 页。

为了既不损害剧作的社会生活容量，保证戏剧冲突有足够的内在动力，又不背离“以太阳的一周为限”的原则，西方剧作家往往采取了一些“变通”措施，旨在使戏剧既有较大的容量，又有“时间一致”的特点。比如，“回顾式”的戏剧结构——选取临近结尾的事件作为舞台正面表现的对象，借助回顾事件前因的方式以压缩剧情正面展开的时间跨度，就是惯用的手法。《俄狄浦斯王》就运用了这一手法：从主人公得到“神示”并决心追查凶手开始，到俄狄浦斯弄清自己就是凶手并实行自我制裁结束，此前的事件融入主人公追查凶手的行动之中，成为这一行动一个又一个重要的“发现”，使时间跨度从数十年压缩为一天左右。

我国古典戏曲虽然并不存在“以太阳的一周为限”的标准，但是也存在表演的时间和所表演的事件的时间大体上相一致的剧目。追求“时间一致”，有可能将时间跨度较大的事件排除在戏剧舞台之外，从而削弱戏剧反映社会生活的能力。并且，从戏剧所反映的对象来看，生活事件的发生发展总是有其逻辑线索的。如果时间太短，剧情无法充分展开，冲突的产生和解决会变得很突兀，难以令人信服；如果回避矛盾，剧情又会变得索然无味。为了既不损害剧作的生活容量，保证戏剧冲突有足够的内在动力，又能和演出的时间保持一致，西方戏剧多采用“回顾式”的戏剧结构，而我国古典戏曲则多采用“梦境式”的戏剧结构——借助梦境的虚幻形式把长达数年的时间跨度压缩为短短一瞬。

梦有飞越时空限制的特殊功能，几分钟做完的梦却可以“思接千载”，跨越很长的时间。也就是说，梦幻中的时间已经跨越数十年，现实中的时间才不过向前流淌了一点点。在元杂剧中，《黄粱梦》、《竹叶舟》和《邯郸店》都是采用“梦境式”的手法把长达数年的时间浓缩为做一个梦的时间。《黄粱梦》中，从钟离权奉命下凡点化有仙根的吕洞宾到吕洞宾黄粱梦觉省悟，前后不到一个时辰，连黄粱都没有炊熟。在这么短的时间内，要想说服沉迷功名的吕洞宾出家修道实在是勉为其难。但是,借助梦境的形式,在梦境中把时间拉长到十八年,一切就变得简单起来。吕洞宾在梦中经历了十八年的宦海沉浮、人情冷暖,梦醒以后却发现黄粱未熟,难免产生虚无的感觉,选择遁入空门也就在情理之中了。《竹叶舟》中,陈长卿也做了一梦,在梦中他归心似箭。经历一番波折以后,他回到家中和亲人短暂团聚,然后又急着去上京应考。在应考途中跌入水中,惊惧而醒。比起吕洞宾的长达十八年的梦境,陈长卿的梦境所经历的时间是微不足道的。然而,在他入梦这段时间内,行者只不过刚刚安排好斋饭而已。相对而言,时间还是被拉长了很多。《邯郸店》中,卢生一梦长达五十年,从一个意气风发的青年变成白发苍苍的老者,而实际上他不过"略睡片刻时,黄粱待熟也"。

"人生如梦"是宗教的深层体验。为了点醒痴迷红尘的被度者,度脱者往往以梦幻的形式让被度者在顷刻间经历了人世百年所能经历的一切。他们梦醒之后,怅然若失,幡然醒悟。人间的"须臾"被拉长为梦中的"百年",从而以虚无观念,把人所追逐的荣华富贵比喻为转瞬间的梦幻。这种变异时间的方式是宗教人物度脱凡人的惯用手段,正是他们的这种行为,极大地浓缩了剧情的时间,使之与表演的时间趋于一致。

其二,延长时间:仙境俄顷,人间百年

在我国古典戏曲剧目中,"以太阳的一周为限"的剧目很少,接近这个标准的剧目也不多,"开场是黄口小儿,终场是白发老翁"的剧目倒是相当的多。表演的时间虽然只有几个小时,所表演的生活事件的时间跨度却可以是数十年。舞台表演的时间是那么短,而生活事件的时间跨度又是那么长,戏曲是如何解决这一矛盾的呢?以仙界时间与人间时间不对称结构可以解决这一问题。

所谓"山中方七日,世上已千年",仙凡时间是不对称的。文学作品中较早写仙凡时间差异的作品是东晋陶潜《搜神后记》中的"桃花源",叙述晋太元中,以打鱼为生的某武陵人偶然来到一个世外桃源。生活在那里的人们怡然自得，与外界隔绝，不知外面朝代已经更迭数代。这里的时间是相对凝固的。人间已历经了几朝几代，而这里却没有任何变化。正所谓“欢乐感即是无时间感”也。东晋王嘉《拾遗记》写采药人入洞庭山采药而误入仙境，思家返乡后，寻得九代孙，人间已过了三百年。其后，南朝宋刘义庆《幽明录》中的“刘晨阮肇”条，讲刘晨、阮肇入天台山取谷皮迷路，被两个资质婉妙的女子当作佳婿邀还家中，留住半年。后刘阮二人思乡返家，发现人间已过了七世。南朝刘敬叔的《异苑》和任昉的《述异记》中都有关仙凡时间悬殊的故事。如《异苑》卷五载：“昔有人乘马山行，遥望岫里有二老翁相对摴蒱，遂下马造焉。以策拄地而观之，自谓俄倾，视其马鞭摧然已烂，顾瞻其马，鞍骸枯朽。既还至家，无复亲属，一恸而绝。”[①]《述异记》卷十载：“信安县石室山，晋时王质伐木至，见童子数人棋而歌，质因听之。童子以一物与质，如枣核，质含之，不觉饥。俄倾，童子谓曰：‘何不速去？’质起，视斧柯烂尽。既归，无复时人。”[②]马鞭、斧柯是人间之物，遵从人世时间，山为仙境，仙境俄倾或一个棋局未终，人世已过百年或数百年。故事以仙境“俄倾”与人间之物马鞭已烂、马骸枯朽、斧柯尽烂相对照，从物事变化的方面表现仙凡的时间差异；以“山中俄倾”与“人间数年”相对照，从人事变异的方面来表现仙凡时间的巨大悬殊。

仙境无寒暑荣枯的变化，无时间流逝之感；与人间沧海桑田，地覆天翻的变化形成鲜明的对比。这种鲜明的对比往往令人产生强烈的幻灭感和决然的弃世之心。这也就成为仙佛度脱凡人的绝好方式。在元杂剧中，《忍字记》、《误入桃源》和《蓝采和》这些度脱剧都采用了这种手法。《忍字记》中刘均佐在岳林庙修行了三个月

---

① 李剑国辑释：《唐前志怪小说辑释》，上海：上海古籍出版社 1982 年版，第 556—557 页。

② 《唐前志怪小说辑释》，第 553 页。

后，负气归家。路过祖坟时，他“险些儿走过了去”。才三个月的光景，祖坟边上的松柏已经长得“偌来大”。接着，他又遇见了孙子带着家人来上坟。在刘均佐眼里，孙子已经是“发若丝窝”，外甥女“老如俺嬷嬷”，重孙子“倒做得我哥哥”。他离家才三个月，尘世间却已经过了百十余年。这种时间的对比让他万念俱灰，进退无门，直呼“师父，你怎生不来救您徒弟也”。《误入桃源》中刘晨、阮肇在桃源洞中过了一年，回到家中却发现“景物翻腾非前日”，人间已经过了百年。《蓝采和》中蓝采和跟着师父修行三年，功德圆满，同赴瑶池。途中遇到一伙行院，一打听竟然是自己的浑家和两个兄弟，他们都已经是耄耋老人了。原来自己虽只去了三年光景，人间却已经过去了三十年。

（二）空间处理，转换自如

我国古典戏曲所表现的空间意识富有鲜明的民族性。境随人迁和境由心生是戏曲空间处理的主要方式。元杂剧宗教人物一般都居住在缥缈的天宫或清幽的山林，往来于仙境、山林与凡尘之间。通过他们的行动，既扩大了空间表现领域，又使得不同空间之间转换流畅自如。

宗教人物一般都有一个与自己身份特征相协调的居住环境：佛教神祇居住的净土，以清净庄严为基调，又富有异域的风情；道教神祇生活的仙境，则以华丽富贵为主要特征，又富有桃源的风光；还有一些仙风道骨的出家人居住在清幽的山林，别有风致。这些地方与尘世的环境迥然不同，在一定程度上扩大了戏剧空间的表现领域。

净土，即清净的地方和庄严的世界。大乘佛教认为，十方世界都有净土，在众多的佛国净土中，最为中国民众熟悉的有：《阿弥陀经》中阿弥陀佛所居的西方极乐世界，《法华经》中释迦牟尼佛的灵山净土、龙女成佛的南方无垢世界，《药师如来本愿经》中药师佛的东方净琉璃世界，《维摩诘经》中的积香佛国，弥勒诸经中弥勒菩萨的兜率内院净土，以及《华严经》中的莲花藏世界等等。佛经中的净土以清净庄严为主调，主要意象为池水、莲花、异草、珠宝、栏杆、七彩光辉等等，也强调佛陀、菩萨说法、众大士听经的特征，宗教色彩相当浓厚。元杂剧中仅见释迦牟尼佛的灵山净土和观音菩萨的南海洛伽山净土。《西游记》中有对灵山净土的描绘："与诸天相见，有狮座鸾舆、凤车象辇，金灿烂无色霞光。薝蔔幽花落满前，拥幢幡云雾相连。有衔花的斑鹿，立树的玄鹤，献果的白猿。"①"异香生七宝莲，彩云迷双凤车。……韵幽幽猿声在老树头，响珰珰铃声在古殿前。"②在《鱼篮记》中，有对洛伽山净土详细描绘："瑞霭气融融，彩霞雾笼笼，杨柳枝荣翠，堪宜净瓶水。见宝盖层层，讲佛法高声，颂齐声，赞如来大道行。""洛伽山翠锦峰，南海水澄清，八宝七珍瑞气生。看了佛家胜境，普世界，好修行。"③这些描绘与佛经中关于净土的描写大致相同，不同之处在于夹杂了一些道教仙境的气息，斑鹿、玄鹤、白猿等道教吉祥物与佛教法物并存，并不妨碍。大体而言，佛教的净土往往法云笼罩、寂灭安详，和佛陀菩萨的气质是相符的。

仙境是一派富贵祥和之气。由于道教和佛教的追求不同，所以道教的仙境更适合享乐。那里"宝殿参差，蓬山掩映，瑶池荡漾"，有"彩凤交飞，青鸟翱翔"，吃的是"凤肝龙胆"，饮的是"琼浆玉液"，要歌"自有绛树青琴皓齿歌"，要舞"自有霓裳羽袖纤腰舞"。《竹叶舟》写的是上八界洞府，那里"有苍松偃蹇蛟龙卧，有青山高耸烟岚泼。香风不动松花落，洞门深闭无人锁。"④《金安寿》写的是瑶池仙境，所以对于仙境的描绘和渲染特别细致，尤其是写瑶池仙境蟠桃盛会上群仙共舞的情景，犹如一幅色泽饱满的宫廷画。

① 《全元戏曲》(三)，第493页。
② 《全元戏曲》(三)，第495页。
③ 《全元戏曲》(八)，第626页。
④ 《全元戏曲》(四)，第665页。

《误入桃源》写的是桃源仙境，那里“走鸾飞凤”、“金碧玲珑”、“香雾空濛”、“祥云缥缈”、“瑞烟笼罩”。《邯郸店》写的是太清仙境，那里“玉殿金扉绚紫清”、“金作蛟龙簇绣楹”，“饥餐玉兔精，渴饮银河凝。热呵绡蒙紫雾轻，寒呵锦苫丹霞静。出入呵驾彩鸾軿，睡呵静靠碧云屏。饮酒呵香泛琼瑶浪，啜茶呵温调沉攧冰”。[①]

青山绿水与高僧名道的出尘清高的气质相一致。《陈抟高卧》中陈抟这样形容自己的居所：“则与这高山流水同风韵，抵多少野草闲花作近邻，满地白云扫不尽。”[②]《任风子》中出家后的任屠修炼之地“朱顶鹤献花鹿；唳野猿啸风虎，云满窗月满户；花满溪酒满壶，风满帘香满炉。……春夏秋冬总不殊。春景园林赏花木，夏日山间避炎暑；秋天篱边玩松菊，冬雪檐前看梅竹。”[③]《黄粱梦》中钟离权向吕洞宾夸耀出家人所居之地：“俺那里地无尘，草长春，四时花发常娇嫩。更那翠屏般山色对柴门，雨滋棕叶润，露养药苗新。听野猿啼古树，看流水绕孤村。”[④]高山流水、野草闲花、鹤鹿猿虎，这些意象组合在一起，共同制造出一种幽深、秀雅、神秘的气氛，引起人们无限的遐想。

除了天上人间，还有水府、地府。水府是龙王所居之处，充满了富贵之气。《张生煮海》中对海底龙宫有正面描述。龙女夜游海上，“觑了那人间凤阙，怎比我水国龙宫。清湛湛洞天福地任逍遥，碧悠悠那愁他浴凫飞燕争喧哄”。[⑤] 她向张生描绘自己的居所“一周围红遮翠拥，尽都是金扉银栋，似九天碧落蕊珠宫”，[⑥]“摆列着水里兵卒，都是些鼋将军、鼍先锋、鳖大夫。看了着海中使数，无过

① 《全元戏曲》(八)，第648页。
② 《全元戏曲》(二)，第8页。
③ 《全元戏曲》(二)，第48页。
④ 《全元戏曲》(二)，第190页。
⑤ 《全元戏曲》(三)，第263－264页。
⑥ 《全元戏曲》(三)，第267页。

是赤须虾、银脚蟹、锦鳞鱼。秀帘十二列珍珠，家财千万堆金玉。”[1]地府是阎王所居之处，充满了阴森之气。《度柳翠》中的柳翠、《铁拐李》中的岳寿、《冤家债主》中的张善友都被阎神摄入地府，见到地府中有“牛头马面”、“九鼎油镬”、“刀山剑岭”、“翻滚滚千丈奈河流”等等。

无论是由“天”而“地”垂直下降的空间移动还是由“地”而“天”垂直上升的空间移动，这两种纵向空间运动都是通过宗教人物的行动在瞬间完成的。比如，在度脱剧中，神仙从天界来到人间，空间的转换并不费什么周折，往往由神仙口述其在赴蟠桃宴会的时候发现人间青气冲天，便自然而然地从天界来到人间。凡人最后飞升仙境，空间的转换也是极为简单的，只需吟唱“脱骨超形，万里西风游太清”便瞬时来到了仙境。之所以空间转换这么迅疾，都是借助仙佛的超自然力量。

从红尘俗世到桃源仙境，这种横向的空间移动则较多采取移步换景的手法，通过渐进式的空间转换形式渲染了人间仙境的气氛，使得人间仙境更富有意境之美。《误入桃源》中刘晨、阮肇上山采药，被白云迷其归路，经太白金星幻化的樵夫指点，“行来数里”，“登高涉险”，来到了桃源仙境。通过他们的描述，我们知道他们经过落满松花的山路，长满青苔的野径，烟霞萦绕的古崖深洞，高耸入云的峭壁险峰，正疑迷失了方向，却又峰回路转，见到了一溪流水，顺水寻去，“进程途一二里，见楼台三四重，势嵯峨走鸾飞凤，晃分明金碧玲珑”[2]，最终来到了桃源仙境。这种渐进式空间转换方式虽不及瞬时性空间转换方式那么迅疾，但是却有力地烘托出桃源仙境曲径通幽的气氛。

总而言之，无论是瞬时性的空间转换方式还是渐进式的空间

① 《全元戏曲》(三)，第279页。
② 《全元戏曲》(五)，第538页。

转换方式，仙境与凡尘的转换都是十分灵活的，而这一切都依赖于能够自由穿梭于仙凡之境的宗教人物的行动才能实现。

结　语

人物形象是一切叙事文学的主体，戏剧也不能例外。在一部剧作中，主题思想的表达、故事情节和矛盾冲突的展开，都有赖于人物形象。对于人物形象的分析与品评，理应成为戏剧批评的重心之一。但是，中国戏剧对于人物形象在整个戏剧中的地位的认识和如何来评价戏剧人物等问题，并不是在戏剧出现伊始就解决了的。

从中国古典剧论史的发展来看，人物形象长期以来都没有得到剧论家充分地重视。中国古代的戏曲批评深受传统诗学理论影响，对戏曲艺术的批评多集中在品评辞藻、推敲音律方面。在那时的评论者看来，戏曲不过是诗歌的别一种体裁、别一种流变，如王世贞在《曲藻》中说："三百篇亡而后有骚、赋，骚、赋难入乐而后有古乐府，古乐府不入俗而后以唐绝句为乐府，绝句少宛转而后有词，词不快北耳而后有北曲，北曲不谐南耳而后有南曲。"[①]沈宠绥在《度曲须知》中也说："顾曲肇自三百篇耳。《风》《雅》变为五言七言，诗体化为南词北剧。"[②]这种戏曲批评在理论立足点上的偏位使剧论者不可能真正抓住戏剧所独具的本质特征。

明中叶以后，剧论家开始注意到戏曲作为"剧"的特性，他们的视野从单纯对曲词和声律的关注转向更为开阔的范围。这种戏曲观的转变最明显地体现在对戏曲"关目"的重视。这时评论家对剧

① 《中国古典戏曲论著集成》(四)，第27页。
② 《中国古典戏曲论著集成》(五)，第197页。

作的评价一般首先从“关目”着手。如吕天成在《曲品》中以“关目”好坏作为品曲的一个重要标准。李贽对《幽闺记》的评论也多是从“关目”出发的，其中涉及关目的评语有“此记关目好，曲好，白好，真元人手笔也”；“此出关目极妙”；“此出大少关目”等语。相反的，如果关目不佳，即使曲文华美，也不能算上乘之作。柳浪馆主人就曾这样批评过汤显祖的《紫钗记》：“一部《紫钗》，都无关目，实实填词，呆呆度曲，有何波澜，有何趣味？”[①]在对关目的点评中，他们逐渐地对戏剧情节的行为主体——人物，产生了浓厚的兴趣，认识到了人物在戏剧作品中举足轻重的作用，于是把余光移向人物的点评。这一时期，剧论家如《牡丹亭》中杜丽娘忽然以审美的眼光发现了菱花镜中的少女的“三春好处”一般，终于意识到人物形象才是戏曲艺术所要表现的主体。惊喜之余，他们开始从创作心理、形象特征、演出过程和欣赏体验等等各个方面来仔细地端详那些个千姿百态的戏曲人物的无穷意态。王世贞、徐渭、孟称舜、李贽、王思任、沈际飞等剧论家都十分重视对人物形象的分析和品评，金圣叹更是把人物形象和性格的分析精确到了极致。从此，对人物形象的研究成了戏曲艺术批评不可或缺的一环。

然而，对人物形象研究的重视并没有惠及到宗教人物形象身上。剧论家大都把关注的焦点集中在世俗人物形象身上，而对宗教人物形象却鲜有关注。对于剧论家的厚此薄彼，我们不能求全责备，因为宗教人物形象确实是一类比较特殊的人物形象。他们身上散发的“宗教”气息和世俗味浓郁的戏曲显得是那么格格不入，相对于鲜活灵动的世俗人物形象，他们确实缺乏足够的吸引力。因此他们被忽视被视为是理所当然的，至少从文学和艺术角度上来说他们的研究价值应该是极其有限的。但是，宗教人物形

① 蔡钟翔编：《中国古典剧论概要》，北京：中国人民大学出版社 1988 年版，第 70 页。

象真的就如此不堪吗？他们的艺术价值真的会因为他们自身所携带的与戏曲艺术异质的宗教基因而大打折扣吗？除了艺术和宗教的考量，他们就不具备更多的研究维度吗？实际上，通过对元杂剧宗教人物的整体检视和全面研究，这些问题都有了答案。

从艺术价值上来说，元杂剧宗教人物形象并不比非宗教人物逊色。诚然，宗教人物自身所承载的一些宗教使命使得他们更容易变成一种观念性和符号性的人物，但相应的，博大精深的宗教文化也赋予了他们超然的个性。我们很容易被他们身上那些仙风道骨的"仙气"和散漫不拘的"豪气"所吸引。那些"风魔"的颠僧狂道形象也早已深入人心。更何况还有很多的宗教人物已经脱下了神圣的外衣，褪去了神圣的光环，走向民间，走向世俗，实现了与民同乐，变得与世俗人无异。

从文化价值上来说，他们身上体现了丰富而复杂的宗教文化。王国维曾说："元剧自文章上言之，优足以当一代之文学。又以其自然故，故能写当时政治及社会之情状，足以供史家论世之资者不少。"[①]这是很有见地的。元杂剧所反映的社会生活艺术加工的痕迹较少，因此所容纳的信息量就更大也更为真实。宗教人物形象自身所携带的宗教基因本身就具有较高的文化研究价值。宗教人物形象世俗化就是宗教文化世俗化的反映，他们身上的所体现的"佛道混杂"特点也是宗教合流的反映。

他们身上还寄托了剧作家的人生体验和个人感悟，承载了民众的希望和诉求。吴梅曾说，元杂剧"大率假仙佛里巷任侠及男女之词，以舒其磊落不平之气"，[②]剧作家精心塑造宗教人物形象的目的恐怕绝不仅仅是寄托宗教的理想，更是为了释放内心的情绪。所以我们不难理解为什么那些本应遗世独立、逍遥尘外的神仙却

① 王国维：《宋元杂剧史》，上海：上海古籍出版社 2000 年版，第 104 页。

② 吴梅：《中国戏曲概论》，北京：中国人民大学出版社 2004 年版，第 123 页。

怀有强烈的入世情怀。我们知道，元杂剧相对于诗文来说个人化、私人化的东西较少，它作为一种当众演出的艺术必须迎合观众的审美趣味，满足观众的心理需求。所以，从宗教人物身上我们也能考察当时社会的集体心理。

宗教对于元杂剧宗教人物形象的影响是毋庸置疑的。宗教精神作为一种“养分”，赋予了他们独特的审美品格和艺术面貌。但是，我们也不能忽略这样一个事实：宗教人物形象必须竭力摆脱沦为宗教理念传声筒的命运。一般而言，宗教人物形象的宗教色彩越浓厚，他们的形象就越孱弱；他们离宗教越远，他们艺术价值就越高。从这个意义上来说，宗教人物形象对于宗教的传播并不总是起着正面而积极的作用。那些世俗味很浓的宗教人物形象虽满足了观众的审美需要，但是却消解了宗教的意义，甚至走向了宗教的反面。

元杂剧作为一代之文学具有很高的文学艺术价值，赢得了后世文人学者的高度评价。如明人沈德符说：“宋画，元曲，千古无匹。”[①]清人黄周星也说：“曲至元人，尚矣。”[②]元杂剧成为后世文学尤其是小说和戏曲创作学习的榜样和品评作品得失的标准。元杂剧宗教人物形象作为元杂剧艺术组成的一部分，对于后世文学创作尤其是人物形象创作自然也有一定的影响。明清时代文学作品中活跃着宗教人物形象很容易在元杂剧中找到原型。当然，我们也必须承认这样一个事实，人物形象的塑造虽然有历史承袭性，但是更多的还是反映当下的社会风貌和审美需求。如果说元杂剧对于宗教人物形象的调侃和揶揄还有所节制，那么明清戏曲小说中对宗教人物形象的戏谑和嘲弄就显得肆无忌惮了。这说明元杂剧宗教人物形象对于后世文学人物形象创作的影响也是有限的。

---

① 《中国戏曲论著集成》(四)，第215页。

② 《中国戏曲论著集成》(七)，第121页。

主要参考文献

(一)作品及论著类

B

《八仙信仰与传说研究》,党芳莉,哈尔滨:黑龙江人民出版社2006年版。

《八仙故事系统考证:内丹道宗教神话的建构及其流变》,吴光正,北京:中华书局2006年版。

《布袋和尚与弥勒文化》,何劲松编,北京:宗教文化出版社2003年版。

《变文讲唱与华梵宗教艺术》,李小荣,上海:上海三联书店2002年版。

《八仙信仰》,山曼,北京:学苑出版社1994年版。

《抱朴子内篇》,葛洪,北京:中华书局1985年版。

《笔记小说大观》,扬州:江苏广陵古籍刻印社1983年版。

C

《诗词曲论稿》,赵山林,北京:中华书局2007年版。

《传统文化与古典戏曲》,郑传寅,长沙:湖南人民出版社2004年版。

《从道家到道教》,孔令宏,北京:中华书局2004年版。

《春秋三传》,杜预等注,上海:上海古籍出版社 1987 年版。

《丛书集成初编》,北京:中华书局 1985 年版。

《禅宗集成》,台北:文艺印书馆 1968 年版。

D

《道教神仙戏曲研究》,王汉民,北京:人民文学出版社 2007 年版。

《东京梦华录》,孟元老,北京:中华书局 2007 年版。

《道教仪式与戏剧表演形态研究》,倪彩霞,广州:广东高等教育出版社 2005 年版。

《道教与戏剧》,詹石窗,厦门:厦门大学出版社 2004 年版。

《道教人学研究》,杨玉辉,北京:人民出版社 2004 年版。

《道教神仙信仰与祭祀仪式》,张泽洪,台北:文津出版社 2003 年版。

《道教法术 》,刘仲宇,上海:上海文化出版社 2002 年版。

《道教文学史论稿》,杨建波,武汉:武汉出版社 2001 年版。

《道教史探源》,(澳)柳存仁,北京:北京大学出版社 2000 年版。

《道教文化与生活》,周高德,北京:宗教文化出版社 1999 年版。

《大元圣政国朝典章》,北京:中国广播电视出版社 1998 年版。

《道教与文学》,黄兆汉,台北:学生书局 1994 年版。

《道教史》,卿希泰、唐大潮,北京:中国社会科学出版社 1994 年版。

《道藏与仙学》,胡孚琛,北京:新华出版社 1993 年版。

《道教与女性》,詹石窗,上海:上海古籍出版社 1990 年版。

《大正藏》,台北:财团法人佛陀教育基金会出版部 1990 年版。

《道教仙话》,闵智亭等编,北京:华夏出版社 1989 年版。

《道藏要集选刊》,上海:上海古籍出版社 1989 年版。

《道藏》,北京文物出版社、上海书店、天津古籍出版社 1988 年影印。

《道教与中国文化》,葛兆光,上海:上海人民出版社 1987 年版。

《道教大辞典 》,李叔还编,杭州:浙江古籍出版社 1987 年版。

《大唐西域记校注》,玄奘、辩机,季羡林等校注,北京:中华书局 1985 年版。

F

《佛教文化传播论》,张晓华,北京:人民出版社 2006 年版。

《佛教与儒教》,(日)荒木见悟,杜勤等译,郑州:中州古籍出版社 2005 年版。

《佛门谱系:佛·菩萨·罗汉·诸天·高僧·人物》,罗颢,上海:上海古籍出版社 2003 年版。

《法苑珠林校注》,释道世,北京:中华书局 2003 年版。

《佛教大辞典》,任继愈主编,南京:江苏古籍出版社 2002 年版。

《佛道文化通览》,张映勤,天津:天津社会科学出版社 2000 年版。

《佛道隐逸传》,袁大川主编,海口:海南出版社 1994 年版。

《佛教东传与中国佛教艺术》,吴焯,杭州:浙江人民出版社 1991 年版。

《佛教与中国文学》,孙昌武,上海:上海人民出版社 1988 年版。

G

《古代戏曲与东方文化》,郑传寅,武汉:武汉大学出版社 2007 年版。

《古代文学中人物形象论稿》,聂石樵主编,北京:北京师范大学出版社 2000 年版。

《观音信仰》,邢莉,北京:学苑出版社 1994 年版。

《鬼神的魔力:汉民族的鬼神信仰》,王景琳,北京:三联书店 1992 年版。

《古典戏曲存目汇考》,庄一拂,上海:上海古籍出版社 1982 年版。

H

《汉化佛教参访录》,白化文,北京:中华书局 2005 年版。

《化导与反思:佛教入世之道》,刘元春,北京:中国社会科学出版社 2004 年版。

《花寸缤纷:佛教与文学艺术》,罗伟国,上海:上海古籍出版社 2003 年版。

《汉化佛教与佛寺》,白化文,北京:北京出版社 2003 年版。

《行业神崇拜》,李乔,北京:中国文联出版社出版 2001 年版。

《后神话解读:中国民俗幽冥幻象及其艺术精神透视》,曲金良,北京:文化艺术出版社 1998 年版。

《后汉书》,范晔,北京:中华书局 1965 年版。

《汉书》,班固,北京:中华书局 1962 年版。

《弘明集》,上海:上海中华书局四库备要本。

J

《金枝:巫术与宗教之研究》,(英)詹姆斯·乔治·弗雷泽,徐育新等译,北京:大众文艺出版社 1998 年版。

《晋书》,房玄龄等著,北京:中华书局 1974 年版。

K

《空寂的神殿》,谢选骏,成都:四川人民出版社 1987 年版。

L

《礼记译解》,王文锦注译,北京:中华书局 2007 年版。

《理性与宗教信念:宗教哲学导论》,(美)麦克·彼得森,孙毅,游斌译,北京:中国人民大学出版社 2005 年版。

《龙与中国文化》,刘志雄、杨静荣,北京:人民出版社 1992 年版。

《李渔全集》,李渔,杭州:浙江古籍出版社 1991 年版。

《冷斋夜话·风膛诗话·环溪诗论》,北京:中华书局 1988 年版。

《论元代杂剧》,商韬,济南:齐鲁书社 1986 年版。

《历代神仙通鉴》,徐道,清乾隆间致和堂刻本。

M

《孟称舜集》,孟称舜,北京:中华书局 2005 年版。

《目连戏与佛教》,凌翼云,广州:广东高等教育出版社 1998 年版。

《梦粱录》,吴自牧,杭州:浙江人民出版社 1980 年版。

N

《南宋金元道教文学研究》,詹石窗,上海:上海文化出版社 2001 年版。

《南村辍耕录》,陶宗仪,北京:中华书局 1997 年版。

《南宋初河北新道教考》,陈垣,北京:中华书局 1962 年版。

P

《庞居士研究》,谭伟,成都:四川民族出版社 2002 年版。

Q

《全真教与元曲》,吴国富,南昌:江西人民出版社 2005 年版。

《劝善书注译》,唐大潮注译,北京:中国社会科学出版社 2004 年版。

《全金元词》,唐圭璋编,北京:中华书局 2000 年版。

《全元散曲》,隋树森编,北京:中华书局 2000 年版。

《全元戏曲》,王季思主编,北京:人民文学出版社 1999 年版。

《曲学与戏剧学》,叶长海,上海:上海古籍出版社 1999 年版。

《全元文》,南京:江苏古籍出版社 1998 年版。

《全唐诗》,北京:中华书局 1960 年版。

《古剧说汇》,冯沅君,北京:作家出版社 1956 年版。

R

《儒教与道教》,(德)马克斯·韦伯,王容芬译,北京:商务印书馆 1995 年版。

《人与神:宗教生活的理解》,(美)斯特伦,金泽、何其敏译,上海:上海人民出版社 1991 年版。

S

《饬终:佛教临终关怀思想与方法》,达照,杭州:浙江大学出版社 2005 年版。

《神圣与世俗之间》,卓新平,哈尔滨:黑龙江人民出版社 2004 年版。

《士与中国文化》,余英时,上海:上海人民出版社 2003 年版。

《神州佛境:佛山·佛寺·佛塔》,苏浙生,上海:上海古籍出版社 2003 年版。

《神圣的娱乐:中国民间祭祀仪式及其音乐的人类学研究》,薛艺兵,北京:宗教文化出版社 2003 年版。

《神圣与世俗》,(罗)米尔恰·伊利亚德,王建光译,北京:华夏出版社 2002 年版。

《水浒传资料汇编》,朱一玄,刘毓忱编,天津:南开大学出版社 2002 年版。

《生命存在与境界超越》,李大华,上海:上海文化出版社 2001 年版。

《宋元笔记小说大观》,上海:上海古籍出版社 2001 年版。

《宋元戏曲史》,王国维,上海:上海古籍出版社 2000 年版。

《神话:大众文化诠释》,(法)罗兰·巴特,许蔷蔷、许绮玲译,上海:上海人民出版社 1999 年版。

《诗学》,(古希腊)亚里士多德,北京:商务印书馆 1999 年版。

《宋高曾传》,赞宁,北京:中华书局1993年版。

《神灵与祭祀——中国传统宗教综论》,詹鄞鑫,南京:江苏古籍出版社1992年版。

《神仙传》,葛洪,北京:中华书局1991年版。

《宋元戏曲文物与民俗》,廖奔,北京:文化艺术出版社1989年版。

《世俗的祭礼——中国戏曲的宗教精神》,郭英德,北京:国际文化出版公司1988年版。

《四库全书》文渊阁影印本,上海:上海古籍出版社1987—1989年版。

《诗话总龟》,阮阅编著,北京:人民文学出版社1987年版。

《说俗文学》,曾永义,台北:联经出版社1984年版。

《神话论文集》,袁珂,上海:上海古籍出版社1982年版。

《宋元佛教》,郭朋,福州:福建人民出版社1981年版。

《宋史》,脱脱等著,北京:中华书局1977年版。

《史记》,司马迁,北京:中华书局1959年版。

《三国志》,陈寿,北京:中华书局1959年版。

《宋金杂剧考》,胡忌,上海:古典文学出版社1957年版。

T

《天·神·人:中国传统文化中的造神运动》,马晓宏,北京:国际文化出版公司1988年版。

《唐前志怪小说辑释》,李剑国辑释,上海:上海古籍出版社1982年版。

《汤显祖集》,汤显祖,北京:中华书局1962年版。

《太平广记》,李昉,北京:中华书局1961年版。

《太平经合校》,王明编,北京:中华书局1960年版。

《唐戏弄》,任二北,北京:作家出版社1958年版。

W

《文化的演进:宗教礼仪研究》,陈荣富,哈尔滨:黑龙江人民出版社 2004 年版。

《文坛佛影》,孙昌武,北京:中华书局 2001 年版。

《文化与宗教》,赵芳仁,台北:千华出版公司 2000 年版。

《五灯会元》,普济,北京:中华书局 1997 年版。

《吴梅戏曲论文集》,吴梅,北京:中国戏剧出版社 1985 年版。

《王国维戏曲论文集》,王国维,北京:中国戏剧出版社 1984 年版。

《文化与宗教》,(罗)泰纳谢·亚,张伟达等译,北京:中国社会科学出版社 1984 年版。

X

《西游记》,吴承恩,北京:人民文学出版社 2004 年版。

《戏曲与娱乐》,陈建森,上海:上海人民出版社 2003 年版。

《戏曲与道德传扬》,吴新雷、丁波,南京:江苏古籍出版社 2002 年版。

《戏剧与考古》,冯俊杰,北京:文化艺术出版社 2002 年版。

《闲情偶寄》,李渔,上海:上海古籍出版社 2000 年版。

《戏曲文物研究散论》,黄竹三,北京:文化艺术出版社 1998 年版。

《信仰探幽》,顾伟康,上海:上海教育出版社 1993 年版。

《仙道正传》,徐兆仁,北京:中国人民大学出版社 1992 年版。

《仙话——神人之间的魔幻世界》,梅新林,上海:三联书店 1992 年版。

《戏剧理论史稿》,余秋雨,上海:上海文艺出版社 1983 年版。

《玄怪录·续玄怪录》,牛僧孺,李复言,北京:中华书局 1982 年版。

《新校元刊杂剧三十种》,徐沁君校点,北京:中华书局 1980 年版。

《新编连相搜神广记》,秦子晋,北京:北京图书馆出版社中华再造善本。

《新唐书》,欧阳修,北京:中华书局1975年版。

Y

《元杂剧的文化精神阐释》,高益荣,北京:中国社会科学出版社2005年版。

《云笈七签》,张君房,北京:中华书局2003年版。

《元代文学史》,邓绍基,北京:人民文学出版社1998年版。

《永乐宫壁画全集》,金维若编,天津:天津人民美术出版社1997年版。

《元杂剧史》,李修生,南京:江苏古籍出版社1996年版。

《一个历史学家的宗教观》,(英)汤因比,晏可佳、张龙华译,成都:四川人民出版社1990年版。

《元杂剧研究概述》,宁宗一等编,天津:天津教育出版社1987年版。

《艺术与宗教》,(苏)德·莫·乌格里诺维奇,王先睿、李鹏增译,北京:三联书店1987年版。

《元杂剧论集》,李修生等编,成都:百花文艺出版社1985年版。

《元代杂剧艺术》,徐扶明,上海:上海文艺出版社1981年版。

《元史纪事本末》,陈邦瞻,北京:中华书局1979年版。

《元史》,宋濂等撰,北京:中华书局1976年版。

《元曲选外编》,隋树森编,北京:中华书局1959年版。

《元曲选》,臧晋叔编,北京:中华书局1958年版。

《元人杂剧全目》,傅惜华,北京:作家出版社1957年版。

《元人杂剧概说》,(日)青木正儿,隋树森译,北京:中国戏剧出版社1957年版。

《元人杂剧钩沈》,赵景深辑,上海:上海古典文学出版社1956

年版。

《元史纪事本末》,陈邦瞻,上海:商务印书馆 1931 年版。

Z

《资治通鉴》,司马光,北京:中华书局 2007 年版。

《中国的宗教政策:从古代到当代》,任杰、梁凌,北京:民族出版社 2006 年版。

《宗教生活的基本形式》,(法)爱弥尔·涂尔干,渠东、汲喆译,上海:上海人民出版社 2006 年版。

《中国人的戏剧》,陈季同,桂林:广西师范大学出版社 2006 年版。

《中国佛神》,马书田,北京:团结出版社 2006 年版。

《中国道神》,马书田,北京:团结出版社 2006 年版。

《中国游仙文化》,汪涌豪、俞灏敏,上海:复旦大学出版社 2005 年版。

《中国佛教史:元代》,任宜敏,北京:人民出版社 2005 年版。

《中外佛教人物论》,黄夏年,北京:宗教文化出版社 2005 年版。

《中国神庙剧场》,车文明,北京:文化艺术出版社 2005 年版。

《宗教的意义与终结》,(美)威尔弗雷德·坎特韦尔·史密斯,董江阳译,北京:中国人民大学出版社 2005 年版。

《宗教心理学导论》,(英)麦克·阿盖尔,陈彪译,北京:中国人民大学出版社 2005 年版。

《中华戏曲文化学》,谢柏梁,南京:南京师范大学出版社 2004 年版。

《中国古代戏剧形态与佛教》,康保成,上海:东方出版中心 2004 年版。

《中国戏曲概论》,吴梅,北京:中国人民大学出版社 2004 年版。

《宗教与神话》，李亦园，桂林：广西师范大学出版社 2004 年版。

《宗教深思艺术浅唱：宗教与艺术的哲学话语》，吴爱丽、吕学峰，成都：四川人民出版社 2004 年版。

《中国人的宗教心理：宗教认同的理论分析与实证研究》，梁丽萍，北京：社会科学文献出版社 2004 年版。

《宗教人类学导论》，（英）菲奥纳·鲍伊，金泽、何其敏译，北京：中国人民大学出版社 2004 年版。

《中国古代神话传说研究》，孙作云，开封：河南大学出版社 2003 年版。

《中国人的神灵世界》，马书田，北京：九州出版社 2002 年版。

《宗教与道德劝善》，赖永海、王月清，南京：江苏古籍出版社 2002 年版。

《中国传统偶像》，张春生等编，天津：百花文艺出版社 2000 年版。

《宗教·哲学·艺术》，陈昌文主编，北京：宗教文化出版社 1999 年版。

《宗教与艺术》，（美）保罗·韦斯、（美）冯·O. 沃格特，何其敏、金仲译，成都：四川人民出版社 1999 年版。

《宗教大辞典》，任继愈主编，上海：上海辞书出版社 1998 年版。

《中国古典剧论概要》，蔡钟翔编，北京：中国人民出版社 1988 年版。

《中国戏曲文化概论》，郑传寅，武汉：武汉大学出版社 1998 年版。

《中国神话人物辞典》，李剑平，西安：陕西人民出版社 1998 年版。

《中西政教关系史比较研究》，彭琦，北京：首都师范大学出版社 1998 年版。

《宗教学通论新编》,吕大吉,北京:中国社会科学出版社 1998 年版。

《中国目连文化》,刘祯,成都:巴蜀书社 1997 年版。

《中国文学中的维摩与观音》,孙昌武,北京:高等教育出版社 1996 年版。

《中华道教大辞典》,胡孚琛主编,北京:中国社会科学出版社 1995 年版。

《中国的戏曲文化》,陈抱成,北京:中国戏剧出版社 1995 年版。

《中国元代宗教史》,苏鲁格、宋长宏,北京:人民出版社出版 1994 年版。

《中国民众宗教意识》,侯杰、范丽珠,天津:天津人民出版社 1994 年版。

《中国寺庙文化》,段玉明,上海:上海人民出版社 1994 年版。

《中国戏曲通史》,张庚、郭汉成,北京:中国戏剧出版社 1992 年版。

《中国戏曲与社会诸色》,路应昆,长春:吉林教育出版社 1992 年版。

《中国文学与宗教》,郑志明,台北:台湾学生书局 1992 年版。

《宗教协调论:中国宗教的过去、现在和未来》,顾伟康,上海:学林出版社 1992 年版。

《宗教生活论》,(美)斯特伦 F.J.,徐钧尧、魏道儒等译,北京:今日中国出版社 1992 年版。

《中国的宗教与戏剧》,(日)田仲一成,上海:上海古籍出版社 1992 年版。

《中国的宗教精神》,(美)乔基姆,王平等译,北京:中国华侨出版社 1991 年版。

《中国戏曲与中国宗教》,周育德,北京:中国戏剧出版社 1990 年版。

《中国道教史》,任继愈主编,上海:上海人民出版社 1990 年版。

《中国道教史》,傅勤家,上海:上海文化出版社 1989 年版。

《中国古典戏曲序跋汇编》,蔡毅编,山东:齐鲁书社 1989 年版。

《宗教与文学》,(英)海伦·加德纳,江先春、沈弘译,成都:四川人民出版社 1989 年版。

《中国道教史》,卿希泰主编,成都:四川人民出版社 1988 年版。

《宗教与文化》,卓新平,北京:人民出版社 1988 年版。

《中国佛性论》,赖永海,上海:上海人民出版社 1988 年版。

《中国道教发展史略述》,南怀瑾,台北:老古文化事业公司 1988 年版。

《中国大百科全书·宗教卷》,中国大百科全书总编辑委员会编,北京:新华书店 1988 年。

《中国戏剧文化史述》,余秋雨,上海:上海文艺出版社 1984 年版。

《中国古典戏曲论著集成》,中国戏曲研究院编,北京:中国戏剧出版社 1982 年版。

《中国佛教史》,任继愈主编,北京:中国社会科学出版社 1981 年版。

《中国戏曲发展史纲要》,周贻白,上海:上海古籍出版社 1979 年版。

《中国佛教史籍概论》,陈垣,北京:中华书局 1962 年版。

《中国古代神话》,袁珂,北京:中华书局 1960 年版。

(二)研究论文类

《八仙传说》,赵景深,《东方杂志》第 30 卷 21 号,1933 年 11 月 1 日。

《元杂剧里的八仙故事与元杂剧体例》,石兆原,《燕京学报》第 18 期,1935 年 12 月。

《八仙考》,浦江清,《清华学报》11 卷 1 期,1936 年 1 月。

《元杂剧梦里的非现实角色》,陈秀芳,《中国古典文学论文精选丛刊·戏剧类》曾永义主编,台北:幼狮文化事业公司 1980 年版。

《元代神仙道化戏》,么书仪,《文学遗产》1980 年第 3 期。

《谈元代神仙道化剧与全真教关联的问题》,侯光复,《戏曲研究》1984 年 12 月。

《元前期曲坛与全真教》,侯光复,《文学遗产》1988 年第 5 期。

《元代释、道剧初探》,庆振轩,《兰州大学学报》1990 年第 1 期。

《元代道教戏剧的象征性》,詹石窗,《中国典籍与文化》1994 年第 1 期。

《唐宋元明时期斋醮述略》,张泽洪,《中华文化论坛》1994 年第 2 期。

《论道教对中国古代戏剧的影响》,张玉芹,《东岳论坛》1995 年第 4 期。

《"神仙道化剧"中的仙踪道影》,苟波,《道教研究》1998 年第 4 期。

《中国佛教戏曲文化》,田光烈,《佛学研究》2000 年。

《八仙形象的形成和发展》,王汉民,《民族艺术》2000 年第 3

期。

《元杂剧中的全真教祖师》，黄兆汉，《香港大学中文系集刊》第四卷 2000 年。

《元杂剧宗教精神的阐释与消解》，刘淑丽，《艺术百家》2001 年第 3 期。

《元代宗教文化的特点》，孙悟湖，《中央民族大学学报》2001 年第 6 期。

《佛道与元杂剧的因缘》，毛小雨，《戏曲研究》57 辑，2001 年 12 月。

《全真教与元代的神仙道化戏》，王汉民，《世界宗教研究》2004 年第 1 期。

《论元明八仙戏》，涂秀虹，《福建师范大学学报》2004 年第 6 期。

《元杂剧与佛教》，陈洪，《文学评论》2005 年第 6 期。

附录一:元杂剧神祇人物一览表

教派	类别	人物	角色	出处
道教	神仙	东华帝君	冲末	《黄粱梦》
道教	神仙	东华帝君	外	《张生煮海》
道教	神仙	东华帝君	冲末	《伊尹耕莘》
道教	神仙	东华帝君	不详	《庄周梦》
道教	神仙	东华帝君	冲末	《竹叶舟》
道教	神仙	东华帝君	不详	《刘行首》
道教	神仙	东华帝君	冲末	《玩江亭》
道教	神仙	增福神	不详	《蔡顺奉母》
道教	神仙	增福神	正末	《冤家债主》
道教	神仙	增福神	外	《来生债》
道教	神仙	增福神	不详	《刘弘嫁婢》
道教	神仙	增福神	外	《诸葛论功》
道教	神仙	太白金星	外	《圯桥进履》
道教	神仙	太白金星	末	《庄周梦》
道教	神仙	太白金星	冲末	《误入桃源》
道教	神仙	太白金星	不详	《刘弘嫁婢》
道教	神仙	绫锦神	不详	《蔡顺奉母》

教派	类别	人物	角色	出处
道教	神仙	黄石公	外	《圯桥进履》
		福星	不详	《圯桥进履》
		长眉仙(南极仙翁)	不详	《张天师》
			冲末	《升仙梦》
		蓬壶仙长	冲末	《庄周梦》
		风花雪月四仙女	不详	《庄周梦》
		春夏秋冬四仙女	不详	《庄周梦》
		三曹官	末	《庄周梦》
		北斗七星	外	《桃花女》
		王母	旦	《城南柳》
			老旦	《金安寿》
		注禄神	外	《来生债》
		紫霄玉女	旦	《误入桃源》
		天神	正末	《锁魔镜》
		山神	不详	《裴度还带》
		河神	不详	《秋夜雨》
		梨山老母	正旦	《黄粱梦》
			不详	《四马投唐》
		家宅六神	不详	《蔡顺奉母》
		蒋神(土神)	不详	《蒋神灵应》
		毛仙姑	正旦	《张生煮海》
		花间四友	旦儿	《东坡梦》
		松神	正末	《东坡梦》

教派	类别	人物	角色	出处
道教	神仙	灌口二郎神	不详	《西游记》
			冲末	《锁魔镜》
		东岳庙前灵派侯	外	《冤家债主》
		东岳殿案神	外	《刘行首》
		炳灵公	外末	《焚儿救母》
		司命君	不详	《焚儿救母》
		速报司	不详	《焚儿救母》
		东岳殿前太尉	正末	《朱砂担》
		地曹	净	《朱砂担》
		瓦窑神	正末	《盆儿鬼》
		城隍土地	不详	《刘弘嫁婢》
		驱邪院主	外	《锁魔镜》
		篱芦山神	外	《云台门》
		篱芦土神	末	《云台门》
		玉泉山都土地	正末	《大破蚩尤》
		邢公山山神	不详	《四马投唐》
		当坊土地	不详	《鱼篮记》
		火帝真君	不详	《兴衰记》
	八仙	吕洞宾	正末	《岳阳楼》
			外	《黄粱梦》
			外	《铁拐李》
			正末	《竹叶舟》
			正末	《城南柳》

教派	类别	人物	角色	出处
道教	八仙	吕洞宾	不详	《升仙梦》
			孤	《蓝采和》
			正末	《邯郸店》
		钟离权	外	《岳阳楼》
			正末	《黄粱梦》
			邦老	《升仙梦》
			冲末	《蓝采和》
		铁拐李	正末	《铁拐李》
			外	《金安寿》
			不详	《玩江亭》
		张四郎	不详	《升仙梦》
		蓝采和	正末	《蓝采和》
		八仙齐上		《岳阳楼》、《铁拐李》、《竹叶舟》、《城南柳》、《金安寿》、《升仙梦》、《玩江亭》、《邯郸店》
	护法神	风伯、雪神、雷神、雨神	不详	《蔡顺奉母》
		风花雪月诸神	不详	《张天师》
		风雨雷电神	不详	《西游记》
		电母	正旦	《柳毅传书》
		马、赵、温、关天将	外	《碧桃花》
			外	《锁白猿》

教派	类别	人物	角色	出处
佛教	佛	释迦牟尼	不详	《西游记》
			冲末	《鱼篮记》
		弥勒佛(化作布袋和尚)	正末	《忍字记》
			不祥	《鱼篮记》
	菩萨	观音	老旦	《度柳翠》
			不详	《西游记》
			正旦	《鱼篮记》
		地藏菩萨(化作呆行者)	正末	《东窗事犯》
		文殊菩萨	不详	《西游记》
			不详	《鱼篮记》
		普贤菩萨	不详	《西游记》
			不详	《鱼篮记》
	罗汉	阿难	冲末	《忍字记》
			不详	《鱼篮记》
		迦叶	不详	《鱼篮记》
	神僧	月明和尚	正末	《度柳翠》
		寒山	不详	《西游记》
			不详	《鱼篮记》
		拾得	不详	《西游记》
			不详	《鱼篮记》
		布袋和尚	正末	《忍字记》
			不详	《鱼篮记》
		呆行者	正末	《东窗事犯》

教派	类别	人物	角色	出处
佛教	护法神	南海赤须龙	不详	《荐福碑》
		水府龙王	不详	《贬夜郎》
		东海龙女	正旦	《张生煮海》
		东海龙王	外	《张生煮海》
			外	《来生债》
		南海龙王	不详	《西游记》
		南海火龙(白龙马)	不详	《西游记》
		泾河老龙	外	《柳毅传书》
		洞庭湖龙女	正旦	《柳毅传书》
		洞庭湖老龙	外	《柳毅传书》
		钱塘江火龙	外	《柳毅传书》
		泾河小龙	不详	《柳毅传书》
		汉江龙神	不详	《疏者下船》
		阎神	外	《度柳翠》
			外	《铁拐李》
			不详	《冤家债主》
		韦驮尊天	不详	《西游记》
			不详	《鱼篮记》
		四大金刚	不详	《西游记》
		托塔李天王	不详	《西游记》
		哪吒	不详	《西游记》
			正末	《锁魔镜》
		善才童子	小末	《度柳翠》
		相国寺伽蓝	外	《留鞋记》

* 注：佛道神祇有相互蹈袭的现象，像阎神、龙神、托塔李天王、哪吒等这些道教神祇的原型都来自于佛教。本文追本溯源，把他们归入佛教护法神。

附录二:元杂剧僧道人物一览表

教派	类别	人物	角色	出处
道教	道士	马丹阳	冲末	《任风子》
			正末	《刘行首》
		王重阳	正末	《刘行首》
		陈抟	正末	《陈抟高卧》
		张天师	外	《张天师》
			正末	《大破蚩尤》
		萨真人	外	《碧桃花》
		时真人	冲末	《锁白猿》
		云台观观主	净	《鲁斋郎》
		张珪	正末	《鲁斋郎》
		王知观	净	《勘头巾》
		乔仙	不详	《圯桥进履》
		邹扯炮	净	《锁白猿》
		沈璧	正末	《锁白猿》
		严子陵	正末	《七里滩》
			不详	《聚兽牌》
			正末	《云台门》

教派	类别	人物	角色	出处
道教	道童	司马徽的道童	净	《单刀会》
		诸葛亮的道童	不详	《博望烧屯》
		鬼谷子的道童	不详	《马陵道》
		严子陵的道童	净	《聚兽牌》
		张天师的道童	净	《大破蚩尤》
		罗真人的道童	净	《八卦阵》
		吕洞宾的道童	净	《邯郸店》
	道姑	白道姑	旦儿	《望江亭》
		张珪的浑家	贴旦	《鲁斋郎》
		梁道姑	老旦	《竹坞听琴》
		郑彩鸾	正旦	《竹坞听琴》
		刘道姑	丑	《鸳鸯被》
		陈妙常	正旦	《女真观》
		潘法诚	卜	《女真观》
		竹坞草庵的小道姑	不详	《竹坞听琴》
		玉清庵的小道姑	丑	《鸳鸯被》
		女真观的小道姑	小旦	《女真观》
	江湖术士	赵野鹤	外	《裴度还带》
		苗光裔	不详	《风云会》
	军师（道化）	司马徽	正末	《单刀会》
			不详	《襄阳会》
		庞德	不详	《襄阳会》
		徐庶	正末	《襄阳会》

教派	类别	人物	角色	出处
道教	军师（道化）	诸葛亮	正末	《西蜀梦》
			冲末	《黄鹤楼》
			正末	《博望烧屯》
			外	《隔江斗智》
			不详	《掠四郡》
			不详	《陈仓路》
			外	《五马破曹》
			正末	《怒斩关平》
		鬼谷子	冲末	《马陵道》
		孙膑	正末	《马陵道》
		庞统	正末	《掠四郡》
		严洞宾	净	《破天阵》
		罗真人	外	《八卦阵》
佛教	长老	白马寺长老	不详	《裴度还带》
			不详	《破窑记》
		荐福寺长老	外	《荐福碑》
		普救寺长老	净	《西厢记》
		显孝寺长老	不详	《度柳翠》
		石佛寺长老	不详	《张生煮海》
		岳林寺长老	外	《忍字记》
		相国寺长老	外	《合汗衫》
		青龙寺长老	外	《竹叶舟》
		兴国寺长老	外	《昊天塔》

教派	类别	人物	角色	出处
佛教	长老	玉泉长老	不详	《大破蚩尤》
		秀云长老	外	《破风诗》
		庆云长老	外	《破风诗》
		洪吉寺长老	外	《打韩通》
		皈依寺长老	不详	《救忠臣》
	行者	白马寺行者	净	《裴度还带》
			不详	《破窑记》
		行者(路人)	不详	《荐福碑》
		显孝寺行者	净	《度柳翠》
		石佛寺行者	不详	《张生煮海》
		东林寺行者	丑	《东坡梦》
		青龙寺行者	丑	《竹叶舟》
		玉泉寺行者	净	《大破蚩尤》
		洪吉寺行者	不详	《打韩通》
		妙香寺行者	净	《破风诗》
		云盖寺行者	净	《破风诗》
	武僧	明惠	不详	《西厢记》
		杨五郎	正末	《昊天塔》
		武松	不详	《大劫牢》
		鲁智深	净	《李逵负荆》
			正末	《黄花峪》
			不详	《大劫牢》

教派	类别	人物	角色	出处
佛教	其他	法聪	不详	《西厢记》
		佛印	正末	《东坡梦》
			不详	《赤壁赋》
		丹霞禅师	不详	《西游记》
			外	《来生债》
		庙祝	丑	《看钱奴》
		相国寺和尚	净	《留鞋记》
		昊天寺和尚	丑	《昊天塔》
		五台山和尚	外	《冤家债主》
		云岩寺和尚	净	《黄花峪》
		张孝友	正末	《合汗衫》
		贾岛	正末	《破风诗》
		张友善	正末	《冤家债主》
		庞居士	正末	《来生债》

后 记

“不到园林，怎知春色如许。”不读元剧，怎知元剧之天然。曾几何时，我对元剧存有一些偏见，认为相比明清传奇，它们实在太过粗俗了。然而，当我真正用心品读元剧之后，我从那扑面而来的生活气息中感受到了元剧天然之美。曾几何时，我也不能理解元剧中的度脱者为何要“跋涉凡尘，用心不易”，如此费力不讨好地度脱凡人。当论文付梓之时，我突然明白了他们。我们不也是正在学术之路上艰难跋涉么？虽然明知道这条路走来并不轻松，也并不能许你一个美好的未来，但我们却仍然沉迷其中，乐此不疲。因为我们有对学术的执念，亦如度脱者对于道的执着。

禅宗提倡“即心即佛”，强调自力成就，反对他力得度，但学术之路一路走来却需要太多的帮助。我首先要感谢我的恩师郑传寅先生。我犹然记得，六年前我从岳麓山下的湖南师范大学来到珞珈山下的武汉大学，慕名投在先生门下。先生大气的学术胸襟、敏锐的学术眼光和丰富的学术经验，激发了潜藏在我内心深处的对传统文化和古典戏曲深深的热爱。博士论文曾三易其题，先生总是以最大的耐心包容我那些不太成熟的想法，并适时给予点拨，让我在迷茫中渐渐走向正途。在论文的写作过程中，先生一直十分关注我的论文写作进度，并且慷慨地为我提供了许多宝贵的资料。“太上忘情”，又岂能忘情，先生的恩情我将永志不忘。同时，我还要感谢陈文新教授、王兆鹏教授、尚永亮教授、熊礼汇教授、李中华教授、陈顺智教授、程水金教授和陈水云副教授，他们在论文开题之际，给我提供了许多宝贵的意见，让我收获良多。

回望来时路，每一步都暗藏着方向。六年前，一曲“良辰美景奈何天，赏心乐事谁家院”把我引入了戏曲研究殿堂；三年前，在家人的鼓励和支持下我继续深造；现在，我的博士论文终于付梓，但并不意味着这就是终点。未来，我将会怀着感恩的心在学术之路上继续前行。

唐　昱

2008 年 5 月于珞珈枫园